哲学的叩问译丛

史忠义 张龙海 主编

[比] 米歇尔·梅耶 著

史忠义 晓祥 译

差异 排斥 历史

Différence
Refoulement
Histoire

知识产权出版社
全国百佳图书出版单位

图书在版编目（CIP）数据

差异 排斥 历史／（比）梅耶著；史忠义，晓祥译．—北京：知识产权出版社，2015.12

书名原文：Difference refoulement histoire

ISBN 978－7－5130－3454－8

Ⅰ．①差… Ⅱ．①梅…②史…③晓… Ⅲ．①社会哲学—研究 Ⅳ．①B0

中国版本图书馆 CIP 数据核字（2015）第 079101 号

责任编辑：刘 睿 刘 江　　**责任校对**：董志英

文字编辑：刘 江　　**责任出版**：刘译文

哲学的叩问译丛

差异 排斥 历史

Chayi Paichi Lishi

［比］米歇尔·梅耶 著　　史忠义 晓祥 译

出版发行：知识产权出版社有限责任公司　　网　　址：http：//www. ipph. cn

社　　址：北京市海淀区马甸南村 1 号　　邮　　编：100088

责编电话：010－82000860 转 8113　　责编邮箱：liurui@ cnipr. com

发行电话：010－82000860 转 8101/8102　　发行传真：010－82000893/82005070/82000270

印　　刷：保定市中画美凯印刷有限公司　　经　　销：各大网上书店、新华书店及相关专业书店

开　　本：720mm×1000mm　1/16　　印　　张：16.5

版　　次：2015 年 12 月第一版　　印　　次：2015 年 12 月第一次印刷

字　　数：224 千字　　定　　价：48.00 元

ISBN 978－7－5130－3454－8

京权图字：01－2016－1079

版权与鸣谢

Ouvrage publié avec le concours du Ministère français des Affaires Etrangères, celui du Centre national du Livre de la France et l'aide de l'Ambassade française en Chine qui méritent d'être vivement remerciés par éditeur et traducteurs du présent ouvrage.

本书出版承蒙法国外交部、法国国家图书中心和法国驻华使馆赞助，特此致谢！

Petite métaphysique de la différence

Par Michel Meyer

Dépôt légal – Librairie générale française, 2000

1er édition«Quadrige»：2008 mars

Qu'est-ce que le refoulement ?

Par Michel Meyer

Qu'est-ce que l'Histoire?Progrès ou déclin ?

Par Michel Meyer

译者简介

史忠义（1951～），中国社科院外文所研究员、社科院研究生院外文系博士生导师。厦门大学外文学院讲座教授，西安外国语大学特聘讲座教授。中国作家协会会员。1992年获瑞士洛桑大学文学博士，1996年获巴黎索邦大学文学博士。著有《中西比较诗学新探》（2008）、《20世纪法国小说诗学》（2000，外文所优秀科研成果奖）、《中国现代诗人郭沫若的西方浪漫主义倾向研究》（法文，瑞士伯尔尼Peter Lang出版社，1993）、《中西方梦的文学功能的比较研究》（法文，1996年11月里尔法国国家论文制作中心微缩版）、《比较文学和诗学文选》（2008）、《现代性的辉煌与危机：走向新现代性》（2012）。重要译著有《诗学史》（上、下，2001，外语类国家图书奖三等奖；修订版，2010）、《20世纪的文学批评》（1998；修订版，2009）、《问题与观点：20世纪文学理论综论》（合译，2000，外语类国家图书奖二等奖；修订版，2010）、《热奈特论文集》（2001）、《言语行为哲学》（2003；修订版，2010）、《热奈特论文选批评译文选》（修订版，2010）、《文学理论的原理》（2012）、《当代小说或世界的问题性》（2012）、《文学与其修辞学》（2014）、《论问题学：哲学、科学和语言》（2014），《符号学：符义分析探索集》（2015）等。合作主编《人文新视野》丛书，已出10辑。组织并主持《尤瑟纳尔文集》7册的翻译，校对其中5册的译文（2002）。组织并主持《经济学词典》的翻译，修改并校对其中70%词条的译文（2011）。发表论文数十篇。近期重要论文有：《世界诗学视野中的〈文心雕龙〉》《后现代之后的当代性观念及其对现代性危机因素的消解》《符号学的得与失——从文本理论谈起》《问题学哲学是辩证唯物主义的最新形态》等。近期专注于问题学哲学的研究。

总　序

史忠义

《哲学的叩问》是由当今世界上最优秀的哲学家之一、比利时布鲁塞尔自由大学哲学和修辞学教授、法国《国际哲学和修辞学》杂志主编米歇尔·梅耶在法国大学出版社主编的一套丛书。

梅耶的问题学哲学被西方学术界称为新哲学。2008 年，当西方再次出现金融危机和经济危机时，人们普遍感到资本主义的那套发展理念和发展模式再也走不下去了，于是学术界纷纷把目光转向问题学哲学，各学科都以问题学为基础，反思本学科的学理，反思人类社会碰到的普遍问题和重大问题，截至2014 年年底，这套丛书大约已经汇集60 部著作，且每个学科都是一些重量级的学科带头人出面写作和发表见解。[1]

---

[1] 这套丛书的各位作者在目前的西方学术界，都有很高的学术地位。《论问题学：哲学、科学和语言》的作者米歇尔·梅耶在以出版学术著作驰名、高手如云的法国大学出版社，能够任《国际哲学与修辞学》杂志的主编，绝对要靠自己的出类拔萃。《文学与其修辞学》的作者让·贝西埃是国际比较文学学会前会长、现荣誉会长，法国新索邦大学的比较文学荣誉教授，在欧美多所大学任教。《后现代性的悖论》作者克洛德·雅沃，布鲁塞尔自由大学荣誉教授，在多国的多所大学任教。《摇滚的哲学》和《现实主义美学》作者罗歇·普伊韦，法国南锡第二大学教授，法国国家科研中心科学史和哲学实验室主任。《一种新辞格理论》作者若埃勒·加尔德·塔米娜，1945年生于马赛，毕业于法国高等师范大学，获语言学国家博士学位，任教于艾克斯普罗旺斯的普罗旺斯大学多年，曾经领导圣—琼·佩斯基金会长达十年，2006年起任巴黎索邦大学教授。她是语法学、诗学和修辞学方面的专家，并以若埃勒·加尔德的名字发表过多部小说和诗集。《当代艺术的概念》作者萨米埃尔·扎尔卡（Samuel Zarka），毕业于法国国立高等艺术学校和巴黎索邦第一大学哲学系，法国网络杂志《都市法则》（*Droit de Cité*）负责人，比利时皇家艺术学院讲演人，并与日内瓦当地杂志《狂热艺术》保持长期合作关系。帕特里斯·马尼格利耶（Patrice Maniglier），埃塞克斯大学教授，合作主编法国大学出版社的《形而上学》丛书，主编《法国20世纪60年代的哲学景观》（*Le moment philosophique des années* 1960 *en France*，2011，578页，法国大学出版社）。20世纪60年代的法国哲学无论在认识论、政治、美学方面，还是就其群体活力而言，都堪称法国思想史上的高峰年代。本书由多位专家联手，恰当地还原了这一历史时期。艾蒂安·巴利巴尔（Etienne Balibar），1942年生，巴黎西部大学政治哲学和伦理学荣誉教授，美国欧文加州大学人文学院特聘教授，近期主要著作有《主体公民与哲学人类学随笔》（*Citoyen Sujet et autres essais d' anthropologie philosophique*，2011，536页）、《暴力与礼貌》（*Violence et Civilité*，加利利，2010）和《公正自由命题》（*La proposition de l' égaliberté*，法国大学出版社，2010）。《问题世界的教育》作者米歇尔·法布尔曾获哲学教育学衔，现任南特大学教育科学教授、南特教育研究中心研究员和《教育探索》杂志的主编。菲利普·波雷（Philippe Porret），精神分析学家兼作家，弗洛伊德精神分析学会的会员，近期主要著作《精神分析下的中国》（*La Chine de la psychanalyse*，éd. Campagne Première，2008，324页）。洛朗·范·埃德（Laurent Van Eynde），法国哲学博士，比利时圣—路易大学教授，法国让·阿尔萨斯大学特聘教授，曾出版多部哲学著作，拟选择他的《令人头晕目眩的图象：艾尔弗雷德·希区柯克的反映美学》（*Vertige de l' image：L' esthétique réflexive d' Alfred Hitchcock*，法国大学出版社，2011，253页）。雅. 欣蒂加（J. Hintikka）是美国学者（波士顿大学教授），其《语言理论的基础》（*Fondements d' une théorie du langage*）是语言学领域的一部基本的参考书。在这套丛书中，他的《康德的数学观：先验论据化的结构》（*La philosophie des mathématiques chez Kant. La structure de l' argumentation transcendantale*）颇有分量。

笔者以为，问题学哲学是辩证唯物主义的最新形态，它颠覆了所有的先验形而上学，在总结批判柏拉图的辩证论、分析亚里士多德的辩证法的基础上，重新阐述了辩证法。《论问题学：哲学、科学与语言》涉及马克思主义的三点内容是辩证唯物主义在新形势下的新认识，是它自身的提高。梅耶的历史性概念也是一个重要的哲学概念和史学概念，笔者以为，它是当代的历史唯物主义。

梅耶的学术研究涉猎颇广，他已经发表专著23部、译著1部和编著2部，涵盖自然科学的方法论、逻辑、语言和论据化、康德的科学和形而上学、激情和人性研究、语言和文学、修辞学、论道德和政治领域的无礼、本体论史、关于差异的小形而上学、喜剧性与悲剧性、戏剧的性质及历史、如何思考真实、罗马与欧洲艺术的诞生、道德的原理、史学研究等。梅耶与前辈学术大家不同的是，他在自己研究的领域总能提出学术和学科原理，这一点是非常了不起的。

《哲学的叩问》丛书涉及政治学、社会学、法学、教育学、文学、修辞学、演说术、艺术、美学、心理学和行为哲学、思想史等，甚至也涉及自然科学。我们选译的著作多数是2010～2014年新出的著作，这些著作学术含量深厚，大都出自长期从事该领域研究的著名学者，如荣誉教授、专业学术期刊主编、欧美多所大学特聘教授、研究所所长的手笔。作者们的责任心、献身精神、良苦用心和拳拳之志都可以从学术著作中体会出来。如罗歇·普伊韦的《摇滚的哲学》，从本体论和哲学的视角总结这种当代艺术现象的性质；让·贝西埃的《当代小说或世界的问题性》，总结近三十年来国际当代小说与包括后现代小说在内的传统小说的区别，并与世界的问题性联系起来；米歇尔·法布尔的《问题世界的教育，图示与指南》，从问题世界和问题学哲学的角度总结西方教育思想的演变，提出种种新的教育设想；克洛德·雅沃的《后现代性的悖论》，从世界现实和哲学的角度总结这种社会和学术现象。

从书中的每一部著作都立足于反思和总结，包括事实和学理的反思和总结，如克里斯蒂安·阿蒂亚斯的《法学中的问题和回答》、罗歇·普伊韦的《现实主义美学》、弗·柯绪塔主编的《笛卡尔与哲学的论据化》、B. 蒂默曼斯的《从笛卡尔到康德对问题的解决：科学革命时代的分析》、雅·欣蒂加的《康德的数学观：先验论据化的结构》、雅克·赖斯的《材料的漫长历史》、帕特里斯·马尼格利耶主编的《法国20世纪60年代的哲学景观》等。

这些著作全都具有深厚的哲理性，从上面的一些书名已可看出一些端倪。我们觉得最重要的堪称一代哲学创新的是米歇尔·梅耶的几部著作《论问题学：哲学、科学和语言》《叩问与历史性》《修辞学原理：论据化的一种一般理论》《道德的原理》和《何谓历史》。前两部创立了问题学哲学；第三部是使修辞学改变了19世纪濒临消失，而今继语言学之后重新获得主导学科地位的主要著作之一；《道德的原理》是对西方道德研究历史的总结以及在世界视野下的学理拓展；《何谓历史》阐述了新的历史观，以实事求是和真实论为基本精神，反对西方社会政治建构人为建构历史的传统，继承了马克思主义的唯物史观和福柯的批判精神。《摇滚的哲学》《当代小说或世界的问题性》、贝西埃的另一部著作《文学理论的原理》、皮埃尔·玛丽的《信仰、欲望和行为》等从新的哲学角度、学理原理角度作出突破，显出明显的创新性。

以法国为缩影来观照，我们觉得西方的整体学术氛围在下降，书店的商业氛围在上升，有些人宣扬所谓的后理论时代。美国学术界过去以很大的精力阐释弘扬法国的学术思想，随着欧洲学术大师们先后去世，他们有点手足无措的感觉。这套丛书与西方学术界大的氛围形成了鲜明的反差，可以看出，一批有良知的有人类责任心的左翼学者在苦苦努力着，试图以学术来改变人的精神面貌，改变欧洲吃大锅饭的普遍现象，改变资本主义的发展方式，一代新的大师正在悄然崛起。

国内学术界过去经常感叹哲学创新难、学理创新难、中国的学术著作多没有原理等，我们觉得，我国学者很少有下这般功夫的，另外我们与国外学术的对话还很不够，对国外深层次学术研究的了解经常滞后一些。这套丛书的出版，加上法国经济理论界的调整调节学派，将在国内刮起一股法兰西的学术旋风，对国内学术界的哲学创新产生震撼性的作用。倘若能深入人心的话，也将对人们的精神文明建设和行为产生巨大影响。遗憾的是，我们的翻译力量还比较弱，找到合适的译者并不是件容易的事。我们已于2014年10月的全国法国文学研究会理事会上呼吁法语界人士重视这套丛书（和另外约50部20世纪经典文论著作）的翻译出版，用若干年时间，把它们真实地介绍给国内学者。

2015年3月

目　录

关于差异的小形而上学

——宗教、艺术和社会

Petite métaphysique de la différence
Religion, Art et Société

［比］米歇尔·梅耶　著
史忠义　译

关于西方文化基质的多元表述
——兼及中国文化的多元表述

厦门大学外文学院　鲁京明
中国社会科学院外文所　史忠义

【内容提要】 本文赞同陈中梅提出的秘索思和逻各斯是西方文化的基质，但认为仅仅这一组文化基质还不够，还不能准确把握西方历史上的文化现象。本文提出六组文化基质并对它们进行论证。在此基础上，本文也主张多元地表述中国的文化基质，并提出中国文化的五组基质。

【关键词】 西方的文化基质　多元表述　中国的文化基质

陈中梅研究员在《Mῦθος 词源考——兼论西方文化基本结构（BSWC）的形成及其展开态势》（上、下篇）[1] 中提出西方文化的基本结构是逻各斯和秘索思。

秘索思和逻各斯构成了西方文化的基质底蕴，其元概念根基可以在希腊文明中找到。基督教的加盟普及并单一化了西方人的宗教体验，却没有从根本上改变西方文化的基质结构，而只是变换了秘索思内部主导成分的表现样式。除了别的涉项（如政治和社会理论中的神话因素），秘索思指对以荷马史诗为代表的文学和以《圣经》为代表的宗教典籍，囊括各种形式的宗教神秘主义和基督教神学反实证的宗教本质，当然也涵盖近当代西方学者喜欢谈论的“诗”以及哲学的文

---

[1] 陈中梅：“Mῦθος 词源考——兼论西方文化基本结构（BSWC）的形成及其展开态势”（上、下篇），见《文学》2013 春夏卷和秋冬卷，上海文艺出版社 2013 年版。

学化倾向，其纵贯西方人文发展史的原概念释力，丝毫不逊色于同样具备强劲历史性指对功能却基本上无需接受重大元质度解蔽的逻各斯。❶

陈中梅1995年开始思考秘索思，三年后发表《“投竿也未迟”——论秘索思》一文，❷以后又在其他著述中对既有观点作了一些必要的补充和扩展。关于秘索思和逻各斯是西方文化基质的观点是这项研究的最新结果。

他的博士生杨秋敏认为这个提法具有跨时代的里程碑式的意义，且是“具有全时段覆盖效力”的理论框架。❸1840年以来，中国人认识和接受西方文化基本上是重逻而轻秘。杨秋敏说：

这一“简练”且“具有全时段覆盖效力”的理论框架，使人们透过纷繁芜杂的文化现象看到了其背后两种不同基质成分及其相互之间所存在的复杂的互动关系。这个理论框架，打开了一个全新的视野，打破了逻各斯中心主义的西方文化观，也为近年来一些学者在某些具体问题上试图纠正以往认识偏颇的努力，提供了更具说服力的理论基础。在中国近代以来的西方文化认知史上，相对于主流西方文化观来说，这是一种不同的声音，是继学衡派、贺麟等学者的努力之后的又一次具有重大意义的开创性理论建构。看到西方的全景，从而有可能在全景映衬之下，将近代对西方迎拒与选择问题放在一个理论框架下去思考，观察其中的得与失。同时，这一理论也启发我们反思自

---

❶ 陈中梅：“Mūθoς词源考——兼论西方文化基本结构（BSWC）的形成及其展开态势”（下篇），见《文学》2013秋冬卷，上海文艺出版社2013年版，第323页。

❷ 载《外国文学评论》1998年第2期。该文的完整版以“论秘索思——关于提出研究西方文学与文化的‘M－L模式’的几点说明”为题，作为附录见诸商务印书馆1999年出版的陈中梅著作《柏拉图诗学和艺术思想研究》。北京大学出版社2008年出版的陈著《言诗》中有“秘索思”一章，是该文的修订版，但改动不大，基本上保留了原文的叙事样式。

❸ 陈中梅：“Mūθoς词源考——兼论西方文化基本结构（BSWC）的形成及其展开态势”（上篇），见《文学》2013春夏卷，上海文艺出版社2013年版，第260页。

身文化的特质，并且在此基础上，还有可能导向对自身文化结构的理性调整。❶

笔者很赞赏把秘索思和逻各斯作为西方文化一对基质底蕴的理论建构，同意它在认识西方文化过程中的重要性。但笔者以为这个表述还是不够的。它多少有点类似于仅仅把阴和阳作为中华文化的基质一样，其实用阴阳来解释中国文化是远远不够的，如用秘索思和逻各斯来解释西方文化也是远远不够的一样。当然，秘索思和逻各斯与阴和阳之间没有对等关系。

笔者更主张多元地表述西方的文化基质，即用若干个基质组来表述西方的文化基质或者文化结构，前提是，它们都是文化基质，而不是一般笼统的文化概念。不管是西方文化，还是中国文化，它们的现象都要复杂得多，单从一个或两个方面去解释，往往会误解历史上的文化风貌，而多重表述就可以避免这种现象的发生，把历史上的文化现象看得更全面一些，把握得更准确一些。陈中梅研究员论述中的某些看法就成了笔者这种持论的论据。我们试举几例。

陈中梅研究员在《MūΘoς 词源考——兼论西方文化基本结构（BSWC）的形成及其展开态势》（上篇）的几段论述，❷ 至少在他的学生杨秀敏看来，与余英时关于近代以来西方工业文明的精神基础就在于 17～18 世纪西方文化中多种因素所达到的一种相对均衡的观点是一致的，❸ 于是就形成了二元基质结构已具雏形的古希腊和 17～18 世纪两个巅峰时期，这两个时期的共同点“就在于秘索思与逻各斯这

❶ 杨秀敏：《发现“秘索思”——对西方文学和宗教认知过程的梳理与反思》，中国社会科学院研究生院博士学位论文 2014 年，第 84 页。

❷ 详见《文学》2013 春夏卷第 269 页 15 小标题下、第 312 页 3 小标题下和第 314 页 5 标题下。

❸ 余英时的一段论述如下：“17 世纪的欧洲文化发展比较上有着内在的协调与均衡。换言之，艺术、科学与道德诸方面颇能互相配合，相携并进。”余英时：《文史传统与文化重建》，生活·读书·新知三联书店 2004 年版，第 61 页。

两种文化基质成分之间所达成的基本协调与均衡”。“正是在17、18世纪逻各斯与秘索思再一次达成了一定程度上的势均力敌，才再次铸就了西方文化的辉煌。”❶ 这个视野显然是很单薄的，忽视了其他文化基质的重要作用，因而对西方历史上涉及西方文明走向的重大事件视而不见。我将在下文一起论述。

关于20世纪的情况，陈中梅研究员说：“西方文化基本结构中秘索思和逻各斯的碰撞与磨合仍在继续，但二者之间的角色定位和职能调整，就其整体态势而言至20世纪上半叶已大致接近于完成。”这种相对均衡的基质构成情况意味着有可能再次给西方文化带来发展的良机。但20世纪的现实情况使陈中梅在认可这种文化发展态势时，也审慎地指出了其盲目和脆弱的一面：“即便承认上述‘完成’是一种成果，它的取得其实也并不值得过分称道，因为西方文化并非因此而完全实现对自我身份的清醒辨识，它的认知盲点一定程度上依然存在。当今的许多西方思想精英其实也像其前辈们一样，基本上没有认清西方文化的基质结构，没有看到驱使西方文化这趟负荷着沉重历史包袱的长旅程列车持续奔跑的另一股原动力，是作为一个基质成分的秘索思。未能明晰认识文化基质结构的成分配置及其运作态势将导致对形势的误判，加大本可得到抑制的隐患变成现实的风险”。❷ 这个认识恰恰是有问题的，比较肤浅的。

笔者以为，陈中梅等人关于西方17世纪和20世纪的认识，因为忽略了西方文化的另一个重要的文化基质——“战争”，而出现了偏差。如果把“战争”也作为西方文化基质之一，就不会得出上述这样的结论。比利时布鲁塞尔自由大学哲学教授、法国《国际哲学与修辞学》杂志主编米歇尔·梅耶（Michel Meyer）在《何谓历史？进步或

❶ 杨秀敏：《发现“秘索思”——对西方文学和宗教认知过程的梳理与反思》，中国社会科学院研究生院博士论文2014年，第82页。

❷ 陈中梅：“Mῦθος词源考——兼论西方文化基本结构（BSWC）的形成及其展开态势”（上篇），见《文学》2013春夏卷，上海文艺出版社2013年版，第285～287页。

衰退?》(*Qu'est-ce que l'Histoire《Progrès ou déclin》*，法国大学出版社2013年版；由笔者完成的中译本即将由知识产权出版社出版）一书中论述了西方的战争观和西方三场最重要的战争。第一场是古希腊城邦之间的内战，修昔底德（Thoukoudidēs）的《伯罗奔尼撒战争史》（*Thucydidis Historiae*）和希罗多德（Herodotos）的《历史》（*Herodoti Historiae*）记载了这场战争。这场战争使古希腊文明走向衰落和毁灭，从此一蹶不振，两千多年后的今天都无法恢复元气。这即是说，战争对这个民族的影响至今依然存在。第二场战争是1618～1648年发生在奥匈帝国的三十年战争。当时的奥匈帝国是古罗马模式在欧洲的体现形式。这场三十年战争导致古罗马文明的衰退和灭亡。笔者以为，这里是由于经验主义的准备和理性主义的诞生，亦即人的世界的诞生，亦即逻各斯与秘索思的决裂，而产生了英、法等强国。第三次战争是发生在20世纪的两次世界大战，加起来可谓第二次三十年战争。梅耶认为，欧洲今日出现的经济危机、债务危机和停滞等，是第二次三十年战争的必然结果。这场三十年战争的后续影响还将长期发挥作用。至于第二次世界大战后的所谓“三十年黄金发展时期”，那是战争的即时效应，是第二次三十年战争后果的延迟发作。梅耶还明确指出，西方人的战争观与中国人是不同的，中国人的战争是中原与外围的战争，而西方人的战争观是侵略性的。俾斯麦、希特勒是西方理性的必然产物（我们可以把九次十字军东征、殖民主义、世界警察的角色自觉等都补充进去）。梅耶甚至认为，第二次世界大战结束后，国际社会对战争罪犯的态度过于仁慈。他主张，对敢于发动侵略战争的罪犯的打击应该严厉到任何人今后都不敢再发动战争的程度，因为侵略战争是反全人类的。

所以笔者以为，战争与和平是西方的一组文化基质。公元前8世纪荷马史诗中记载的发生在奥林匹亚山的大量的战争神话，说明战争甚至是古希腊文明最早的基因成分，而和平观则是与战争对立的向往民主、自由、平等、法制、公民社会等的观念总和。和平观还应该把柏拉图的“至善”概念和理想国的观念以及西方美学的“美”的概念等囊括进去。《战争与和平》成就了托尔斯泰的一世英名。那里的战争指西方，和平代表俄罗斯。

笔者以为，战争并不是逻各斯，和平也不是秘索思。它们各自都蕴含着逻各斯和秘索思。当人类还没有秘索思和逻各斯概念时，就已经有了战争与和平概念。战争与和平是基质性概念，而神话与哲学、诗歌与散文、宗教与科学、信仰与理性、情感与理智、启示与思辨、基督教信仰与民主精神、神秘主义与理性主义、新宗教与新理性、史实与故事、政治与道德、国家与社会、司法与行政、学术与政治等，都不是基质性概念。

在这种思路和这类论据的引导下，笔者提出西方文化基质的六重表述论：

——秘索思和逻各斯；

——身份（Identité，真、真谛、真性、同一性）与差异（Différence）；

——叩问与历史性（Questionnement et Historicité）；

——隐喻化和数理化（Métaphorisation et Mathématisation）；

——问题学排斥和解决性排斥（Refoulement Problématologique et Refoulement Apocritique）；

——战争与和平（可把善与恶、美与丑放在这一组文化基质内）。

我们对其他文化基质作一简要的解释。

首先，我们发现，除了隐喻化和数理化可以被秘索思和逻各斯囊括外，其他四组基质概念都是不能的，这证明了它们的基质身份。之所以把隐喻化和数理化放在这里，是因为在古希腊人还没有明确的秘索思和逻各斯概念时，他们已经有了非常普及的演说活动和修辞活动以及数理思维。毕达哥拉斯学派甚至认为宇宙的本原是数。几何学已经成了古希腊人的空间概念的支撑之一。19 世纪以来的学术界，基本上又以这两个概念表述西方人的基本的两类活动。现在学术界经常以这两者表示科学化和艺术方向。在这类表述中，它们与秘索思和逻各斯的意义基本相同。

因为西方文化亦即古希腊文化的源头在世界观方面是先验形而上学的（三种重要的世界观：实际已经存在的上帝造物说、柏拉图的理念论和亚里士多德后期的理式论、毕达哥拉斯的“数本原论”），所以西方文化尤其重视并追求“身份”（identité），以达到某种平衡。而中国文化源头上相信世界是真实存在的，虚构概念直到12世纪才明确形成，所以反倒不是特别强调“身份”。中国南北朝时期笔记形式的志怪小说《搜神记》，甚至到蒲松龄的《聊斋志异》还要对所记故事进行真实的考证。中国绘画也讲虚与实。可以说，西方是大虚之下求真，中国是在大真之下讲虚。差异是西方文化的基本观念。古希腊文明里的诸神就是相对于人类的差异，基督教里的上帝也是相对于人类的差异，所有宗教的人格神都是相对于人类的差异，这是西方差异概念的第一层含义。万事万物之间有差异，人与人之间有身份的差异。群体与群体之间也有身份或曰同一性的差异。每个人又有历史引起的差异。20世纪是一个理论上全面主张差异的世纪。差异观奠定了西方的历史观。

我们过去把“易”仅仅理解为变化。在比较阅读的视野下，易既是变化，也包含差异；差异的观念应该与易比较接近。

“叩问”是苏格拉底哲学思考的基本特征，是他对整个思辨的基本态度，是古希腊早期哲学的基本特征。苏格拉底与对方、与对话者交谈时，不断地聆听对方的问题，提出问题，聆听对方的回答后，再提出新的问题。他基本上不给出或绝不给出一成不变的所谓命题式的答案。叩问，回答，再叩问，以至无穷，这是苏格拉底的辩证法。柏拉图从三个方面背离了它：（1）提出柏拉图式的辩证法，把它变为通过模糊回忆而重新捕捉先前已经掌握但被人们遗忘的真理的过程。柏拉图式的辩证法通过否定（对立）而得出一些绝对性质的答案。（2）倡导实际上很难得到答案的本体论研究。（3）把人们的思维引向命题主义。叩问概念先于逻各斯。梅耶说：命题主义的“实质是，把一堆命题论证为真实，这些命题之间仅靠简单的可论证性支撑，这种可论证性把命题之间相互关联起来，其中每一个命题都是另一命题的原则……命题性模式把论证变成了逻各斯的本性”。“如果是把科学的思维模式论证为唯一表意的逻各斯，由于这种路径不是科学的，它本身会立即被驳倒。”❶ 又说：“哲理性的独特性在于其叩问的彻底性……在对第一要素的探寻中居于第一位置的，是对第一要素所作的叩问。因此，第一哲学只能被思考为问题学。”❷ 历史性概念既是理解全部历史的钥匙，也是问题学哲学的构成部分。

排斥是人的基本行为的一个方面。超越弗洛伊德的精神分析的排斥观，排斥是一种广义的行为概念、历史概念。问题学排斥和解决性排斥可以反映人的行为以及全部历史变化的全部风貌。这里的“问题的”和“解决的”（apocrisis）都是古希腊源头的概念。

笔者以为，把这六重文化基质放在一起，亦即从六大相关维度去认识和考察西方文化，我们对它的把握就可能更全面一些，更准确一些。

陈文给予我提出多元表述思路的另一论据是，与西方逻各斯和秘索思这一组对立的文化基质相比，陈文认为：“中国古代大多数思想家的思绪活跃在秘索思和逻各斯这两极之间的中间地带，因而有利于展示‘综合’的风采，也有助于促进诗性思维以及产品（包括艺术品）制作能力的形成与发展。”❸ 后来陈中梅向我解释说，因为中国文化中神话没有充分发展起来，那么也就没有出现反驳它的逻各斯潮

❶ ［比］米歇尔·梅耶（Michel Meyer）：《论问题学：哲学、科学和语言》（*De la problématologie*, *Philosophie*, *science et langage*），法国大学出版社 1986 年版、2008 年版。由笔者完成的中译本，中国社会科学出版社 2014 年版，第 12 页。

❷ 同上书，第 16 页。

❸ 陈中梅：“Mῦθος 词源考——兼论西方文化基本结构（BSWC）的形成及其展开态势”（上篇），见《文学》2013 春夏卷，上海文艺出版社 2013 年版，第 267 页。

流。我的理解是，这说明中国文化处于一种中庸状态。而仅用中庸概括中国文化是远远不够的。

包括张岱年在内的中外一些学者认为，中国人重视经验，擅长制作经验总结，但不善于理论总结。我不大赞同这样的说法。这类说法在中西比较的早期容易受到大家的认同，但随着研究和体验的深入，我们有必要更细腻地比较中西古代的思维方式。更准确地说，中国人不擅长西方那种形而上学的逻各斯的思辨方式，更倾向于一种领悟大道运行规律式的言简意赅的思维。两者的优劣还要在更长的历史考验中缓慢地显示出来。

这样，笔者不仅以为西方的文化基质应该多元表述，自然而然，中国的文化基质也应该得到多元表述。经过比较研究，加上长期从事中西诗学、中西思想比较的积淀，笔者以为，可以从下述五个方面来概括中国文化的基质：

（1）易；

（2）阴阳；

（3）道；

（4）仁；

（5）中庸。

中西文化基质的对比，可以使我们对上述文化基质有一些新的理解。

笔者曾经在其他地方说过，除了运动变化的思想外，易的感应思想的前提是感物，这说明易本身即是中国古代的辩证唯物论思想。我们现在不妨再补充说，易所包含的生生不息的思想即是西方的生命哲学，易蕴含着物质不灭的思想，蕴含着西方的差异和历史性思想，蕴含着叩问、回答、再叩问以至无穷的辩证法思想。

阴阳既包括一分为二，也包括合二而一。阴阳是对立统一的体现。过去把一分为二与合二而一对立起来是匪夷所思的事情。它们是事物存在、变化的两种形态和两种解释。

道乃宇宙之道、大自然之道、人文之道、德之道、国家社稷和社会群体之道。道可以把《诗经》《尚书》《仪礼》《乐经》《周易》《春秋》等六经囊括在内。中国文化中既没有秘索思概念，也没有逻各斯概念。道把它们囊括融会在一起。道既是一元论，也是多元论，一即是多，多即是一。

仁即仁政和德。在孔子那里，它主要是政治概念和道德伦理概念。学术界一般认为，孔子的思想是入世的，倾心于社会的治理和改造，倾心于理想国家的建设，或者传播他的治国理念。但有些学者依据孔子的“吾道一以贯之”（《论语·里仁》第四）一句，也把仁理解为孔子的宇宙观。曾子把这个一以贯之的原则理解并解释为忠恕原则。当代美籍华裔学者成中英则以为不必局限于此。他把“一”理解为有机的一，把“贯”理解为“一”的发生方式（“一”是如何发生的）。“一”是普遍的，从万物之初就引发出来。因为除非一生万物，否则万物或某物就不可能有普遍存在的一。[1] 这样一解释，孔子就有了宇宙观。从历史的角度看，曾参的理解可能更接近孔子的本意，但成中英的解释也不无道理。国内学术界的一般理解是，孔子以仁为全德之总称，汉代训仁为爱，唐代韩愈则训为“博爱”。至此为止，儒门之仁，基本上限于人世。但张载则推广而使之涵盖整个宇宙。这种扩充导致“宇宙与我为一体”的学说，这是宋代新儒家最重要的学说。

朱熹的《仁说》一文，提出了“仁者，心之德，爱之理”的著名论述，使中国古代关于仁的学说达到极致。正如孙奇逢所说，《仁说》实发二程夫子所未发，[2] 其基本特点是，把仁的体与用相结合。陈荣捷先生说，张载已隐含此意，但仁的体与用的关系，却不清晰，

---

[1] ［法］李比雄、乐黛云主编：《跨文化对话（第22辑）》，江苏人民出版社2007年版，第65页。

[2] 《理学宗传》，1880年版，卷六，第17页。

直待朱子来完成。陈氏以为，孔子言仁，仅言及仁之用，对仁之本质未予强调；其教义仅限于仁之实践。孟子同样强调仁和义，在某种意义上说，他倒是把体用同时并重之第一人。汉儒释仁为爱，这几乎全从仁之用着眼。及至早期的新儒家，在他们的仁说里，不论释仁为大公、释仁与天地为一体，还是释仁为觉（对本质的认识，对宇宙的认识），都是从仁之体来考察的。朱子则视体与用为同等重要，其意即：作为体，仁是心之德（心可以理解为万物之灵，德为突出品德、品质，与叔本华和尼采的意志论有相同之处，当然区别也很大）；作为用，仁是爱之理。

仁既是心之德，因此仁亦是每个人之性，也是普遍的性。因而仁得以涵摄智、礼、义，这是由于仁具有衍生性，这一观念，朱子得之于二程兄弟。❶

中庸表示人性与天道。人性由天道所赋予，但只有在中和的状态中，才能显现出来。“中也者，天下之大本也；和也者，天下之达道也。致中和，天地位焉、万物育焉”（《中庸章句》）。我们也可以把中理解为核心，把庸理解为普遍性。合并言之，中庸意味着人性的和谐和宇宙的和谐，人与宇宙成为一体。中庸包含中和的思维方式和中和的态度，则是自然而然的事情。

2014 年 5 月 6 日提纲

7 月初成文

---

❶ 陈荣捷编著：《中国哲学文献选编》，江苏教育出版社 2006 年版，第 504 ~ 505 页。关于仁思想的体用关系以及发展过程，陈氏还有多处评述，参阅该著作第三十章《西铭》文后、第三十一章选文第 1 条、第 11 条以及第三十二章选文第 42 条的评述。

导　语

西方最基本的大神话之一，就是它一直青睐“同一性”（l’identité，身份、真谛、真性）这个概念。“同一性”是众多意识形态的源泉，在埃马努埃尔·康德那里，它甚至成了道德的哲学基础。康德用普世性术语来概括它，把“同一性”概念扩展到全人类。然而，启蒙时代之后的世纪却看到了个人主义的普遍化。出于某种奇怪的平衡效果，欧洲随后却出现了某种民族主义，民族主义起初是令人放心的，其后却尚武起来，旨在补偿标志的迷失。于是“同一性”就这样分散开来，分成越来越庞大的整体性实体概念，但是它们之间是矛盾的和对立的。于是出现了下述现象，即同一性概念变成某种限制性概念，不适合建立人们之间和群体之间的和平关系。被否定的各种差异重新浮出水面，而这种情况的发生尤其因为它们先前被否定了。各种所属、宗教、宗族根源，一言以蔽之，实践证明了差异，人们和民族因为不理解它，因而无法接受它。他们甚至建立了一些国家体系，差异应该以暴力从这些体系中消失，不管是在东方还是在西方。这就导致了以某种同一性和某种普世性名义所导演的种种骇人听闻的屠杀事件，上述同一性和普世性受到刺刀和集中营的猛烈抨击。人类的丰富性和多样性以大家的名义理直气壮地质疑他们中最不可靠的人士，这是地道的康德的清醒意识。

如今，显然不再可能以这种方式去思考并认为差异并非根本性的东西。各民族的人混杂在一起，且应该能够共同生活，相互宽容，就像同一群体内部的个人们应该能够相互接受一样，接受他们具有不可压缩性的事实。波斯尼亚和科索沃内战的惨痛教训犹存，它们告诫我们，歧视和仇恨差异的代价是什么，不管是宗教方面的差异抑或民族方面的差异。纳粹主义相信人种的同一性，这是某种报复精神的意识形态外衣，这种报复精神表现在把德意志民族视为历史的优选民族的意志中。

不要犯的错误将是，以为捍卫对差异的尊重，我们同时抛弃了相信人们在权利上平等的普世主义。显然，前者与后者毫无关系。问题的实质仅仅是节制普世主义可能拥有的极权主义因素，避免优越意识，并且通过虑及个人之间的差异而完善形式上和司法上正确的平等主义。因为正是这种差异成就了自己的身份。毫无疑问，这并不否认我们中的每个人都是人类的构成部分，而是说每个人都不会因为这个理由而放弃自己的身份、个性、激情，亦即放弃所有构成他作为一个独特的、扎根于感性和物质生活之人的因素。他的个性化的存在值得保存的价值并不逊色，因为这可能是他唯一拥有和赖以生存的存在。相反，它的尊严并不因此而低下。正是普遍性似乎对自我（Moi）有问题，而非他的差异性、他与其他人相比时的独特性。对每个人的选择的尊重，对他想引导自己存在的方式的尊重，对他的信仰和趣味的尊重，很值得建立一条普遍的道德法则，该法则如果无视这些差异，千篇一律地执行时，就等于否定了它们，或者更糟糕地取消了它们。

然而，当我们观照思想史时，而非仅仅观照那些大的伦理学概念时，不难发现，差异在其中没有任何地位。甚至在黑格尔那里，它也表现为负面因素，它仅仅拥有潜在性质的目的，就是超越人们在某种最终被战胜的异化过程中所面对的暂时性的和历史性的矛盾，而重新找到某种调和性的同一性。精神分析尤其是弗洛伊德的天才性出击，就是展示了差异在人性构成中奠基作用，弗洛伊德具体指的是性差异的作用。

拙作就是要展现关于人、社会、历史，当然还有心理学的全部理论，但也包括宗教的全部理论，都被差异的概念所穿越。凡是它被遮蔽的地方，都应该把它钩沉出来，将其重新纳入关于人的某种整体视野里。在这种视野里，普遍性与差异性是平衡的，当问题具体到从来不曾给出的我们自身的同一性时，我们中的任何人都无法摆脱这样一场讨论。

独占性身份有哲学根基吗？

现代以主观性的诞生为特征。笛卡尔通过肯定“我思故我在”，肯定了“我”是某种思考之物并自视为思考者。在对肯定行为的优越地位的反思性肯定中，主观性得到了肯定，而“我思故我在”就是肯定行为的开创性范式。这样，主观性就从被思考的内容中分离出来。而这里被思考的，就是作为主语表语的思想本身。其余一切东西都从此流出，例如以自身以外为对象的思想。笛卡尔创立了以主体作为知识和客观性之根基的时代。这一方法向主体提供了下述保证，即他所思考的内容不仅主观的，而且具有普遍性的价值。

自我必须肯定，这种必须彰显并因而奠定了任何必要性。证明知识的形式模式就是“我思故我在”的证明，倘若人们可以怀疑一切，却不能怀疑人们的怀疑行为，由此也不能怀疑自己作为怀疑和思考之自我的存在性质。置身度外的自我向自己呈现的必然性将是任何真实言语的必然性。他既不是你们的自我，也不是我的自我，而是大家的自我，他不是任何具体的个人。具体独特性并不怎么重要，因为大家所谈论的自我，如同瓦莱里（Valéry）所说，是一个“没有面孔的普世性代词”、一个抽象代词，其中的差异性全部消除了。现代人诞生在自己的优越性和自己的保障之中。只需推广模式就可以了，而这就是康德的著作。从道德到法律，从宗教到美学，在他那里，这一切都属于这种无人称的和普遍性的主体性，笛卡尔曾经陈述过它的概念。康德的最大问题是，在主体生产的回答中，确定哪些是真正解决性的答案，而哪些是徒有表象的回答，因为它们以回答的形式复制了最初伪装和排斥的那些疑难和问题。正是在这种意义上，人们可以把“纯粹理性批判”（la *Critique de la raison pure*）作为某种隐性的问题学来谈论。[1] 应该把问题学理解为叩问的理论。哲学一直是彻底的叩问，因而只有从叩问中，它才能汲取其回答行为的准则。须知，带着主观性理论，康德以为找到了评判合理问题的另一规范，以期把它们过渡到批判范畴，并这样把它们与那些无解的问题相区别。这样一来，彻底的叩问就不再是彻底的了，因为它依附在主体性之下，把后者作为好问题的基础源泉。关注自身的理性叫做纯粹理性，自我与自我的同一性作为理性的普遍性将从认识领域传达到道德领域。于是我们从方案过渡到解决。这里也一样，需要找到某种绝对的规范，其必然性应该必然性地确立。向所有人确立，不分高低贵贱、男女老幼，以理性的名义。理性此后应称为实践理性，因为应该为行动找到某种基础，后者因为此举本身而成为行动的道德。人们熟悉康德那断然命令式的构成：“仅仅遵循那样的箴言，它使你能够同时想让它成为某种普遍规律。”[2] 个人应该忘却自己的激情和利益，使自己仅仅成为一个普遍性的人，他像一个普通人那样值更守夜。这是他的责任，然而也是人类面对他的责任。我们很容易想象，早晨喝杯咖啡这件事是一句可以普遍推广的格言。事情并非如下面那样发展，即人们寻思，这样一种格言与约束行为的道德没有任何关系，一个人有可能这样想，即大家都服膺一个格言或另一个格言，它的普遍化的可能性将对此作出论证。任何专制独裁者都不拒绝把自己那些涂炭生灵的疯狂变成合法命令的表述。对犹太人的屠杀没有回应德国民族对人类其他民族的某种责任吗？对于共产主义而言，无产阶级的被迫到来难道不是某种普遍性责任的表达本身吗？让我们回顾一下汉娜·阿伦特（Hannah）在

---

[1] M. Meyer, *Science et métaphysique chez Kant*, PUF, 1988, Quadrige, 1995.

[2] *Métaphysique des moeurs*, IV, 421 (Ed. Pléiade, *Oeuvres*, t. II, p. 285, Gallimard, 1985).

《艾希曼在耶路撒冷》(*Eichmann à Jérusalem*)[1]一书中关涉康德所写的话:“我们不知道康德对德国小人的形成有多大程度的贡献。但是可以肯定的是,在某种意义上,艾希曼实际遵循了康德的训诫:法律就是法律……在康德的哲学里,这个源泉是实践理性;艾希曼把实践理性应用于家庭范围,在家庭的应用中,这就是引导者的意志。在德国存在一个广为传播的奇异观念,按照这种观念,‘遵守法律’不仅意味着‘服从法律’,还意味着‘以似乎你就是所服从法律的制订者的身份行动’。这就部分解释了终极方案以如此完美的用心被执行的原因”。[2]

这样,在作为任何责任(义务)源泉的无条件的普遍性与对作为某种普遍性(由那些以此肯定为正确性之标准的人们所界定)之例外的差异的仇恨之间,就有着某种密切的关联。无疑,康德不是犹太大屠杀的责任人,而他的责任理论从多方面看都是人们在民主意义上所

---

[1] 1963年出版。阿道夫·艾希曼1906年生,曾在屠杀犹太人中扮演重要角色,“战后”化名逃往阿根廷,1960年被以色列特工抓获,1961年在耶路撒冷被刑事审判。阿伦特作为《纽约客》的特派记者前往报道该审判,最终形成这本书。

从阅读有关卷宗开始,到面对面冷眼观察坐在被告席上的艾希曼以及听他满嘴空话地为自己辩护,阿伦特断定被人们描绘成一个十恶不赦的“恶魔”的这个人,实际上并不拥有深刻的个性,仅仅是一个平凡无趣、近乎乏味的人,他的“个人素质是极为肤浅的”。

因此,阿伦特提出的一个著名观点是“平庸无奇的恶”。他之所以签发处死数万犹太人命令,是因为他根本不动脑子,他像机器一般顺从、麻木和不负责任。她再次运用极权制度的意识形态性质来分析这样一个平庸无奇的人为什么卷入深渊般的恶而无法自拔,问题在于纳粹通过使用新的“语言规则”来解说他们的反常行为:“灭绝”“杀掉”“消灭”都由“最终解决”“疏散”“特殊处理”来表达。对于追求观念的人来说,“一切都是可能的”。

在书中,阿伦特对于犹太人在历史上处于边缘状态的“无根基性”“无政治性”以及犹太组织领导的消极做法提出了直言不讳的批评,导致该书的出版引起轩然大波。尽管对审判的结果同样表示满意,阿伦特却对审判的性质和过程还是表达了疑问——“审判的目的是表现正义,而不是其他”,不是“复仇”及展示“耻辱”。这种眼光超出了对于种族和地方的认同,她着眼的不是受害者,而是行为本身。在这个意义上,阿伦特认为艾克曼应为他的“反人类罪”而不是“反犹太人罪”受审。——译者注

[2] Paris, Gallimard, Folio, p. 224.

理解的道德的基础之一，然而它作为这种道德基础的形式外表性并不逊色。一种意志的格言拥有某种内容，这种内容就在该意志中，而具化为把某种个别愿望强加给众人或者排除那些希望服从该愿望的人们，或者使人们从定义上自以为是不道德的和坏的反对者的普遍化，并没有被康德主义所阻止，恰恰由于它的形式主义本身。人们将普遍化什么，而什么意志的格言将被人们谨记心间呢？一种不同甚至对立但从普遍性视点来看同样有效的意志，就一定是大逆不道或为非作歹，需要以道德和服从道德之义务的名义本身去剿灭吗？当心异见者和叛逆者，良心窥视着他们且不会放过他们。让我们再想想这个行将结束的世纪并忧心“正确道德”的霹雳吧。

另外，指出下述事情并非没有意义，即在德国这样一个深度关注等级和社会差异的国家，责任道德和尊重普遍法律的义务得到了肯定，而普遍法律确实体现为某种权力，后者自诩是普遍法律的世俗臂膀。在法国，1789 年的大革命让公民处于同一平台，即使是原则上的，这已经足够了，恰恰使得在原则层面，人们不想象道德法律的某种哲学，以补偿实际社会实践不确认的理论层面的各种等级。如果说最刻薄的反犹主义既有法国的份，也有德国的份，但是它几乎在普遍认同或无动于衷的冷漠中被粗暴执行的情况仅发生在莱茵河的彼岸，在那里，人与人相同的思想是它的历史上所陌生的。

因此，差异是一项普遍性的权利，而不管是自私自利的个人主义还是极端的普遍主义，都无法得出这样的结论。康德主义的失败所展现的全部内容即普遍性起源于自我以外的其他东西；除非通过自我约束、通过责任和放弃，自我就其性质而言，是无法压缩到普遍性中的。差异最内在地界定了我们的特征，即使它也是我们为了保持同一性而最担忧的成分，我们不愿意成为不同于大家的人，因此，普遍性就在于杜绝这种异类，但是没有差异的某种普遍性不可避免地成为极权主义。因此，需要询问基础的差异，并检视它让人害怕的原因以及何以同时它又把我们构成人的原因。

作为初始差异的身体：重新思考精神分析

变异性的第一形式就是身体。它是我们中的他者，它是我们既是却不愿意是的他者。这样谈论身体，乍看起来，可能会让人惊诧。然而，谁愿意用自己的本能和动物性，用自己的排泄物和本能需要，用病痛、衰老和死亡来定义自己呢？作为一个自我，对于人而言，意味着这是一个人，他拥有这样或那样的性格，但是在任何情况下都不是缩减为动物的条件，尽管每个人都避免不了它。活着的人的历险经历记载为身体，而敌人迟早要重新浮出水面并最终放了我们。人们大概会反驳说，身体是众多乐趣的源泉：美味佳肴、性、酒香的乐趣、阳光抚照皮肤的魅力和沙滩上的温馨都挺身而出，以削弱我们话语的效力。其实，当人们支持上述意见的时候，说明他们并没有真正理解乐趣的意指。性革命在这种模糊走向中发挥了很大的作用，因为它把身体变成了面对世俗压力和资产阶级压力的某种解放工具。但是，真正的问题依然存在：什么是乐趣？为了回答这个问题，让我们看看它所承担的功能。乐趣永远是在身体强加给我们的必须性的基础上所获得的某种胜利：必须吃饭，必须生儿育女，必须防寒，必须防止其他人的暴力，等等。战胜或者建构、操持、改造这些需要、这些本能、这些强制性，以便更好地给予自己能够统摄它们的幻想，这是人类自时间的晨曦起就一直付诸努力的一项任务。因此，人们通过烹饪食物而获得营养，这是其他动物的短项。烹饪的精细化、时尚、爱情都是自然性、动物性的驯化和人性化，人类倘若不是努力摆脱自然性和动物性，那么至少也与其拉开距离。

身体是一个问题，而乐趣是回答这个问题的短暂方式，于是我们便明白，何以古代的大多数宗教和哲学都谴责这些乐趣，因为它们不解决问题。乐趣是某种胜利，它给人以统治了身体的幻觉，之所以说幻觉，是因为身体永远重蹈覆辙。饥饿又来了，寒冷抽打着人们，性愿望重新出现了，而任何满足都不能终结它们。问题不断地重新提出。人们徒然地投入大餐或跟踪每个季节的时尚，吃饭穿衣是生存和继续生存的常态。把建立身体的需要社会化或维持在其他人的视线之外都是徒然的，因为这是一种私密事件，需要是客观存在，急迫且循环出现。身体不断地让我们回想起这种方式或那种方式，而乐趣则回应把我们的动物性距离化这种做法。当拉康肯定没有真正的性关系时，这大概正是他想表述的内容：文化媒介不断地在场，它表现为某种把动物那里的所有自然性和本能都操控在手的意志。

身体是某种问题，自我则是通过旨在把身体从问题中解放出来的排斥对它的回答。这里，我们有了某种新的排斥观。它展现为问题与回答、问题性与非问题性之差异化的操作者。通过排斥，人们既可以把形成问题的因素置于阴影之中，也可以拒绝它。但是，我们也可以意识到问题的存在并把它特意地置于一旁，以免把它与解决方案相混淆。另外，这种搁置一旁（客观化）的做法已经是一种方案，理解这一点是很重要的，因为不再可能把问题性与非问题性相分离，亦即不再能做到鉴定它，可以意味着神经官能症（la *névrose*），或者更严重。

这种情况引导我们确切地从问题学角度重新思考排斥问题，因为它是问题与回答、问题性与非问题性可以保持区别状态的程序。当这种差异变得模糊不清甚至完全被消除时，我们很容易想象会发生什么事。主体不再可能把自己的意愿与强加一些回答而排除另一些回答的现实之间的事情告诉人们。我们可以把问题与回答之间的无差异化概括为精神病（la *psychose*）。例如，一个以为自己是拿破仑的人不可能以另外的方式行事：他把自己的问题当做回答，不再区分得清自己的伟人梦与伟大毕竟不同。神经官能症还能保持最低程度的问题学差异化行为。个体可以把问题与回答相区分，即使问题侵占了回答，正是这种情况造成了神经官能症，这是某种僭越，因为它被主体感知甚至部分认同了，这种僭越让人痛苦甚至促使他咨询精神分析医生。神经官能症是差异发生了某种混乱，而精神病则是身份发生了混乱，正如波德莱尔所说，神经官能症是人们发明的，以避免堕入疯癫。这是他们需要付出的代价，才能承担起某种永远不会消逝但很难承担的问题性。最彻底的解决办法是混合，但是它意味着失去与世界其他部分相区别的自我。疯癫意味着差异的终结，而神经官能症则接受它所蕴含的（病态的）痛苦，但这胜过看到自己的标识消失。人们无法达到哀悼境界的某种哀悼、某种仇恨、穿越梦境甚至清醒生活的某种顽念或者还有其他情形等，属于神经官能症性质，但是它们没有达到在现实中迷失脚步的程度。让我们谈谈梦吧。睡眠的固有属性就是削弱现实的约束。我们知道问题穿越着回答。醒觉时，差异重新获得自己的权利。然而由于有僭越现象，需要这些问题的神秘性重新找到自己的独特性，而这就产生了下述现象，即醒觉时，我们只有梦的碎片存留下来，它们被编码，通常会立即重新消失。

排斥似乎是不产生疾病的基本条件。须知，人们经常肯定说，排斥的结果就是让人们不知道真正的问题所在，而这是病态的。认识病因才能治疗。如何解释排斥的这种可能性，它似乎有悖于超越排斥的必要性以便生活得或多或少“更健康”一些？任何生活难道不是某处程度不同地具有神经官能症吗？一种事实是，我们中的每个人都被源自童年的某些无法解决的问题所缠扰。它们不可能不影响我们后来的回答，并进而影响后来鼓动我们生命的各种问题。如同人们所说的那样，这些“自觉感情”（*affects*）表现在我们的回答中，犹如这些问题的走向，有时甚至会变成真正的激情。

假如个体区分向他提出问题的元素与解决该问题的元素，或者仅仅用其他回答来表达这一问题，那么确实需要两个层面之混淆方式能够使某种差异得以保存，另外也使某种排斥得以表达，因为混淆不是完全的。那些进入其回答的问题应该有所区分，而这正是“症状”

（迹象，le *symptôme*）所发挥的作用：它表达众多回答中以回答面目出现的某种问题，但是它的循环、它的裂变性甚至奇异性，使它与主体回答的其余部分相区别。我们想到了编织每个人意识生活的各种口误现象和失手及踩空行为。矢口否认（或抵赖、不承认）在此将向我们扮演精神分析领域问题学差异所发挥作用的案例。让我们重新检视弗洛伊德的经典例子："我没有任何反对您的地方"。当我们从某人口中听到这样一句口头上的自我表白时，完全有理由嗤之以鼻。为什么呢？潜在的机制是什么呢？任何话语都是某种回答，因为人们说话的时候，头脑里永远带着某种问题，不管我们是否想表达它或者为它提供另一回答。这里，说话者向其对话者提起了某种可能的敌意问题。他是怎么说的呢？说这个问题不存在。他回答一个自己肯定不存在的问题，他提出这个问题以支持它没有必要提及的意见。显然这是"此地无银三百两"。问题被回答提起，由于从完成程序的角度看后者是矛盾的，它摧毁了自己。对于所触及的问题，于是就只剩下了一个回答，亦即一个相反的回答："我在某些事情上反对您"。而对话者感觉到的正是这个内容。

由此可以看到，排斥旨在把某问题保持在一定距离之外，而当这个距离缩小到回答与问题部分混淆在一起（神经官能症）以致有明显的症状时，"健康的"主体将把它们重新分开以便带着问题生活。举一个每天都喝几杯酒甚至更多的爱好喝酒者为例。人们经常发现他提防自己不要成为酗酒者。他稍喝一点，因为喝酒可以通脉，因为他懂行，或者还有其他理由。但是，无论如何，他都不是一个酗酒者。他喝酒，且他知道自己喝酒，然而他重新阐释了自己的问题，把它与自己的行为兼回答相分离，以找到另一种贴合该行为的关心（那就是理性化）。他很尊重问题与回答的差异，偏移这种差异，并从他的问题中分离出他的回答，亦即从真正属于他的问题中。在这方面，喝酒者清醒地区分了问题与回答，这使他可以正视现实。但是，他还是把自己应该从他的种种回答中感知到的问题与这个问题相区分，更希望从中看到另一问题，以便不要把自己视为酗酒者。为达此目的，他应该找到另一套论证，找到实际潜在的问题性以外的另一种问题性。他没有意识到或者不想弄清真正发生了什么事情，但是由于他知道存在某种问题，他重新构建了这个问题，以至于问题学差异实际存在了，亦即了解了现实，即使他的问题插入了他的各种回答，直至把他变成一个酗酒者。

这种情况显然不能不引起人们重温萨特的问题和例子。排斥是潜意识的或者需要知道排斥的内容然后才能实施它？喜喝酒者既知道也不知道。他知道自己有一个问题，但是他把它阐释得达到了这不再是一个问题的境界。于是他就不是酗酒者了。另外，这个例子还使我们想到了萨特在《存在与虚无》（*L'Etre et le néant*）中所展现的略嫌虚荣的妇女的例子。她前往赴约，这是一场风情约会，但是当男子那天晚上邀约她时，她拒绝拆解其约会者的真实意图。萨特说，女子清醒地知道她是那位向她献殷勤的男子的捕捉对象，然而由于她想把这些甜言蜜语自身当做某种目的，于是也拒绝把它们看成某种钓饵。总之，她排斥了引发这次邀约的真正问题，这就使她可能对男子的话信以为真，相信它们完全是纯真的。完全相信一篇言语的字面意思意味着这些言辞是自我支撑的，它们因而不回答任何问题。在她看来，任何具体的要求似乎都没有，有的只是她的美貌和魅力；那里没有任何真实的性企图。至少，女士想以此说服自己。这里的排斥是重新阐释，而程序则像在喜酒者的例子中一样，揭示了一个未被感知的问题，而有利于另一个不好的问题；由于这种情况，个体保持着与现实的关系。发生了对一个问题的排斥，但是另一个问题，真正的问题却参与到主体的回答之中，他对问题有着足够的意识，才创立了另一问题，与他可能不知道的真实问题相分离。

因此，这里的排斥确实是某种病态的迹象，因为回答与问题的分离乃是与真正的潜在问题相决裂的同义语，真正的潜在问题有可能停留在不为人知的状态，尽管它在个体回答的层面实际存在，并同时影响着他。我们看得很清楚，假如真的能够明确建立“健康”排斥或“正常”排斥的此类轮廓，它们建立在相对于带来之回答对问题正确感知的基础上。两者之间有差异，但不能阐释性地把它们分离开来。正因为如此，潜意识的语言才是通过浓缩和偏移而运转的某种修辞。人们反复说，浓缩是一种隐喻，因为它把字面意思不能等同的语词等同起来，例如我们使用“里夏尔是头狮子”来表示他很勇敢的例子。在隐喻里，里夏尔和狮子的共性消失了，人们抹杀了他们的差异而把二者等同起来。浓缩确实存在，然而编码也存在。这里的情况却不同，因为形象过于陈旧，但是我们可以很容易想象出更有历史抵抗力的形象：只需想想自己的那些梦境足矣。同样，人们把偏移当做某种换喻，因为从偏移到换喻，性能发挥了作用，且性能在进入前台时，用来在编码中移动。还可以再举一个经典例子：在地平线边飘荡的是轮船的帆、船体和海员，基于这一事实，所有这些成分分享上述性能，于是可以说“地平线边百帆竞渡”。我们把各种成分分开了，而作为成分类别的性能把它们汇聚在一起，达到几近无法区别的地步。事实上，换喻就是一种类别关系：在换喻中，人们把效果当做原因，例如当人们偏离了本义用“我儿子，那是我的失望啊”来表示与事情的关联，又如当人们肯定“巴黎向南斯拉夫派出了它的航空母舰”来表示法国对此事之重视；等等。

这一切都显示，事实上，游戏中的修辞既是分离的，又是组合的：人们把区别明显的一个问题与一个回答组合在一起；某种病态的排斥或者不再分离，如像精神病中那样，或者分离得过分，如像神经官能症中那样。在神经官能症中，排斥得以保留，但是它的对象发生了偏移。

然而有一些情况，其中问题明显地出现在主体的回答中。让我们想想一场哀悼活动，人们无法割舍他们的思念，口中念念有词却无法从悲痛的状态中摆脱出来。让我们再想想忧郁症患者的情况。他希望面对所有其身体可能碰到的问题。忧郁症在于把事情想到最严重的程度，似乎准备应对这种极端状态。忧郁症与哀伤有下述共同点，即回答表达着问题。主体对此是清醒的：他能够区分缠绕他的问题与回答其问题的因素，然而另外，这种处境的困难已经是一种回答了。

这一切都有力地指出，排斥向主体提出问题并影响着主体，它在何等程度上集中为某种差异，差异的双方是不可避免的，但是因为它们是相互对立的，它们也是不可接受的。在哀悼活动中，回答就是问题，而主体知道这是一个问题。因而排斥是不够的，另外差异也重新呈现出来，带有明显的迹象。

这种情况确认，排斥与潜意识的同一性没有任何自动性和机械性。排斥对于精神健康是必要的。排斥的次数越少，现实与它所激发的回答与问题混淆在一起的可能性便越多，这些问题进入回答之中，产生了精神上的混乱。但是，还应该考虑到下述现象，假如从回答范畴排除出来的问题——这就阻止了这类混淆——被清醒地了解，人们同时就知道哪些东西回答了它以及哪些东西不能回答它。因而，排斥概念要求在理论化中给予扩展，另外我把这种扩展还喻为某种问题学的阅读，因为叩问、与问题的关系是分析的核心。要理解排斥，并不需要将其对象投入某种机制，后者可能是主体某种内在的存储库，它有可能驻足其中。排斥是保证“健康”的某种问题学差异化的机制，它可以赋予个体某种实际生发性，因为它不造成问题与解决之间的任何混淆。须知，这类解决的效果是，人们可以无视问题，让它们消失，知晓我们做这一切，犹如清醒地让所提问题平庸化，以免成为它的受害者。然而介于两者之间的情况并未排除：人们可以很清醒地知道他们排斥的问题之所在并仍然排斥它，决定从这种意识、这种知的状态中分离出自己的回答。这样一种路径、一种态度还回答了更朝前、更前溯也许更遥远的一个问题，尽管有对当下问题的这种了解，它仍然使人们不可避免地以某种累积的无知的方式回答。在排斥中，有对问题的某种无知，也有对回答中的问题的了解，这种了解迫使人们把真正的问题转移、改造为另一问题：问题被重构、重新加工，以便当排斥无法彻底排除它时，真正的问题不要处于在场的形态。但是，也存在一种排斥形式，其精神的操作者不是无知。我勾勒出一个问题来，我把回答与之相分离，由此我肯定不会有任何混淆。这样操作的事实显然回答了另一问题，这一问题没有得到特别的明确。正如人们所说的那样，它是“潜意识”的，而假如我们应该从问题到问题无限地上溯下去，就将浏览每个人的历史，因为我的历史是由全部相互承接的问题来表达的，而非仅仅由人们重新布置并将其理性化的回答所表达。总之，萨特所充分展示的，乃是人们可以忠实地表达回答并表述例如每天喝几杯并不是某种酗酒问题，赴一次轻薄约会也并没有引起性的问题，因为男女赴约仅仅是为了讨论其他事情。这样，我们就可以知道自己排斥什么并依然排斥自己所排斥的对象。倘若需要谈论潜意识的话，应该把它变成肢体的语言，那里，直至死亡在内的循环性问题将作用于个体。排斥并非不知道这些问题，但是它的功能是，当我们无法把它们当做问题对待时，就把它们搁置一旁。从这个意义上说，乐趣参与了身体的排斥。当自觉感情恰恰变得无法被排斥所管理时，它们就变成病态的或激情的形态。当身体性成为问题时，从根基上说，某种激情作用于社会化的或非社会化的身体，情况永远如此。

作为问题的身体从这点来说，乃是某种差异、某种变异性的符号，这种差异性、变异性使得人们成了自己的身体，人们成了自己不想成为的某种身体，人们想躲开它、想摆脱它，假装通过获得成百数千种欢乐而掌控它，这些欢乐把生活中产生的无法回避的需要人性化和社会化。然而不光有装点身体的倾向。在崇拜身体、努力驯服它的倾向一旁，还有忘却它的倾向，健康就提供了这种遗忘。因为健康，人们可以关注其他问题。身体的悖论在于它是自我中最私密的东西，它是我的私密性，而正是因为我拥有一个身体，我才臣服于这样一种私密性，并在避开其他人的情况下培植它，而实际上身体甚至是所有我不想成为的东西，因为我之所是乃是其他东西。归根结底，排斥是面对这种悖论、这种替代性的唯一方式，替代者的任何语词不摧毁，我都不能消失。身体置疑我，它向我提示，我不仅仅是其他东西，但我确实同时又是其他东西。它是我与我自己的差异，这与我的身份是相反的，因为它从若干层面置疑我的身份，死亡是这种旅程的终点。它是我这种变异性，然而既然这是一种变异性，我也可以不是它。需要逃避差异性，亦即逃避自己的身体，而当你无法做到时，那么就与它合为一体，这在日常生活中，意味着食物、性、保暖等需求人性化，变成文化和社会活动。或者丝毫不关注它——例如衣冠不整，或满足于一手托着的某种快餐——或者相反，把各种乐趣精细化，直至它们不再呈现为基本的、自然的和带有约束力的活动。吃精餐意味着不饿，而青睐高档衣物意味着不冷，意味着穿衣不是为了因季节变化而保护身体。

排斥保证和谐。它针对差异性，针对我们之是或不是的替代性，这就把差异再次引向必要性，犹如身体对于生命是必不可少的，在其期限本身又是不可承受的，因为它意味着死亡以及每个人都希望摆脱的自然约束。身体是人们以为精神解决的问题，而精神只有与之相分离才能达到上述目的；尽管还要看看这样一种解决方法到底是什么。身体被隐藏、遮蔽、衣饰、点缀，它喻示着人们无法完全掩饰的问题，喻示着永远挑逗我们并使我们失去平衡的动物性。人们徒然把自己包裹起来，徒然避开其他人的目光来满足自己的需要，徒然面对其他人并通过旨在使他者的任何置疑失效的某种礼貌和教养使他们忘却任何身体的问题，这些都不排斥身体永远是自我的他者，另外正如它也永远是他者的他者一样。我们通过装扮它的裸露部分而把它社会化是徒劳无益的，或者给它点缀上排斥动物性和自然性问题的钻石和其他装饰品也是枉然的，身体犹存，充满着神秘的变异性。当他者接近我时，这种接近的第一形式是通过他的身体发生的，哪怕是通过它所占据的空间，后者把他与我分开亦即与我的身体分开。这样它就置疑了我的排斥，问题重新出现，于是就只剩下了暴力的替代或者道德的替代。暴力，为了摧毁提示我的身体性，这是他者以其他者的差异之身置于我眼前的这种变异性；而道德，则是为了回答其身体所提出的问题，该问题把握引向的某种回答里，精神、对方其人应该找到他们扎根的点。这是社会性应该管理的两种排斥方式。从身体中获得解放的精神转而关注其他问题，而这是它的功能、使命、作用。自此，人的最基本的道德，作为对他者问题的回答，无条件地蕴含着其全部物质性的风貌，并以尊重“人权”为必然结果。他者的身体是不可侵犯的，这是一种基本权利。

所有的社会都排斥身体，把其自然的动物性给它们带来的问题置而远之。然而存在下述事实，即随着历史的加速运动，与先前的差异性愈来愈受到人们的关注，差异的思想本身更多地冲击着精神领域。身体愈来愈少地在愚昧的形式下被排斥，而身体所代表的差异性出现在对各种欢愉的某种追求中，表现在某种审美化和性追求中，后两种倾向是对把身体之在场作为突出问题的补偿；而补偿意味着解决。从性解放到健身（*jogging*），从暗示性的超短裙到各色光盘，发生的一切似乎都显示，在智识和精神范畴绚烂夺目的大发展（它们今后将是财富和技术进步的源泉）的旁边，人们正在回归精神无法解决、只能通过单纯否定而排斥的身体。精神也应该把身体作为差异性、变异性所提出的问题问题化。我们虽然不了解历史的意义，然而历史却拥有某种语法。历史强加给人类社会的形式就是差异：现在之所是已经不再或者不完全等同于先前之所是。历史在社会核心所挖掘的各种差异显示了或再现了各种身份所遮蔽自身的种种内容，这些内容自立了。这就是当历史加速运行时身体重新作为问题而出现的原因，如同我们在20世纪60年代看到的那样，19世纪末大概也在维也纳看到了相似的现象。其时其地，弗洛伊德医生可能观察到了身体之“疯狂”正在发飙。

精神分析学从这种发现中应运而生，而对身体的排斥呈现为它的构成部分并非偶然。在这方面，俄狄浦斯情结是核心并发挥了奠定作用。正是在这里，差异成为奠定我们作为个人和作为人到底是谁的元素。小男孩想与母亲融为一体，只和她成为一体，他把自己等同于父亲以获得后者所享受的宝贵财富：母亲。但是父亲构成障碍，于是融会为一体的幻想便在十分强大的具有挫折力量的现实面前让步了，它迫使他放弃并在一段时间后，迫使小男孩把自己的兴趣转移到其他异性对象身上。问题是，当他与发生在女孩那儿的情况相关联时，这种图示更难重构。无疑，我们很容易理解，作为一个小孩，她也想与母亲融为一体，即“成为”父亲并拥有他的权力，但是，这意味着当她把自己等同于父亲并达到父亲的作为时，她否定了自己的女儿之身。须知，事情显然不是这样发生的。女儿把自己等同于母亲，而儿子则把自己等同于父亲。另外我们还可以叩问这种差异性的身份认同的需要从何而来，而问题更多的是重新找到与母亲的同一性。然而，这恰恰就是一个问题。正是身份似乎在这种情况里构成困难。父亲既构成女儿也构成儿子实现融会愿望的某种障碍。毋宁说，这个谜团的关键所在并非一定是占据女儿心头的“阴茎欲望”，它使她愿意等同于母亲以便能够拥有父亲，而更多的是两性所代表的差异性的思想本身，亦即作为父亲在场所体验的差异。阴茎欲望是一种假设，特意用来说明也想与母亲融为一体的女儿却并没有因此而把自己等同于父亲。这种欲望的真正意指其实是纯粹象征性的：如果确实想把它看做差异的表达，那么一切都变得明晰了。事实上，这种差异所显示的，乃是重新找到与母亲一致的接触途径，即在父母二元中所体现的性差异。同时，性差异就变成了孩子追求身份的动力：他趋向异性，因为他是相异的，正是这种相异性形成了他的身份。女儿转向父亲，把自己等同于母亲；儿子希望获得母亲并以父亲为楷模。与母亲的融合关系让位于差异性，在这种差异性里，通过“成为一个他者”而“拥有他者”，因而这是一种需要承担才能成为自我的差异，也是一种无法回避的差异。但是，从两种态度所蕴含的矛盾角度看，它也要求排斥才能与不可能的差异生活在一起。在差异的打击下，与母亲的融会是某种失去的天堂。通过父亲这种差异，与母亲不可能融会的幻想，孩子不仅“意识到”他自己是不同的，亦即他有某种身份，还意识到，正是还由母亲所代表的既对儿子也对女儿的这种差异，是他的爱的对象。父亲则是把爱极化到差异身上的人，因为他的在场（拉康说，他的姓名）是不可能的融合性同一性的标志。变异性由作为父亲的父亲给出，而同时，对其自身个体性的“意识”是由差异给出的。小姑娘“知道”为了爱她的母亲，应该具有不同的性别：父亲无疑是某种障碍，然而这种障碍的色彩已经逊色于对男孩的障碍，因为相对于她的父亲，她已经是异性了。对于小男孩而言，差异拥有更多的双重性，因为倘若性的差异似乎是接触母亲之爱的关键，因为小男孩已经像父亲一样是个男性，那么目标接触起来就更近了，此举就把父亲变成了更大的情敌。问题不再是恭维他并把玩他的差异性，像女儿做的那样，而是自视为父亲，那么即使他所代表的差异应该除掉。对于男孩，大家很清楚，差异不大容易接受，它是情敌的同义词并因此而是侵犯性的源泉，后者与下述事实相关，即差异直接界定着他的男性身份并同时阻止他达到自己的目标，因为母亲已经在父亲之手。按照法律，女孩可以使出诱惑的本事，而男孩则把差异感觉为某种侵犯、某种危险、某种有待拔掉的障碍，一种他同样认为有价值的差异，因为它把他完全置于了获得母亲所需要的资格：异性。

性的差异对于姑娘和小伙并不因此而较少否面色彩，因为正是它阻止两人与母亲的融合。差异即是我们的身体，我们既是又不想是这个身体。排斥从是过渡到有：人们不是自己的身体，但是他们拥有一个身体，这就使主体变成了其他东西。差异是自我、是建构其身份必需的过渡，但是作为差异，它也是主体作为与母亲同一之障碍而抛弃的东西，母亲此后便由父亲和家庭兼爱来中介。这并不排除下述情况，即与身体所标示之差异的关系在小伙与在姑娘那里发挥作用的方式不同，恰恰因为我们上面表述的原因。在小伙那里，差异是某种需要掌控的障碍，因为为占有母亲而与父亲的竞争更强烈。在姑娘那里，她对父亲已经是一种诱惑，从隐喻的角度理解，作为女人之身的她已经是母亲了。因此，与身体的游戏更具女性色彩而非男性色彩，无论如何，它是另一种性质的游戏。

让我们走得更远一些。为了面对人们既培植又抛弃的某种差异，他们发明了一种覆盖所有差异的基本的差异，它恰恰可以让人们区分差异：这就是善和恶的概念。但是没有任何东西比另一差异更像某种差异。人们成为不同于其他人的自我所经由的（正面）差异与他者的威胁性在场对于自我所代表的（负面）差异之间的界限是微弱的。没有任何东西比善更接近恶，也没有任何东西对我而言比他者眼里的恶更像善。大概正是这一点解释了发展众口一词的道德价值而非仅仅是形式价值的困难。只要有某种内容，人们就对立、讨论、迟疑不决、和解并相互羡慕。我们还要再回到这个问题上来。眼下尤其重要的是，观照差异在人的构成过程中所发挥的作用。差异是双重性质的，而正是由于这一原因，它才成为原初排斥的对象：这里，我们有一个由某种替代性构成的无法解开的问题结。我既是差异又不想成为差异，它的双重性、它的两个项的中肯性，使它成为某种问题，亦即成为我应该排斥的东西，以便以和谐的方式回答。身体由于是原初的差异，它是所有排斥中的排斥。凡是身体被排斥的地方，精神都应运而至。这种排斥采纳的一种形式就是人的独特化，他由两个区分鲜明的现实灵魂和身体构成，由于两个被分别安置，它们不会混在一起，也不会产生它们之间的混淆。如果我们把身体客观化，就不会成为它的牺牲品，这也是排斥的一种形式。

差异揭示为人的问题或者作为问题的人，两者殊途同归。商榷差异乃是自我建构的唯一方式。从个体到社会，皆如此。那么，它到底在其中扮演了什么样的角色呢？

群体的同一性与神圣的诞生

人们一再叩问形成群体同一性的因素：家庭、社会、氏族、民族等，众多古代和现代的实体保障着其成员的身份，使他们放心，使他们重新聚会在这些实体中，直至建立他们相互之间应该进行的帮助，我们谓之曰正义。学者们谈论集体意识（杜克海姆）或“共同体性”（*Gemeinschaft*，集体性——滕尼斯/Tönnies），以捕捉这些群体的“精神”，甚至用以解释它们。只有到了弗雷泽（Frazer）的《金拉莫》（*Le Rameau d'or*）和韦伯的《经济与社会》（*Economie et société*），根本的问题才被提出来。问题不再是弄清什么东西抽象地奠定了一个群体，而是谁造就了这个群体，谁代表它，谁又年复一年、循环复循环地被授予合法权利地去做。在群体里，有一个合法者，他有资格把自己的身份合法化，把这种权力赋予自己，或者其他人承认他有这种权力，向每个人表述他是谁，他的位置是什么，保证一个群体的象征性和睦，每次都既通过自己的身份，也通过自己的行为，在众目睽睽之下，重新引导群体的一致性。简言之，他是谁呢？

如今我们知道他是谁了。他就是首领，家长、族长。另外，他还承担着宗教的责任。他是祭奠祖先的受托人，这些祖先造就着家庭的身份，由于祭祖，逝者安息，不再打扰活着的人。对差异的永久恐惧在这里标示为生与死的同一。在为逝者歌功颂德的时候，子孙们肯定他们不会回来参与到活者的行列里，也不会占有他们的灵魂。后代向他们献上祭品以示敬重，以纪念他们的力量和他们的实际功绩。一言以蔽之，人们通过恭维他们而把他们置而远之：死者已逝矣，活者犹为生。差异仍然造就了身份：正是家庭的祖先们以他们的人品赢得了这个家庭的特征。然而在更广阔的层面，我们看到，群体的合法代表，如家长、族长、部落首领，他们代表着祖先，却脱离了全体成员而被置之度外，承担着某种差异，他们与大家的差异，以表述什么是群体的身份、群体的法律。同时，他违反了这个法律，因为他把群体的身份颁布为规范，这样一来，他就不同于其他人，他们是法律（或规范）的从属者。他置身于法律之外，而以这种身份，他应该为不平衡付出代价，为自己以其存在本身鞭挞了集体的同一性而付出代价。正是这种情况解释了在所谓的原始社会——最好将其称为“史前社会”——人们在换季时牺牲国王这种现象。这类社会惩罚权力，它们政治上的极端自由主义很可能超过了我们，但确实是以精神上的某种更严格的保守主义为代价的。在我们的社会里，人们还乐于惩罚差异，乐于看到强者例如在某种丑闻的打击下垮台，但是人们也羡慕他们，于是就产生了希望利用某种特殊媒体等渠道知道他们一切的愿望。人们希望知道国王和公主们都在干什么。从前与此不同。从前，国王应该死去。此举表明，与他们的功能相关联的差异找到了它的归宿，被取消了，一切都复归秩序，他们是这种秩序的构成部分，现在安息在它的一隅，通过他们的消逝确认集体同一性的价值，并如此验证了神圣与牺牲、差异与差异之补赎之间的关联。在拉丁语里，“神圣”一词很好地表述了它想表达的意思，即禁区和魔鬼兼而有之。禁区以及人们因为这个原因而顶礼膜拜的东西何以同时又成为恶魔呢？这不是矛盾的吗？乍看上去，似乎是这样。然而如果我们更靠近观照，就会发现，禁区表达着绝对差异，因而它是不可触摸的，甚至也许还是不纯洁的，因为对于任何一个或大或小的群体的同一性而言，差异都是与群体背道而驰的，从性质上、本质上、定义上威胁后者。人们害怕差异者，因而应该远离他，就像人们躲避“不纯洁”的女人一样。国王让人害怕，人们应该歌颂他，即使他是群体统一的表达，还是与其他人隔开了。他既是禁区，也是恶魔，因为差异是不可接受的、不合法的，是对群体属性的侵犯本身。他也是群体的能量和力量。季节变化时，当一种新的生命力诞生时，他应该被人们祭祀，让位于一个更年轻更有活力的国王，使后者能够体现发生在大自然中的万象更新。

因而，神圣与祭祀是密切关联的。只有当它们分离开时，人们才能说，神圣保护着差异，使后者免受身份方面的侵犯。同一性保持着规范的性质，但是假如没有差异，何以能够有对规范的某种表述呢，何以能够有足以异样的人士胆敢表述这种规范呢？因此，需要神圣，因为差异相对于作为规则和承担调节功能的同一性，理应处于特殊的地位。这就把差异置于一旁、置于超验、不可触及和敬而远之的地位。因为神圣是不可压缩的差异性，社会需要它以表达自己的同一性，需要从某物或某人身上找到体现这种同一性的东西，该物或该人离开了竭尽全力祭祀他（或它）的群体，后者的努力在于让群体的同一性从差异的消除中获得确认。这种把相异的东西置于一旁的做法是纯洁与不纯洁相分离的起源：与差异的接触已经要求某种纯洁化。在这类社会里，人们确实猜测过，同一性也是思维的基础，而不仅仅是群体的根基。自列维-布留尔（Levy-Bruhl）起，中经莫斯（Mauss），我们读过多少论著，说明所谓的原始思维是靠毗邻、参与来操持的，这些思维活动都压缩各种差异并把任何共同点标示出来，以期同化其他地方显然相互区别的东西。如今，人们可能把这种做法叫做隐喻，如果仅仅是对史前社会的人而言，他们不可能把隐喻感知成这样，亦即感知成简单的辞格，后者恰恰因为是辞格，才是一些不拘泥于字面意思的表达方式。实际情况甚至是完全相反的：博洛洛人之所以自视为某种阿拉拉的喜鹊并模仿喜鹊羽毛的色彩装扮自己，那是因为他把自己等同于喜鹊，独占了他以为可以与喜鹊分享的某些特征，也把他赋予喜鹊的其他美德作为自己的品德。

因而差异被敬重，因为它应该被置而远之，因为它使人害怕，所以应该被牺牲以恢复社会平衡。这难道是宗教与政治有时微乎其微的区别的开始吗？很显然，两者自古以来就密切地混杂在一起。要使宗教与政治的某种区别能够诞生，需要神圣化的差异不再被祭祀，需要宗教把祭品从宗教身上转移到另一事物身上，而非转移到首领身上、权力身上。于是，对差异的尊重代替了消除它的意愿，而债务的方向也颠倒过来了：国王不再是群体的债务人，恰恰相反。差异保留着神圣地位，但是祭品转移到一个替代的牺牲品那里。象征思想应运而生：差异变得可能了。当然，整个这个活动是逐渐发生的、连续发生的。囚徒们代替战争首领们被牺牲，所谓的神圣动物遭受了被屠杀的命运；总之，差异被用其他手段清偿了，而不再牺牲主人们的身体。这些人努力延续他们的地位和寿命，把差异所产生的债务重心从他们自己身上转移到其他物品上去。这大概就是戈德利耶（Godelier）继莫斯之后所提到的“馈赠秘密”的解决办法。之所以存在馈赠和回赠，不是为了实现例如经济类型的某种交换，后者本身并不是目的，而是为了组织群体内部和群体之间的差异。

如果没有对政治权力由之而出的差异的驯服，政治权利也许就无法存留下来。它徒然“代表”亦即表达了群体，它把它超验化了，而作为权力，它不是任何别的东西，而是不再欠同一性债务的某种差异。牺牲品继续存在，它不再是祭奠的牺牲品，而是中介，例如像阿兹台克人（les Aztèques）组成的这些集权式王朝，或者只发生某种象征性的行为，旨在通过消除另一种替代性的差异而埋葬一种差异。

神圣体现了群体为自身同一性所造就的形象。借用杜克海姆的话，这是它的“集体意识”。与祭品相分离的神圣代表了保护人们的差异，人们应该既崇拜又恐惧的差异。面对它，人们亏欠着敬仰、祭品和服从。然而，谁使神圣合法化呢，难道不是神圣的正统对象？这个程序是环形的且属于力量的出击。因而，应该把那些使神圣合法化的人们与那些被神圣合法化的人们区分开。于是，神圣成了权力的占有者。至于神圣那些享有特权的读者亦即神甫们，他们属于自己所合法化的范畴并因而总体上进入了他们所合法化的社会范畴。但是在这一点上，他们之间是有区别的。这是信仰普遍性与教会独特性之间的对立。无论如何，在如此产生的教会的普遍主义方面，我们看到了三部分人，他们是神甫、军人和工作人员。神甫们使管理者的权力合法化，以换取物质利益和政治利益，也换取更多的保护。因为自诩为神圣意志的阐释者，这是一种特权，亦即相对于皆有一死的众人，相对于群体整体，这是一种差异，它蕴含着某种危险，唯有尊敬和服从才能阻止这种危险。赋予合法权力者的合法性来自神，而不再来自社会范畴本身，即使神希望僧侣是他的特别诠释者或独占性诠释者。僧侣应该把他所合法化的东西奠定为某种神圣的超验性，就像后者应该赋予他这种角色的合法性一样。他并没有脱离他赋予合法性的范畴，这个范畴由于建立在某种有待解读的超验性而尤其合法，这意味着如今我们称做知识分子初始时的能力和鉴定。

从知识分子那里获得其合法性的权力，分离并非没有碰到困难。谁将在社会中居于主导地位，是赋予社会范畴以合法性的知识分子，还是居于该范畴顶峰并成为该范畴合法获益者的军人？中世纪的封地之争并非没有提醒我们战斗是多么激烈。后来，我们在欧洲所有正在形成和正在巩固的大的君主国里，都发现了同一问题。在法国和在英国一样，问题提出来了：谁拥有任命教士的权力，教皇还是国王？主教们应该向谁举证并服从呢？

没有合法性差异就无法继续下去。问题是，它的颁布只能从自身开始。于是就出现了这样的意识形态——这里指的是教会和对神的恐惧——以遮蔽差异发布并起源的真正场域。

就像神甫的职位和头衔一样，权力应该展现面对他人时的义务性，即拥有种种义务，它们是其差异地位的对应物并由此而论证这种差异的合理性。这正是孔子这个信息的意义：服从反过来要求王子的智慧。然而权力也知道，假如它应该付出，那么它需要找到其差异的复制品，以期向人民扮演替罪羊的角色，人民把同一性作为规范从中吮吸营养。这些替罪羊将代表差异同时又足以成为群体的构成部分，以便使群体感觉到差距。权力越受到某种越绝对便呈现为越具有侵略性的差异性的影响，权力便越具有下述倾向，即把人民的抛弃转移到这类替罪羊身上。等级的压力很大，需要找到对它所陪伴的权力的仇恨的某种释放口。行将被选来承担无法承担之差异重负的弱者们拥有下述独特性，即他们应该替代权力，代表它，体现它，同时又足以弱势，才能使差异唯独反过身来攻击他们。他们将是微弱的、奇怪的，甚至直接到了已经是对权力某种报复的程度，这种报复当然只能是象征性的。只有当人们也可以报复王子、报复他的差异地位时，才会与他同化，才会崇拜他的差异。我们想到了那些小矮人和那些滑稽可笑的小丑，人们给他们穿上劣质的国王服装，给予他们虚假的君权和带有铃铛的王冠。人们说他们是国王，然而他们其实只是有关国王的苍白漫画。人们可以嘲弄他们，这就避免了攻击他们所代表的千真万确的权力。我们之所以宽容他们，那是因为大自然不宽容他们，他们是畸形的、丑陋的、极其弱小的。为什么要让他们为自己必须每天承受且没有任何人愿意承担其悲哀特权的某种差异付出代价呢？

小丑们消失了，宫廷里的小矮人也消失了，国王成了立宪性质的，但是身份在每个人意识里却保持着关键词的地位。民族、宗教、各种不同的政治归属似乎都在为历史打造部件。然而什么是历史呢，难道不是记录在与他人关系核心的差异的某种语法吗？先前的东西不复存在了，或者变成了其他东西，不完全是同一的，但也许依然存在。历史在建立得最好的各种身份的凹陷处托起了差异，把先前结合在一起的东西分开，让差异的内容粉身碎骨，这些内容并不出现在似乎受到保护的稳定身份中。历史让人恐惧，因为差异让人恐惧。于是，人们为自己创立了种种新的虚构的或真实的身份，例如宗族、宗教或民族的归属。同时需要把身份意识形态化，就像自古以来那样，尽可能给予它某种超验的合法性。同时，还需要差异受到惩罚、驱逐、摧毁。成功的犹太人很像权力、差异，足以充当象征性替代物：他的成功是某种侵犯，然而他的差异足以论证人们让他所承受的赎罪行为。人们让他变得微不足道，就像在纳粹的宣传影片里那样，他的漫画式的形体出现应该满足抛弃他的情感。永远是千篇一律的机制、同样的简单化。在危机年代，一个等级化的社会只能舍弃那些牺牲品（如果我们参照该词的词源，应该指的是被屠杀者），以强化神圣的意义，否则，神圣就可能因为历史而动摇。这一切都说明，差异化的现象越严重，它的“承受性”便越要求另一个更弱的人士为它付出代价，弱者扮演了释放口的角色。在一个大众社会里，犹太人是少数族裔，而在一个被宗教所支配的社会里，犹太人又是异类。神圣保护差异，牺牲则把对差异的抛弃转移到某物或另一人身上。整个问题就在于弄清神圣是如何超越权力赋予的各种优越而保护他所代表的差异的，这些优越已经是这种神圣化和置而远之的某种效果和产品。

作为回答差异的宗教

差异通过尊重神圣所采纳的形式而引起群体的关注，这是一种双重性质的尊重，因为我们从上文已经看到，它由恐惧和崇拜构成。深言之，这两种态度结合在一起，因为人们恐惧、置疑同一性的东西，而权力则担心由它来引发尊重；这是权威性的问题。差异因其潜在的破坏性质，应该被恭维。这就是礼仪的目的：它们把差异搬上祭坛，使它产生效果，把神圣引入世俗。这样，欠差异的债务就陨落了，人们不必再害怕精灵、死人、诸神，它们收到了自己的贡品，于是就安于一隅。我们很容易理解，正如词源所提示的那样，宗教像人们之间的某种共同纽带一样运作：差异按照某种集体方式通过礼仪化而获得效果，在礼仪化中，每个人都承认自己的债务以期从礼仪中解脱出来。差异由礼仪的清偿而终结，而群体的亦即每个人的身份，从这种债务的消除中，找到自己礼仪所在。倘若全部宗教都化身于礼仪之中，于是人们就面对着种种相互宽容的多神论的体系，因为差异是多重的，历史的加速运行并把差异普遍化的现象，使得这类差异就更多元化了，例如罗马帝国的情况。但是很难在礼仪化一刀切的形式下保持身份，因为一刀切的礼仪化取消差异，而实际上差异不断出现，并且在不知休息为何物的历史的重压下有增无减。于是人们寻求一致性，宗教就变成了一神论。然而还有：礼仪远没有消除差异，而是把它供上祭坛，从而确认了超验性，确认了与神的距离，任何礼仪都无法消灭神。一种远离世俗世界的抽象神，显然需要不断地提示它的存在：犹太教就体现了人类历史的这种时刻，生活中的一切都被礼仪化了，以便把某种不可超越的差异保持在脑际，人们应该屈服并服从这种差异，而不要想着通过礼仪厘清与它的关系。礼仪的作用就是以尽可能具体的方式把神性带入实际生活，它越抽象，上述作用就尤其不可或缺。人们最多只能问询，而礼仪不再具有担保效果。礼仪变成某种祈祷和某种祭品，而非对债务的消除，债务是无限的。

犹太教是在埃及世界的宗教背景下确立的，至于差异的地位，埃及世界具有更大的双重性。埃及宗教既是多神论的又是礼仪的，然而对死者的崇拜（我们不说死者的缠扰）甚至是对某种绝对差异之恐惧和尊重的体现。礼仪不是为了消除这种差异，而是为了驯化它的恐惧性和不可逆转性。在埃及，“人性”（*humanité*）这个词找到了它的根源：人是把其相似物“非人化”（*inhume*）的动物，因为它们是相似物。

埃及的诸神通过人与动物混合性体现差异，再现人并象征他们的功能。我们不要忘记，动物与人近似是徒劳的，它与人的差异并不因此而有所逊色。在许多宗教里，人们之所以让动物代替人去死，那是因为这种差异，它是对所有其他差异的救赎，但是，如果人与动物的某种同一性不是建立在共同特征的基础上，且基于同一性的某种思想早就依赖这些共同特征以进行混合，那么这种救赎就是没有意义的。无疑，埃及经过历史亦即差异的洗礼，它清楚地知道人不是动物。然而，正是因为我们身上的动物性是他者亦即差异，动物才成了牺牲的对象，即使它代表着被牺牲物的神性，某种此后与祭品相分离、人们尊崇其权力的神性。被尊重、被客观化的差异，这是人们无法排斥、只能通过神化动物置而远之的动物性。这是动物性把我们置于其中的死亡境界，然而这也是它在人世间所代表的生命。对于埃及人来说，人兽混合是差异的双价性本身。“在埃及人看来，动物是神之表现的常见支撑。人们选择一个独特动物的形象来表达某种超自然力量的某些特征，这种形象可以与若干神或女神相组合。公牛和公羊代表着雄性的兴旺，至于奶牛则象征着母性。一种类型的独特性用来表达某种神力，然而这仅仅是描述鼓动宇宙间不可磨灭力量的某种形象。并非所有的类型都对人有利或有用。面对危险的野兽，埃及人采纳了两种态度。假如该动物是某种有害实体的支撑，它就会被形象和话语的魔力战胜，而它的某些代表性物质就会成为礼仪上的祭品。如果某种可怕但又必要的神力体现在一种凶猛的或有毒的动物身上，它作为矢量的威胁理应被排除并返回到它所出自的敌对场域。在动物形象的象征性使用中，最常见的用法之一，就是在彼岸世界运载逝者的形象。”❶

这就解释了例如何露斯❷由隼来表现的原因，因为它是太阳神，像鸟一样在天空飞行。隼作为王国的大力神和猎神，是这种君权力量的象征本身。然而，作为揭示两个不可能完全吻合、只能象征性吻合的比喻项之间的差异，最好地体现了其中的神秘性。狮身人面像是人与狮子的混合：一个国王的头像接在狮子的身上。神秘性打碎了忠实性，也许这已经更多的是希腊历史了，超出了埃及史的范围。人们从身份的引退中感知到差异性，混合则呈现为象征，于是狮身人面像的神话恰恰寓于它向人们提出的问题，唯有俄狄浦斯能够解决这一问题，然而付出了某种悲剧命运的代价，因为人们永远不可能战胜诸神而不滥用随后需要为之赎罪的某种差异。

但是，我们还没有到那儿。埃及神话中令人惊异的、它与希腊神话所分享的，按照希罗多德（Hérodote）的说法，希腊神话可能出自埃及神话，即笼罩着万神殿的家族暴力。奥西里斯（Osiris）与塞思（Seth）是兄弟俩，塞思杀了奥西里斯。死与生的差异于是演变为循环。奥西里斯娶了他的妹妹伊希斯（Isis），后者在他死后，把他做成一个木乃伊，木乃伊是永生的象征。被埋在地下的奥西里斯让伊希斯怀孕生子了，他是接替光明的黑夜。他精力旺盛，尽管已经逝去，依然能够让伊希斯怀上一个儿子何露斯，儿子后来报复了他的父亲。善

---

❶ Isabelle Franco, *Nouveau dictionnaire de la mythologie égyptienne*, Paris, Pygmalion, 1999, p. 24.

❷ 古代埃及的太阳神（Horus），为 Osiris 和 Isis 之子；形象为鹰或鹰头人，即隼。——译者注

最终胜利了，平衡得以恢复。这些乱伦关系和这些自相残杀的战斗不能不使人想起黑西俄得（Hésiode）的《神谱》（la *Théogonie*），里边的儿子把父亲阉割了，自己娶母亲为妻，等等。这些凶杀和这些乱伦的深层意义是什么呢？

显然，呈现在我们面前的剧情是由种种差异的失去引起的，生与死的差异、父母与孩子的差异等。一切都混淆在一起，一切都没有差异了，一切都可以任意为之，似乎众神由于他们的差异而不再尊重差异了。他们与人的差异在于他们不再服从差异，在人们面对被踩在脚下的各种差异时制造了恐惧。他们演示了假如人们不尊重生与死、男人与女人、父母与孩子的差异时可能发生的情景。一切都变得没有区别，社会秩序将沉没于乱伦、凶杀、堕落之中。诸神的行为典范地表现了这种无差异化的情景，那是他们的差异的特权，这种无差异化恰恰通过差异，迫使人们尊崇生命、母亲、国王，他们都是集体性及其延续的基本差异。唯有人类的差异性存在可以无视这些对于他们而言被神圣化的差异。诸神是令人恐惧的，因为他们嘲笑这些差异。他们就是那些对差异不屑一顾的人们，这正是俄狄浦斯神话所讲述的故事。但是，埃及和希腊的诸神对于人们而言，乃是差异的源泉，例如生与死通过斗争而相互对立一样，因为何露斯变成了阿波罗（Apollon），伊希斯成了黛梅忒耳（Déméter），奥西里斯成了狄俄尼索斯（Dyonisos），阿蒙（Amon）被宙斯（Zeus）替代，塞思即是后来的堤丰（Typhon）等。差异是破碎的同一性，是人们叙述的历史，它就是一个故事、一种神话。同一性的关联项破碎为差异项的过程可以概括为历史性特有的某种暴力行为。诸神是差异的源泉，因为他们屈从于差异：他们是人们无法让自己摧毁的同一性的化身。神圣不是为诸神树立的，正是通过他们与人类的某些差异，他们才证明某些差异是神圣的，例如生命。假如差异是神，那么神无须操心差异。同时，由于与神的差异，人们应该服从于这些差异，它们将变成带有镶嵌规律的命令式。“你丝毫不能动杀机”是某种神谕，而非通过人们应该远离的奥林匹亚山上的凶杀而进行的某种反面演示。神更抽象。从这个意义上说，犹太宗教和希腊宗教都源自埃及宗教，埃及宗教以混合的方式，把两种风貌包含在内：一种风貌更内在一些，其中礼仪消除了差异，通过例如可以把永恒变成可能的种种礼仪恭颂死亡，带着把内在性捧上祭坛的以动物象征的某种多神教；而另一种风貌则趋向于一神教和超验。礼仪供奉超验性，崇拜它，确认它：神是不可触及的，一切都是象征的而非较真的。

时至今日，埃及宗教之所以对我们仍然如此重要，这恰恰是因为它把这两种风貌集于一身，它们后来分裂为西方的不同宗教，永远地影响着它。犹太宗教是某种针对神性缺失的惯常礼仪。反之，希腊宗教认为礼仪摧毁了差异，这就使人们清偿了他们面对诸神的义务而关注其他事情。因为礼仪把差异改造成了同一性，把神圣改造成了世俗性，诸神与司空见惯的人们就没有什么区别了。于是就只剩下了艺术，可以重新创造某种差异，而这就是人们称做美或理想的东西。内在性质的诸神与人们的区别就只有他们的形式美，他们的比例的完美。于是希腊艺术诞生了。犹太艺术是不可能的：人们只能称谓神，却无法更多地表现他。希腊艺术首先是雕塑艺术，殿堂是“诸神的家”。我们稍后再谈论艺术。当下更重要的是发现，希腊—罗马的西方世界沉入了差异和神圣的具有解放性质的礼仪主义，后者仅仅是约定俗成而已。另外，礼仪的约定俗成将被罗马社会司法领域的形式主义带向极端。一切皆程序事务，即礼仪的世俗化形式。差异方面的问题是，当人们以为已经把它消除了时，它又重新浮现出来，因为差异是历史的形式，是其语法的根基。这里我们就拥有了把历史哲学与历史的语法相分离的全部要素。历史的哲学从过去相互碰撞的事件中寻找某种意义，以便从中抽取对未来有益的某种真理。历史的语法没有这种雄心。我们可以把它比做语言学家所实践的语法：任何人都无法预见某个说话者将要说什么，但是不管他以任意某种语言表述什么，他都要服从某些表达其言语形式的规则。有关历史语法的情况与此相同：人们无法预测历史行将采纳的路径，但是预先就知道新路线因为新而一定不同于老路线。那么差异就是历史性所拥有的形式。当我们把这个简单的甚至基础的原则应用于各种宗教史时，就会发现，差异载入宗教史是通过礼仪的迂回：历史远没有穷尽差异，而是把它变得无法回避了，这就将把旨在恢复同一性以摆脱宗教性的礼仪主义变成某种令人置疑的、过时的精神形式。于是这种精神将在某种去礼仪化的新形式中重新蹦出来，这种新形式将看到历史所强加的差异在某种更具超验性的新宗教中表达出来。罗马时代的犹太宗教的问题并非它不囊括差异，甚至也不是它仅为几个人保留了这种差异，而是它完全把生活礼仪化了，把面对神的礼仪变成了回答神之差异的唯一方式，同时深知人们永远不可能清偿自己的义务。希伯来神极其强大的力量以经常性地服从为对应物。我们猜测，这是礼仪双重价值的新导向：它把自己想摧毁的某种差异捧上祭坛而有益于同一性，这种双重路径本身是悖论的。一种被崇拜的差异与一种被摧毁的差异，这是互相矛盾的。那么礼仪确认了神圣的不可避免性、不断地重新显示他的不可回避的差异性呢，抑或相反，它收到了把人们从神圣的重负下解放出来的效果呢？比其他宗教更具差异性质和历史性的犹太教建立在不可能消除差异的基础上，这就强化了它自身的差异性。礼仪的这种普遍化伴之以执行中的格外小心和严谨，因为没有任何东西能够消除差异，甚至且尤其消除对它的崇拜。这是规律的支配。规律与面对他者的不可压缩的义务不同。人事债务者，而这种无法偿清的债务相应地服从和顺从。绝对的超验是不能商谈的，而不对称蕴含着人处于服从地位的意思：法则是这种秩序的表达，而这种秩序首先是某种断然的命令式。犹太教的独特之处就在于它把礼仪与绝对的差异组合在一起。然而有些人说，假如没有任何东西恢复同一性，礼仪又有何用呢？于是基督教应运而生。历史所挖掘的差异从人与上帝之间所彰显的鸿沟中得到确认。犹太教反馈到神圣的这种历史性。但是差异应该能够商谈：宗教有这种功能。罗马的宗教把自己的实践形式化了，群体的同一性就由这类实践给予恢复和确认。刺激了民族礼仪的多元化，一切都是可以商谈的，甚至历史也如此。在犹太教中，差异一直存在。基督教之所以涌现出来，那是为了差异能够不顾一切地得到商谈，尽管它是某种绝对超验的标志。上帝并非不可动摇，即使礼仪在这方面也无能为力，信仰却是“好的”回答。诚然，上帝是选择者和决定者，且任何礼仪都不能强迫他。这并不排除从他自己的儿子开始是一个好办法，亦即是宽容、赠与的好办法。究其实，礼仪内在里具有双重价值：在罗马人那里，它用来破除神性，并把神性变成人性；而在犹太人那里，恰恰相反，它的目的在于每时每刻都确认神是超验的，不可缩减，不可触及。基督教的天赋之作——因为这关涉它自身——就是通过调和很少丰富意义的某种礼仪与一神论的超验性，而解决了这个喉结。它的全部丰富性就在于这种暧昧性，在其历史上，基督教经常摇摆于强化最经典的礼仪与最抽象的知识信仰之间。我们已经可以放言，新教是对教会中变得无处不在的某种礼仪化的基督教式回答：对神圣的崇拜以及收买宽容态度以商谈他的拯救是这种回答最负盛名的例子。新教将平衡对宗教的这种礼仪化，回归超验神性的某种更大的抽象化，任何东西都不能“收买”神，因为他想拯救谁完全是他的自由。起初，在犹太—罗马的背景下，基督教试图对人与神的关系去礼仪化，孜孜不倦地展示犹太礼仪过于繁重，因为它呈现为与神的商谈，这种礼仪极力保证群体的同一性，却未能把人们从他们世俗生活中神的重负下解放出来。概言之，没有消除债务的服从。基督教是如何回答的呢？上帝不是法则而是爱：他赋予，他献身，他献上了自己的儿子，他原谅，而所有这一切都是根据他的自由意愿而做的。于是就出现了奇迹：这是绝妙的义务行为。它不来源于任何东西，不来源于任何行动、任何能够带着上帝去执行的礼仪。任何祭品都无法把人从上帝那儿解放出来，假如上帝在礼仪中被一再肯定为永远与人类相分离的差异，那么礼仪有何用呢？上帝在他儿子身上呈现为人身这一点告诉人们，他就在他们中间，差异最终就是神进入每个人而非外在于后者。

这样，基督教就打断了交换逻辑。恩赐和赠予代替了礼仪的显赫地位，不管是出于奇迹还是属于存在的忠诚。由此，人们就理解了对同态复仇法即以眼还眼、以牙还牙报复态度的拒绝和耶稣告诫敌对者们互相给上脸颊的智慧。“如果有人打了你的右脸，再把左脸给他。如果有人起诉你想占你的祭服，干脆也把你的大衣给他。给予要求你帮助的人，不要让想向你借贷的人空手而归。我告诉你们：爱你们的敌人，为那些迫害你们的人们起吊，以期使你们成为身居太空的你们的父亲的儿子。”❶ 每次耶稣都与犹太的僧侣相对立，用爱代替死板，用将心比心代替一边倒，用同一性代替差异。甚至正是由于这种差异，耶稣才献出了自己的生命。他的差异受到了侵犯。他把自己比做谁了？比做犹太人的国王？比做一位先知先觉？这一切都引起了彼拉多❷的讪笑，他仅把耶稣视为一个蛊惑人心者，另外最好摆脱他，尤其因为对其差异的肯定把耶稣置于脱离人民群众的状态。众所周知，后者更希望巴拉巴斯获得解放，而非耶稣。当耶稣重复说“我想要宽恕而不要祭坛”（Matthieu，IX，14）时，他清楚地展示了旨在消除差异的礼仪与他的教导是背道而驰的，祭祀没有其他功能，只能使神圣远离人民，他是多么令人们害怕，因而人们需要恭维他。因为在犹太宗教里，礼仪表达法则的责任，它没有摧毁超验，反而把下述事实形式化了，即人们与这种责任、这种服从的关系永无完结。一切都规则化甚至条文化了，于是礼仪就成了把神与人相分离的差异的对应方。反之，在天主教里，假如差异反馈到一位超验的上帝，则没有有用的礼仪上的相互性。犹太教的暧昧之处在于，它把差异礼仪化以期更好地供奉它，而重要的是要清偿欠它的债务。这种差异涌上那些实践这

❶ *Les Quatre Evengiles*, Matthieu V, 39 – 46, Paris, Gallimard, Folio, p. 59.

❷ 彼拉多（Pilate，？～36？），罗马的犹太巡抚（26～36），主持对耶稣的审判并下令把耶稣钉死在十字架上。——译者注

种宗教的人们的心头，于是他们就受到那些想事后自由的人们的痛恨，也受到礼仪的指责，这种双价性归因于礼仪功能本身的实用性，因为它不能把人们从神圣那里解放出来，反而把他们无限期地沉入神圣之中，如同在一桩报复性的恐怖事件中那样，其后果永远令人恐惧。

在天主教那里，信仰似乎居于前台，超越了任何约束性的礼仪。差异就在那儿，无处不在，人们在人世间应该接受的正是它，即使他们不接受这一点而要了耶稣的命。耶稣是差异，但他也肯定今后不再有差异，肯定差异应该消晕，肯定最早的捞金者也将是最后的捞金者，肯定穷人将变成富人、残疾者将获得康复等。这难道不是悖论的吗？其实，没有差异就没有神圣。耶稣之死恢复了面对上帝、他的父亲、我们的父亲的债务。痛恨差异，甚至置它于死地，证实了某种内在的罪恶。耶稣的信息是明确的：“先生们，假如你们不能忍受我所代表的差异，何以能够等待你们在你们之间承担起这种差异呢？”两种运动是并行的：对于生活在社会里的人们，承认差异是很困难的，因为这等于承认它代表着某种问题。

让我们概述如下：礼仪所统摄的某种宗教努力解除自己面对神圣的债务以平息自己的恐惧，遵从规则，保证群体的凝聚。然而礼仪也供奉差异，确认差异，尤其当历史把差异性强加给一个社会时，这种情况尤甚。犹太宗教由于历史所挖掘的差异无处不在而是一个礼仪化的宗教，这样就更加把神变成了一个抽象的遥远的圣灵。基督教性将进行某种平衡运动并锁定某种去礼仪化的方向，后者为此目的而建立了某种教堂，就把关注信仰变得更重要了。这并不排除下述现象，即人们还是需要礼仪，需要能够给他们与神沟通、影响神并从变成超验的某种神性所挖掘的距离下解放出来之感觉的实践。耶稣承担了这种媒介的使命。在中世纪，人们看到了宗教的某种真正的礼仪化，体现为对神圣和对圣母玛利亚的崇拜。需要等待历史的进一步加速运行，才能看到经过重新洗涤和去礼仪化的某种基督教昌盛起来，这就是后来的新教。

在宗教里一件有意义但并未经常被人们观察的事，不是与父亲的关系，而是与儿子的关系。犹如在必须敬慕父亲的时候，人们遮蔽了儿子的问题。因为儿子对于宗教之父、对于任何父亲，都是一个真正的问题：他是变成他者、离开并自立（亚当）的人，而在儿子眼里，父亲永远不断地扮演需要服从的完全变异者的角色。为了概括儿子所体现的问题，只需稍微想一想米开朗基罗装扮西斯廷教堂（la Chapelle Sixtine）油画《创造亚当》（*La Création d'Adam*，1511）。造物主用手指轻轻地触摸着创造成果：亚当平躺着，似乎很好色，懒洋洋的。上帝的手有力地直伸着，但是没能碰到亚当的手，亚当的手因为软弱、慵懒而下垂着，似乎太沉，无法回应上帝的意图。然而，也许这只手正在等待生命的冲动？无论如何，儿子永远是差异，因为他继续着历史。父亲的问题就是儿子"你为什么要抛弃我？"，这问题回响在每个人的耳际，尤其因为基督教的上帝想成为一个仁慈和宽容的神。我们可以拉近这句话与上帝要亚伯拉罕所作的牺牲，那就是献出他的儿子伊撒克。人们总是说，都是儿子想杀父亲，然而有谁想过这可能是相反的呢？宗教将是想阻止这种情况的回答，停止权力的滥用，停止处死坐大的差异，而作为交换，正如圣经所说的那样，"父亲和母亲然后怀念他们的儿子"。其实，儿子更多的是对父亲的置疑，超过父亲对儿子的置疑。通过儿子的在场，父亲知道他的日子已经屈指可数了，知道他以前的作为将来不会被重复，知道他所做的和正在做的正在悄悄地被超越。对于父亲而言，差异就是儿子，以及虽然貌似他，但归根结底将不是他。世系的传承是一种背叛：这是自立的代价。

上帝重新拿起了亚伯拉罕的刀，但是他没有拯救他自己的儿子耶稣。差异应该通过耶稣的这种死亡而重建，人们就把自己变成了面对神圣差异的罪人。应该尊重父亲，就像他是最大的恐惧那样。即使在中国的宗教里，对先辈的崇拜体现为对父亲的尊重，先人的精神在父亲那里开启，因为他从某种程度上承载着他们。另外我们发现，东方的宗教也必须通过礼仪问题面对差异。

以滋养了印度和中国的印度教和儒家为例。我们很快就发现，印度教最初的礼仪色彩很浓厚，而儒家则很少礼仪色彩。后者更多的是某种哲学，其经纬是由关于家庭责任的一般概念编织而成的，并扩展到面对诸侯和天之骄子皇帝的政治义务。印度教则相反，许多旨在保证来世更好托生的宗教礼仪成为其显著特征。由于礼仪很多且无处不在，它们解放了自己供奉起来的种种差异，而当差异变得明显和不可回避时，老的礼仪就显得不适应了。于是，印度宗教就必须面对一种不靠礼仪来穷尽差异的宗教，这些礼仪是无用的，因为差异所代表的神圣宇宙是不容压缩的：这就是佛教。佛教的最初形式即印度形式是去礼仪化的，而印度教则发生裂变，一边是按照等级确定的生命轮回理论，另一边是某种礼仪行为的理论，被认为影响这些轮回，然而这些轮回从宇宙视点被肯定是不变的。纪念神灵所进行的祭祀乃是婆罗门（Brahmans）的特权（另外，“婆罗门”最初意指祭祀），这些祭祀不可能影响从定义上不动的某种宇宙秩序（*Samsara*，轮回）。“业”（*Karma*）❶ 被认为将重新分配来世的命运，因而并不改变事情的本质，唯有修行最重要。从这一点上，佛教记载为对印度教之和谐的关注。它向所有人开放，因为与等级关联的任何业都不能限制对人的拯救。每个人都以平等的方式深入世界中去并且在那里服从相同的规律。顺便说明，在我们这里，君主制也回答了天主教教会礼仪化上升尤其崇拜神圣的现象。只有当这些范围不再能促进知识分子的渴望（按照马克·布洛赫［Marc Bloch］说法，这种现象发生在 1450 年前后）时，他们才走出静思的视野而宣传某种更广泛的普遍性，这就是新教，它的主要鼓动者是教授、知识分子，如维克利夫（Wyclif）、

❶ 佛教名词，佛教称身、口、意三方面的活动为业，认为业发生后不会消除，将引起今世或来世的善恶报应。——译者注

让·胡斯（Jean Hus）或路德（Luther）。

让我们还是回到佛吧。“业”从宇宙范畴来看是无用的和微不足道的，对“业”的放弃仅对一小部分人是可能的。瑜伽修行（le *yoga*），躲开尘世，对于大部分人来说，是很困难的事情，即使他们欣赏潜心苦修者，禁欲主义并不怎么吸引他们。宗教礼仪的“业”就变成了每个人的财富，从宇宙角度决定着他的个人生命，而他最终对此却无能为力。“抛弃物和人的概念，但是另一方面，肯定所有决定人们个体差异的因素，决定他们长寿或短命、健康或虚弱、美或丑、聪明或愚蠢、富裕或贫穷等的因素，均来自他们的‘业’的特殊质量，这里有着某种矛盾，一些印度批评家或西方批评家已经揭示过这种矛盾。佛内心里深深体验过这种矛盾。他很自然被痛苦的情景所感动，形成对生活的某种悲剧情感甚至近乎绝望的情感，然而爱和怜悯依然在他内心燃烧：他渴望拯救人类。普遍不中肯和自我不现实的思想从真正逻辑的角度，本应该把他带向消极和无可救药的厌世状态；但是其心灵最真实的激情强制他行动、教诲和扶持人们，向他们指出某种解脱的路径。从最阴暗、最虚无主义的世界观开始，他却建立了某种相对乐观主义的道德，通过胜利的努力和真正的知识而获得解放的道德。但是这样从形而上学层面过渡到伦理层面，佛不再能保持其理论公设的严谨性：他需要以某种方式恢复个人和个人报酬的概念，在印度的背景下，这只能在轮回学说中得到表达。”❶ 换言之，印度的佛教重新找到了印度教，两者构成同一钱币的正反面。佛教通过向中国等其他国家的迁徙才存活下来，在这些国家，它变成了真正的宗教，作为宗教被实践。行动是重要的。我们同时发现了上文已经谈到的平衡运动。过多的礼仪扼杀礼仪，但是礼仪不足又会宣判宗教的死刑。如果说印度佛教是印度教去礼仪后的对应方，后者接触佛教后将变得

---

❶ M. Mourre, *Les Religions et les philosophies d'Asie*, Paris, La Table Ronde, 1961, 1998, pp. 229～230.

更哲理化，并因而把佛教压缩为印度的某种少数潮流，在中国则相反，我们看到了相反的运动。儒家很少礼仪化。这是某种精英界的理论。人民需要宗教礼仪才能幻想神会改善他们的命运。最初以治病为目的的巫术没有其他存在的理由。进入与道教竞争状态的佛教将充任这种功能。为此，它应该承受深刻的变化。这是佛教里边大乘教（*Mahayana*）与小乘教（*Hinayana*）“狭窄”理论或者小乘佛教（*Theravadin*）相对立的全部内容，后者就是这样被早期的潮流所界定的，早期潮流从小乘教中找到了这些限制。

大乘教的改革也记载在佛的逻辑里：假如说理论关涉所有人，僧侣生活却并不一定是解决方案。智慧成了大家的封地，若干智者或圣人生活在被神化的大佛的旁边。每个圣人都是他的某种化身。人们尊崇圣人，向他献上祭品，多神教（或圣人崇拜）作为大同理论的礼仪性质的对应方出现了，奇怪的是，大同主义是很狭隘的（走向拯救的“小”乘）。于是人们不再拒绝佛教：几个世纪以后，一个肥胖、幸福的佛的著名的艺术表现承接了先前那个瘦削的佛。

正如上文提及的，对于群体的同一性而言，差异的定位要求神化，然而，假如差异是不可缺少的，它有悖上述群体同一性的色彩却并不逊色。由于这一事实，宗教既不能完全消除它，也不能把它变成超验的：它应该是可以商谈的。礼仪、祭品和祈祷（如同以前的牺牲品一样）旨在保护群体面对神时的安全，然而另一方面，差异对于群体的统一是必要的，因为它是统一的根基和镜鉴（费尔巴哈）。一种纯粹信仰的宗教并不比某种单纯礼仪的宗教更能扮演它的角色。正如我们上边提示的那样，历史显示，当一种宗教变得更注重礼仪而失去了它的形而上学内容时，另一种更注重形而上学而非礼仪的宗教将承接它（反之亦然）。人们应该能够向神求情，请他改善生存状况，把生存变得更可以忍受一点，请他介入每个人都碰到的问题。无疑，那些大的倾向继续存在：例如因为社会差异、社会等级或地位的原因，这种差异在东方比在西方更僵化，印度教深入佛教内部的某个地方。

在我们的社会里，群体内部以及群体与群体之间的差异更灵活一些，除了某些时代，那里自然有中世纪的斯多葛主义和基督教，它们教导人们服从。基督教的礼仪旨在补偿这些差异，许诺推翻它们，反对向这个或那个更接近某问题的圣人祈祷和供奉祭品，后来又反对为了自己的拯救而收买他人。但是一个拥有更大社会灵活性的社会，需要某种更适合它所熟悉的差异化的宗教性。少一些礼仪显然是必要的，因为没有某种从社会方面已经停止不可救药状态的差异需要补偿。某种增长的历史性差异的后果是，任何礼仪都无法摧毁它，礼仪性宗教如果处于统治地位时会受到指责，然而如果宗教没有礼仪那也不能回答要求神介入的新问题。这就需要礼仪与超验之间、实践与信仰之间、迷信与形而上学之间，拥有宗教内部的平衡。

这一切都有力地显示，存在于宗教场内部的张力来自设想差异进而设想各种差异的方式。人们不大喜欢差异，为了保护它，宗教把它置于一边，放在超验的状态，这样差异就变成了神。神的作用存在于这种既威胁群体又保护群体的距离化之中，群体既不能离开它，也不能与之更多地生活在一起。差异给予同一性以轮廓，并象征它、陈述它和覆盖它，没有差异的同一性是某种幻觉。宗教就是这种关联，大概正是由于差异的双价性，人们才可能也把宗教与某种幻觉相同化。人们不大清楚它到底是否有助于驯化差异所引起的恐惧，或者在种种消除差异的实践中消除恐惧。当历史加速运行，在集体生活的各个层面都凸显差异时，差异就尤其成为一个问题。宗教远没有把人们从差异中解放出来，如同人们可能想象的那样，它似乎使它与历史更加吻合，把这种差异变得比以往任何时候都更加超验。任何礼仪都不可能把人从神的控制下解放出来，也没有任何东西能保证希望会得到某种正确实践的回报。帕斯卡尔的赌注大概就是由此而来，然而人们领略为某种抛弃的上帝的隐匿大概也是由此而来。生与死的差异，具化为面对死亡而盼望永生的拯救，不再先验地由神解决，他过于遥远且自身犹受某种差异的影响，后者把他变得过于超验，甚至不受人如此需要的礼仪的干扰，这些礼仪哪怕是为了确信他其实什么也保证不了。于是宗教应该解决的问题作为问题而重新蹦了出来。

把神圣层面的差异理解为钳制显然是悲剧性的。人们以为清偿了神的恩惠并通过礼仪从中解放出来了，但是这样做，他就冒犯了神，而他以为已经清偿过的各种差异又重新缠上了他，并使他的兴头一落千丈。这是悲剧的全部内容，现在轮到我们关注悲剧了，因为它昭示着下述程序：当人们以为已经从差异中解脱出来而忽视它时，差异会变成什么。神的隐退、社会的去神圣化、破除神话是悲剧的最初时刻和源泉，这里说的是希腊悲剧。

悲剧或不可能的差异

人类历史上曾经有过唯一的时期，诸神对人说话的方式越来越神秘。是他们自己退出世界了，还是更多的是固有一死的人们以为可以不要他们了，从而遭受了更大的苦难呢？我们知道，这个时代是古希腊的时代，神的神秘性构成从埃斯库罗斯（Eschyle）到欧里庇得斯（Euripide）的悲剧诞生的背景。

诚然，诸神依然活跃着，但是人们此后会说，那都是故事。大概是美妙的故事，但仍然是故事。寓言、神话、隐喻而已。由此就产生了神秘性，因为一种隐喻就是在某种差异上镀金的一种同一性，这是取消差异的一种方式，把构成差异的那些内涵都藏进某种吞食它们的合金之中，当冲突爆发并以某种分裂落下帷幕不再让悲剧英雄们酷爱的盲目隐喻有可能发生时，悲剧最终恢复了合金。假如这些英雄们真的有罪，那么他们的罪孽在何处？大概是失察。那么失察什么呢？他们没有看到，差异就在那儿，等待着他们，而他们藏身的身份是假的，是盲目的同义词。俄狄浦斯为了惩罚自己，真的把自己眼睛弄瞎了。诸神把俄狄浦斯推向他的悲惨命运，他逃脱了诸神的控制之后，自己前行，却不再能把握方向，因为他失去了视力，亦即失去了任何可能的视觉。没有诸神的人可能是盲目的，但他是自由的。精神冲突与思想勇气的同样的二元对立一直占据着前台却不知道落脚于何方。然而俄狄浦斯是怎样做的呢？奥林匹亚山诸神的做法，就是既不厌恶通奸，也不厌恶攻击父亲或弟兄的暴力，如此等等。由于有别于人们，他们允许自己不遵从任何差异。他们并不认识神，因为他们是神的代言者。这样，他们就提供了人们所鞭挞的一些基本差异的可怕景象：凶杀、强奸、通奸、阉割等都是这种粉碎的表达。他们从不后退。在这方面，他们典范地体现了让人恐惧的差异，恰恰因为他们不了解生与死、父母与孩子、男人与女人的神圣差异，没有这些差异，任何一个人类群体的身份都是不可能的。奥林匹亚山由此提供了与人类社会相反的形象，而俄狄浦斯在粉碎神圣差异方面，与奥林匹亚山诸神没有二致。于是他受到了惩罚，因为他不是神。也许他是第一个把人们有关诸神的叙述当做神话的人？亦即保持自己距离并且把神变成有某种简单故事的人。俄狄浦斯并非自觉地把神世俗化，因为他没有提出这样的问题。他像诸神一样，完全是潜意识的行动，但因为他是人，他不能像他们那样而不为自己的行为付出代价。世俗化是一种罪行，它的代价必然是悲剧式的。

然而，这段历史是否也仅仅是一个简单的故事呢？证据是，诸神依然是诸神，而人们仅仅是人。为什么要发明这样一些故事呢？为了夸张性地虚构？为何仅仅是文学呢？神乃是变得可以接受的差异，人们保护由其同一性或种种身份构成的群体的差异性。希腊世界的破除神话倾向，使它面对着把差异赶下神坛的实质。差异同时变成了对同一性的某种侵犯。需要作为差异化身的人付出代价才能恢复平衡，如果我们保留索福克勒斯（Sophocle）《俄狄浦斯王》（l'*Oedipe-Roi*）里的参照系，则才能恢复“底比斯城邦的和平”。史诗是神的言语。荷马通过尤利西斯的英雄主义已经创立了距离，尤利西斯狡黠应对诸神并且欺骗他们以戳破他们的图谋。深言之，尤利西斯很明白，人们通过仅仅是形式亦即伎俩的礼仪从诸神那里解放出来，它们可以使人们很好地运作、运行他们自己的利益。悲剧里的神离人们更远。这是逻各斯逐渐取代秘索思的时代。文学诞生于对神的虚构化。当英雄人物认为自己面对神是自由的，犯下了亵渎神灵之罪时，尤利西斯面对面让位于悲剧性，另外，约略同一时期人们也指责苏格拉底亵渎神灵。荷马已经带着有距离的眼光叙述诸神的故事，因为他聚焦于人们的行动，这是历史给神的世界打上差异印鉴的证据。冲突和战争一般加快了事物的进程，而只能扮演绊脚石角色的旧体制逐渐失去了自己的声誉。当发生在诸神那里的事情只是故事时，我们有史诗形式，它开创了文学和虚构，而当我们转向人类时，就有了悲剧形式。这意味着人们忘记了诸神，后者喻示着某种过分、某种差异，人类归根结底蒙受着他们的恩惠。

悲剧永远是某种赎罪的故事，是对激情、命运的回答，任何情况下都是对差异的回答，悲剧的英雄人物是这种差异的承载者，因为他是英雄。悲剧英雄承载着差异的重负，似乎它们就不存在，正是这一点解释了他不知不觉走向某种宿命的原因。由于把他与人们隔开的这种差异，他以为被身份印鉴所覆盖的东西尽收眼底就是很正常的事情。例如，“里夏尔是头狮子”这个隐喻实际上是某种同一性掩盖着一种对立：把人与动物相区别的对立，人尤其不愿做动物。编织悲剧诗句的形象乃是面具，在它的背后，隐藏着仅仅从引申意义上所保持的真实性。这个虚假的身份，英雄人物将看到它重现在他的全部悲剧力量中。他只遵循自己的规律，从而把盖子捂上了，渐渐揭示出被他压缩为某种同一性的差异的内容确实是相互对立的，这些对立乃是冲突的同义词。悲剧英雄被作为牺牲品，或者自我牺牲，这是神在其最强大时代所要求的牺牲礼仪的文学表达亦即替代性表达。文学性是它的弱化现象。这一切显然都提出了读者或观众问题。牺牲剧可能是这个问题的初创阶段。当人们用某种虚构的、象征性的牺牲品（英雄人物）代替真实的祭献活动，虚构的牺牲品在没有从前刺激动感之情的“物”的情况下传达着同样的感动时，戏剧难道不是就这样诞生了吗？

亚里士多德说，戏剧的礼仪具有陶冶人的作用。它净化人的激情，把人从他的惊惶中解放出来，并且刺激对所受痛苦的怜悯。其实，神圣所唤起的激情，通过差异的剧情，完美地融入悲剧中。戏剧忠实地把差异搬上舞台，把它作为某种应该警惕的过分现象，因而也应该镇定自己，不必经历这种现象。它使人恐惧，它的牺牲者们值得同情。人们经常看不清自己的道路，但是，在其他人那里看到被鞭挞之差异所引起的破坏，可以教育人们并引导他们小心谨慎。剧情无论如何使他对自己的身份放心了。虚构的距离可以使他通过观察其他人而返回自身。观众是悲剧的构成部分，他们分享悲剧的动感之情。正是他们破解隐喻的真相，这些真相揭示了装扮着人物面貌、行将崩溃的种种差异，由此就产生了他们的悲剧命运。观众深知历史是差异的同义语，它挖掘着隐喻性并且向英雄人物本人揭示着隐喻的真相。观众知道苔丝狄蒙娜手里拿的手绢不是某种不忠的标志，然而奥赛罗还是这样阐释它。他们也知道，在《麦克佩斯》（*Macbeth*）里，巫婆们是巫术思想的化身，她们的编码化的语言是骗人的和有问题的。那些并非骗人的回答和骗人的回答，也构成了问题。李尔王将在自己受伤害的情况下揭示它，他不相信科迪莉娅的回答，而中了另两个女儿的回答的圈套，她们千方百计地欺骗他，为的是让他死前把他的王国留给她们。

什么东西把悲剧与喜剧相分离呢？笑声来自天真的忠实性。这一点显示，观众是这些一级阅读的受伤害人物的同代人。很简单，借助故意欺骗喜剧对象的其他人物的形象，观众知道这一点。那么，观众就在“剧作”之中，这使喜剧成了一种反历史的体裁，沉浸于当代性之中。它是悲剧的反面，悲剧看到的是这样一种诗的意象，它遮蔽历史所彰显、穿越、强加而悲剧英雄所拒绝或不断文学化的种种差异，历史证明这些悲剧英雄错了。历史是悲剧的背景。在喜剧里，观众造就差异：他们看见情人藏在柜子里，嘲笑喜剧人物，因为他很天真、被人欺骗了，钻进某种真实之中，那里的一切都忠实于字面意义，大概是为了延续对效率的关注。历史把差异吸收进笑声中，因为喜剧人物落后于差异了，后者已经变成事实，并且是可以接受的，它们滋生的（新的）身份已经建立。具化为看不到这些的天真因而就是没有后果的。相反，悲剧把英雄人物交给隐喻化，凡是喜剧只了解真实的地方（怀疑似乎应该引导喜剧人物把真实超验化），隐喻化则是某种缺失的真实性的谎言。一方面在隐喻方面过度了，各种差异被吸收进虚假的身份之中；另一方面是过于实诚了，而实际上需要少一些轻信，这两种过度分别界定着悲剧和喜剧的特点。差异在两种情况下都形成问题：不管是喜剧人物还是悲剧人物，他们似乎都没有感觉到差异。毫无疑义，喜剧出路与悲剧出路是不同的，大概确认了弗洛伊德的下述思想，即幽默过分地死抠言语的字面意义。我们谨举弗洛伊德一个例子，引述他在《机智语言及其与潜意识的关系》（*Le Mot d'esprit et ses rapports avec l'inconscient*）里所引用的例子："两个犹太人在一家洗浴机构的邻居处相遇。'As-tu pris un bain?'其中一个问道。另一个说：'Comment, en manquerait-il donc un?'"❶ 这显然只是众多死扣字面意义中的一个例子，它很好地显示了喜剧风貌是与追求字面意义的机制结合在一起的，而实际上差异是确立的，或者至少动词"prendre"的某种隐喻感知是确立的。

差异被补偿了，悲剧英雄即是差异的化身，因此就有了他的悲剧命运。他把这种差异隐喻化，并由此而改造为同一性（身份），于是他就被他如此覆盖的问题性弄得盲视了。在喜剧里，不死扣字面意义对人物可能更有利一些，但喜剧人物却死扣字面意义，于是"大家"知道他错了，这让观众捧腹大笑（或者小笑）。一切都回归秩序，因为凡是同一性为那些不想看透事情的人们设下陷阱的地方，差异都重新获得了自己的权利。在喜剧里，不平衡是没有后果的，哄堂大笑就是它的结局。人们欺骗了以为什么都是金钱的人物。究其实，喜剧人物并不知道历史已经翻过去了，那些差异已经变成现实，而在此岸游戏是某种无知，它把人物变成了靶子。他的愚蠢是属于愚蠢自身的某种命运。而悲剧人物呢，将以宿命的方式揭示历史，作为捕捉他的某

---

❶ 这两句话可以译成中文"你洗过澡了吗?"和"怎么，它缺少一个澡吗?"中译文的喜剧风貌完全消失了。法文的喜剧风貌主要体现在两个词上，一个是"prendre"，有"拿"的意思，但"prendre un bain"是洗澡的意思。另一个词是"bain"，这里不能与动词分开使用。例句专门把它们分开使用，把它当做一个独立的物，增添了一点喜剧色彩。倘若联想到"bain"的言外之意，其喜剧的色彩就更浓了。——译者注

种命运：历史还没有流逝，他将把历史体验为某种差异，后者将使隐喻化破碎，犹如隐藏在它自身的种种因素的冲突性。真实永远是忠实的，甚至李尔王的隐喻性妄想最终也从真实中找到了某种落脚点和某种出路，它们的隐喻化也无法使它们避免这种出路，把这种隐喻化变成了某种谵妄、某种幻觉，谵妄和幻觉久而久之就变成了疯癫。

差异并非永远是神圣所采纳的世俗形式。莎士比亚的《罗密欧与朱丽叶》（*Roméo et Juliette*）就是从差异出发的：两个互相仇恨的家庭不可缩小的差异加上男女之间的差异，他们之间的爱情是隐喻性的同一性。从这个意义上说，爱情也是某种差异，当这种差异出现问题时，就不可避免地呈现为悲剧性。它是悲剧的标志和发动机。罗密欧对朱丽叶的爱情和朱丽叶对罗密欧的爱情只能强化他们两家的差异，即使这种爱无视上述差异。仇恨和爱情是自然情感、混乱情感的基础，其中贯穿着无差异化：每个人都是他者，自己都分辨不清。一个蒙塔古家族的人等同于一个凯普莱特家族的人，即使他们是对立的，也很相似，我甚至可以补充说，如出一辙。如何在这种情况下重逢呢？究其实，莎士比亚的悲剧是某种无差异化的悲剧：如何区分问题与解决问题的方案而不会弄错呢？哈姆雷特陷入了“作为抑或不作为”的困境之中。然而各种问题都在那儿，看见它们或者不解决它们，无异于殊途同归，这并不影响问题的提出，而这正是这部悲剧的全部意义所在。差异因此而是莎士比亚的重大主题之一，超越了自然的差异，自然差异与正统的差异相对立，使后者相形见绌，当排斥差异的混乱在一定时间占据上风时，自然差异甚至使正统差异解体。罗密欧和朱丽叶体现了差异中的差异。他们打碎了复仇的对称性，即标记着同一性相关项的某种相互性。他们构成某种必须付出代价的侵犯性，但是，在他们两个家庭仇恨中所代表的差异性不可能超越两个情人的死亡而继续存在，因为情人的死亡揭示了对立的差异自身是何内容，即已经是某种侵犯。蒙塔古家族和凯普莱特家族的成员将在他们的孩子的坟墓前取得和解。爱情作为同一性解决中差异的超验体现，是悲剧的永久主题，甚至也是我们可以从浪漫主义那里找到的历史剧的永久主题，其实质是爱情象征着被接受的差异。正是出于这个原因，它应该服从使差异在群体内部取得合法性的社会规则。喜剧是历史的某种休憩，喜剧的结局皆大欢喜，因为它所挖掘的各种差异都得到了巩固和沉淀，可以被人们接受。差异变得无伤大雅，即使有时候人们还不能真正接受它们，也只能一笑了之。人们嘲笑不可避免和不可更改之物。确实只能适应它们，只能服从权力、谎言、欺骗和生活中的陷阱。那么唯独存在的距离就是幽默和嘲讽引起的距离，嘲讽有时改变为对人们所拒绝但并不因此而较少沉重较少无处不在的种种差异的无理。神甫面对其主教的无理，某人面对其君主的无理，仆人对其主人的无理，妻子对丈夫的无理等。[1] 悲剧的英雄人物先于某种历史而存在，后者行将确立在他的命运中，他有时甚至创造了这种历史，例如一心想着从历史中解脱出来的俄狄浦斯，而喜剧人物的背后已经有了这种历史（故事），他自己将揭示历史的真实并承担其危害，然而因为新的真实不再制造问题，出路将没有任何悲剧可言，仅引发笑声而已，即使仍然由他来承担笑声的代价。

比较悲剧中不同历史时期对差异的处理是件饶有趣味的事，因为从审美的视野看，对差异的去神圣化及其愈来愈拥有的政治历史风貌，很有教育意义，我们将在下一节讨论这个问题。

上文已经说过，在莎士比亚那里，差异的历史化在自然差异与社会差异之间形成了某种模糊，社会差异是正统的，但是被以自然差异的名义而排斥。由此暴力和侵略占据了主导地位，它把活动家们引入了他们命运的死亡深渊。这里，让我们重温《李尔王》里格洛斯特著名的大段叙述吧，其中从前的各种差异被扫进黑白不分的混沌之中，这种状态使解决方案有问题了，使人陷入表象与真实的混淆之中：

---

[1] M. Meyer, *De l'insolence*, Paris, Grasset, 1995; Le Livre de Poche, Biblio - Essais, 1998.

“爱情冷下来了，友谊坠落了，兄弟们闹崩了……而儿子与父亲之间的纽带也断裂了。”❶ 已断裂差异与置疑它们的差异的这种交织可以明显地从《罗密欧与朱丽叶》的重复中读出来，那里，我们看到孩子们亏欠父母的养育之恩被他们关系的水平状态所扫除。某种差异从爱的自然而又混乱的关系中产生出来，它置疑我们所接受的生命之躯这种首要的恩惠。他们将是自己不遵从父辈这种行为的悲剧性的受害者，并以此结束了使他们的家庭对立的同样水平状态和混乱的仇恨。我们通过布鲁图斯这个人物从《儒尔·凯撒》（*Jules César*）中找到了同样的重复，布鲁图斯杀了凯撒，以便使罗马重新获得自由。这里的凯撒代表着暴君，代表着作为绝对差异的权力。但是，布鲁图斯杀害父亲的行为也把自己置于边缘地位。这样，我们就碰到了一个极端的问题。恺撒是受害者，还是暴君性质的犯罪者？布鲁图斯是“令人敬仰之人”，还是卑鄙的杀人犯？如何来区分呢？《威尼斯商人》（*Le Marchand de Venise*）把犹太人夏洛克和他的借贷者基督教徒安东尼奥搬上舞台。后者像人们惯常侮辱犹太人那样挖苦夏洛克。于是夏洛克决定，如果安东尼奥还不上他的债，就会要求拿掉他的半磅肉。故事最后以调解结束，然而这并不是这部戏剧中有意思的地方。有意思的地方依然是，面对受到强烈震撼的老的思想图式，没有能力给予区分的尴尬状态。犹太人并非如此可恶，尽管他在基督教世界代表着差异，因为安东尼奥与之相对应，他也是一个极端贪婪之人却抨击夏洛克的这种毛病。当一笔债务同时反馈到债权人和同意支付一笔借贷担保金的债务人时，如何确定谁是谁非呢？犹太商人所代表的差异消失在基督徒的贪婪之中，归根结底，在这个被颠覆的世界，各种差异相互叠加以取消旧的东西，正确的差异就变得问题重重了。

我们在《奥赛罗》（*Othello*）里也发现了一个相似的图式：黑人

❶ Shakespeare, *Le Roi Lear*, acte I, scène II. Trad. franç. De la Pléiade, Paris, Gallimard, 1959.

代替了犹太人，安东尼奥变成了苔丝狄蒙娜。她的差异就是她纯真无瑕的美貌，它使她有别于威尼斯的其他女人，正如奥赛罗不同于其他男人一样。奥赛罗的嫉妒是他自身不自信、是他对自身怀疑、怀疑自己是否相配的内心表达。奥赛罗的助手为他设置了陷阱。助手野心勃勃，觊觎着奥赛罗的位置，策划了攻击奥赛罗和攻击苔丝狄蒙娜的一场阴谋。这正是利用了由历史的游戏所造成的社会混乱状态，这个只剩下各种差异重叠、人们丧失了分辨能力的现象。对于莎士比亚而言，自然差异是悲剧的源泉本身：有人天生就是私生子，例如《李尔王》里的埃德蒙，有些人天生就是犹太人或黑人一样。夏洛克的财富和奥赛罗的力量已经是补偿了，然而它们还是扰乱了差异化的分布图，由于取消了最初的差异，它们重新变成问题性的因素。这些人物再也不知道如何回答，不知道如何把形成问题的因素（安东尼奥狂热的反犹主义，苔丝狄蒙娜表面上的不忠迹象）与应该给出的回答区分开来。因为自然差异从历史的排斥游戏中找不到自身的完全平衡，历史维持了差异但却把它所打击的各种身份混为一谈，于是悲剧就不可避免了。黑人的力量和犹太人的贪婪，亦即差异，不可能在各种差异穿越的基督教世界被取消，但是基督教世界像抨击某种恶一样正猛烈地抨击它们，这种恶使那些上述差异的自然拥有者处于边缘状态。

当我们接触古典悲剧或者更具体地说，当我们碰到高乃依（Corneille）和拉辛（Racine）时，就离开了无差异化的苦恼，后者提出了问题因素的问题。应该说，回答被巩固为回答。正是基于这一点，尽管历史在变异，人们仍然紧紧地抓住这些回答，似乎历史不曾存在。荣誉与责任、英雄与国家之间的冲突，按照投石党（la Fronde）❶ 的说法，把昨天的回答变成了极端集权主义的和反封建的隐喻。但是，新价值并非旧价值的隐喻，旧价值亦非不适合表达它们的某种新的、

❶ 投石党：投石党运动，1648～1653 年发生在法国的反对封建专制制度的政治运动。La fronde 的原意是投石器、弹弓，喻其党人如顽童玩弹弓一样，故名。——译者注

引申方式的隐喻：它们相互之间是对立的，高乃依的英雄们将悲剧性地揭示这一点。让我们以《熙德》（*Le Cid*）为例。一旦差异走出混沌状态和莎士比亚所开展的对差异自身的重复状态以便更好地反映悲剧性时，《熙德》就是一部很好地演示了差异问题的剧作。我们不要忘记，例如李尔王疯癫之后，再也分不清真实与真实的种种隐喻，他把这些隐喻都当作真实。高乃依这里丝毫没有这种情况：差异是货真价实的。概言之，我们处于冲突和对立之中。相互对立的立场可以感知为把他者视点变成自己视点之某种隐喻的种种变异形态，然而由于隐喻性一般都可以感知成这样，那么任何和谐都被拒绝了。冲突只能在拒绝隐喻性地和谐一致的情况下爆发，似乎活动家们谈论的都是同一件事情。君主制国家可以是封建荣誉的某种隐喻，传播其英雄价值的某种流露，然而，恰恰因为君主集权主义想打碎封建性的残余，那么就不再可能把其中之一想成另一者的隐喻。为了演示这种发展，让我们关注剧作的核心，聚焦冲突诞生和悲剧爆发的关键时刻：高尔马斯公爵唐·高尔迈斯是希迈娜的父亲，他比罗德里格的父亲唐·迪耶格年轻。须知，唐·迪耶格受到了国王的嘉奖，这使伯爵产生了嫉妒的心理，他认为该嘉奖不公。两人的争吵恶化了，唐·迪耶格太老了，很难战胜伯爵，于是就派自己的儿子唐·罗德里格代替自己出战。这样，罗德里格就在决斗中杀死了自己未婚妻希迈娜的父亲。这里有趣的是两位父亲投入的舌战。我们从中再次发现封建功德与某种想确立为绝对王朝的王室所宣扬的价值之间的对立。伯爵说得很好(第一幕第4场)：“您终于胜利了，国王的恩惠将把您提升到本来只属于我的某个位置上。”年龄的差异，也许还有搏斗中价值的差异，然而难道不是国王在评价吗？唐·迪耶格反驳道：“我们别再谈论您的精神深受刺激的选择了，恩赐与功德同样有作为。选择您也许是更好的选择，但是国王觉得我更合他的心意。”怒火中烧的伯爵回答说：“总而言之，您这一大把年纪都干了些什么呢，我的一天自然不能等于您的一生了？倘若您过去是英勇的，我今天也是英勇的。”概言之，荣誉变成了某种隐喻，而回答不再是回答，伯爵似乎没有感知到这一点，他坚持羞辱被国王授予荣誉的老者。这样，对国王恩赐作出不同阐释的两个男人就发生了冲突。他们拒绝已经变成历史事实的隐喻性，某种同一性确确实实地变成了某种差异。他们两人都以为他们谈论的是同一事物："我的功绩的光彩是我唯一支撑"，唐·迪耶格说，伯爵对此斥责道："让我们更好地谈论它们吧，国王嘉奖的是您的高龄。"于是差异的忠实义就在最后的抽击中显示出来，这一记耳光导致了决斗。

拉辛那里也是同样的形象吗？显然不是。历史的加速使悲剧人物行将发现，他们紧紧抓住的回答已经失去了它们的忠实力量。爱情成了某种隐喻，它是被抹掉的差异，把一切都超验化，吞噬了真实，至少在虚构作品中，蔑视恰恰由历史所强加的各种差异。这正是全部剧情之所在：剧中只剩下了隐喻，而失败的爱情只能确认下述事实，即各种差异依然存在，不能受侵犯，倘若人们执意尝试，必将落得失败的下场。

这里也一样，作为演示，让我们以脍炙人口的拉辛的《安德洛玛刻》（*Andromaque*）为例。这部剧作的基础结构是什么呢？首先，我们可以说处于隐喻的某种第一轮廓，它想让作为某个缺席之人的儿子、母亲、配偶或女儿的人物，在他们的身份鉴定中，揭示为他们所再现以及他们想成为其活的化身的那些人的隐喻。安德洛玛刻是赫克托尔的遗孀，保持对丈夫的忠贞在她那里是先于一切的。她与丈夫的事业结缘，她就是其事业中的丈夫，通过自己的未来她的儿子阿斯蒂阿纳克斯，后者也是战胜者皮洛斯的人质。皮洛斯喜爱他的猎物，后者处于我们刚刚引述过的动机，却不爱他。然而当希腊人通过俄瑞斯忒斯之口正在索要长大后有可能报复他们的阿斯蒂阿纳克斯的人头时，安德洛玛刻如何拒绝皮洛斯呢？皮洛斯毫不退让地施加自己的全部权力和力量，迫使他的女俘虏向他让步。另外有一个女人爱着他，但他不爱这个女人，她就是漂亮的海伦的女儿赫迈厄妮，特洛伊战争因为海伦而“确实发生了”。皮洛斯是阿喀琉斯的儿子，希腊人把俄瑞斯忒斯送到阿喀琉斯那儿以换回被俘的希腊人，俄瑞斯忒斯爱上了赫迈厄妮，但赫迈厄妮并不爱他，因为她想获得皮洛斯。俄瑞斯忒斯是另一个儿子、另一种隐喻，我们这里说的是阿伽门农的隐喻。如果我们概括人物之间的横向关系而非竖向关系，那就是俄瑞斯忒斯爱着赫迈厄妮，赫迈厄妮爱着皮洛斯，皮洛斯爱着安德洛玛刻，而安德洛玛刻爱着特洛伊城毁灭时被皮洛斯杀害的赫克托尔。这样就得到下述横向性的关系：俄瑞斯忒斯对于赫迈厄妮，犹如皮洛斯对于安德洛玛刻一样。他们都爱着并不爱自己或者不再爱自己的人，因为赫克托尔已经阵亡了。某种爱情的同一性遮蔽着行将悲剧性地重新出现的差异，恰恰因为爱欲不足以产生同一性和它所许诺的结合。类似的关系应该取其提出问题、提出某种问题的本真关系，而非取其蔑视各种差异的某种同一性。这些差异被情所掩盖，因而情是它们的修辞化，是旨在让它们超验的辞格（形象），然而恰恰相反，它将悲剧性地揭示它们且甚至巩固它们。皮洛斯不愿瞧赫迈厄妮一眼，而她是自愿送上门的，他更喜欢安德洛玛刻，我们听听被皮洛斯粗暴对待的赫迈厄妮是怎么说的？她对自己的闺密说：“你为什么要刺激我的烦恼呢？在我现在的状况下，我害怕认识我自己。”（第二幕第 1 场）爱情的形象像某种面具一样运作：问题在于不要揭开面具，即使赫迈厄妮知道它掩盖的是什么。至于皮洛斯，由于安德洛玛刻拒绝了他，他决定向俄瑞斯忒斯和希腊军队让步。这样，他通过把自己的情场失败转化为、隐喻化为其对立面，而获得了情感上的自信：“我的胜利今天开始了；仅仅从今天开始，我开始享受我的荣耀，我的心与你曾经看到它屈服的形态同样自豪，它相信在爱情方面战胜过数以千计的情敌。”（第二幕第 5 场）于是他娶了赫迈厄妮为妻，这并没有安排好俄瑞斯忒斯的事情，因为他清楚地看到，“安德洛玛刻与皮洛斯之间，有着过多的仇恨”。而正是在这儿，皮洛斯反驳道：“不，我没有把应该告诉她的全部内容表述清楚。在她看来，我的仇恨只显露了一半。她不知道在多大程度上我是她的敌人。”这里的仇恨指的是肯定爱情的恨，而爱则隐喻化为仇恨。皮洛斯回到他作出的消除她的决定。赫迈厄妮也想报复，但报复皮洛斯，尽管他改变了娶安德洛玛刻为妻的主意。赫迈厄妮对于皮洛斯，犹如皮洛斯对于安德洛玛刻一样，符合类似关系的逻辑。于是俄瑞斯忒斯将杀死皮洛斯。赫迈厄妮本人说，她的报复愿望就是说话的一种方式，俄瑞斯忒斯永远都不应该当真，好像这是对他自己问题的回答，而实际上这只是表述这种问题的一种方式以及她如何感觉它的问题。俄瑞斯忒斯指责她采用了这种隐喻化的做法：“什么，这里您不是多次命令我让他死吗?”（第四幕第5场）赫迈厄妮完全清楚阐释的忠实性中，亦即接受者的精神中，对于某种区分，肯定有谈论的方式、表述的辞格，反驳说：“啊！应该把她想象成一个失去理智的情人吗？你难道不应该读懂我的内心吗？你难道看不出来，在我的愤激情绪中，我的心时时刻刻都在揭穿我的谎言吗?”俄瑞斯忒斯最后也叩问隐藏在他的变成凶杀之情深处的到底是什么东西：“我看到了什么呢？是赫迈厄妮吗？我刚才又听到什么呢？我刚刚撒下的血到底为谁而流？如果我相信她说的话，那么我就是一个背叛者，一个凶手……为了谁呢？为了一个我曾向她许诺过的无情无义之人?”概言之，答案是什么？不是永远有可能把问题与回答相混淆，如在莎士比亚那儿，而是有些回答要当真，而另一些回答则要保持距离，因为它们只是前者的骗人的和遮蔽真实的隐喻（辞格）。差异就在那儿，已经凝固了，爱情搅浑地图，后者最终掉落在地毯上，而这正是设局的目的。毫无疑问，我们可以说，这些人物中的一些人弄错了，被隐喻所欺骗，例如他们在爱情的支配下，没有感知到这些隐喻。在这个意义上，我们确实处于悲剧之中。但是，拉辛不是莎士比亚，我们不必回到斯丹达尔有关他们的全部论述，颇有益处的是，重申古典主义时代是差异得到很好标示的时代。悲剧性就在爱情的关系中，它应该让人们重新找到散失在历史中的各种差异中的某种替代性，贡献给它们的历史证实它们是不可压缩的。它们已经存在于不对称的情感之中，即使所有的人物在这一点上都很相似，而他们尤其在下述事实方面相似，即他们都是其他事物的隐喻，通过他们的儿子、女儿、母亲或妻子的角色，都是他们所否认的某种隐喻，因为每个人都自比阿喀琉斯，都自以为他是阿喀琉斯的儿子，或者自比赫克托尔，自以为她是赫克托尔的女儿。这里有着某种原初的隐喻化，唯有他者能够解读它，因为安德洛玛刻就是还活在她身上的赫克托尔，皮洛斯看到又不想看到这一点，他把它隐喻化到某种旨在把差异超验化的爱情中。这里，情仅仅使成为其猎物的人盲目，例如俄瑞斯忒斯，他复制了赫迈厄妮的盲目性，因为是他希望看到皮洛斯消失的。各种差异都在那儿，它们是不可压缩的，提醒所有这些为情所困的人物，他们拒绝看见障碍，却因此而不得不更加屈服它。

拉辛悲剧表达人们不想看到的各种差异，高乃依的悲剧则表达人们紧抓不放的差异。在前者那里，隐喻是看不见的，后者则拒绝隐喻性，它们是无视历史和历史在同一性和稳定之核心所挖掘的各种差异的种种方式。希腊人说，差异是有某种代价的。对差异视而不见，紧盯着已经不再存在的因素或者还存在但作为自身的隐喻而存在，古典主义者说，这就是代价。差异是一种事实，应该崇尚它，因为我们服从今后已经变成绝对的某种权力，而这种权力尚且有权具有神圣性质。这里重要的显然是其他东西。这就是差异需要支付然而以两种方式支付的事实：用献身和忠诚支付，它们确实是重新阐释后的献身和忠诚。古典悲剧让那些看不见中肯的差异今后在何处的人们付出代价。他们演示了对某种依然不可忍受之差异的清偿，但是他们同时也把应该处于强化状态的差异（这里指的是王权）合法化了。

差异变成某种文学现象的事实，无论如何使得对它的清偿变成纯粹象征性的，我们也可以说是戏剧性的。这就减免了差异的真实性，同时又通过这种转移确认了它所要求的牺牲。必要而又难以忍受，需要有一个释放口，其悲剧活动的剧情恰恰就提供了这样的释放口。

当人们像我们截至现在所做的那样专注于悲剧时，就会清楚地看到，悲剧就是看到人们无知的差异重新抓住了作为其化身之人的这种纯粹暂时性的时刻。他的命运就是重新平衡它，带来和平与平衡。俄狄浦斯的惩罚千古传诵，向我们提示这种明证性。悲剧还以更广泛的方式演示了差异的悖论：它具有存在的必然性，但又违背群体的律条。观众的出现意味着城邦的在场，通过剧情显示了城邦与差异的距离，全体成员都害怕它但又歌颂它，因为它是群体的构成部分。这样，我们就落到了亚里士多德所谈论的怜悯和恐惧，他用这两种特点来概括悲剧的陶冶功能。对违规行为的恐惧和对其受惩罚的怜悯。差异的不可避免性关涉整个群体，因为差异对群体是必要的。但是它同时又违反了群体的同一性，这意味着某种危险。如何把它置而远之呢？悲剧戏剧就是对这个问题的回答：它通过虚构作品，警示观众注意；虚构通过把差异搬上舞台而把它置而远之。由于虚构本身就是某种差异，是真实的某种客观化的差异，它可以使观众面对危险时置之度外，使观众恭维它并从中吸取教训。这样，戏剧就通过它的虚构化对危险的远置作出了贡献。它平铺直叙距离，让人们看清距离，并把距离本身置而远之，但凡观众的真实身份不再有问题，差异只是一种虚构、一种演出时，戏剧就让距离与外部接壤。但是，仍然需要差异，而这正是城邦的全部问题：多大的差异以及多少差异。历史使各种回答漂浮不定，使最成立的那些肯定性回答也问题重重了。那么就需要重温那些不能谈判的差异了。

悲剧英雄是其差异的受害者，因为他把它隐喻化了，排斥问题性和在某种隐喻性同一性中构成问题性的替代性，他并不把这种隐喻性同一性感知为隐喻。或者一切都是隐喻、符号，例如苔丝狄蒙娜的手绢，把它感知为一块简单的手绢可能更为恰当。莎士比亚是这种符号混淆的大师，他的人物们再也做不到把忠实义与引申义、旧的差异与新的同一性、隐喻问题与它们赋予观照的回答区分开。各种身份垮塌了，悲剧的人物们延伸它们但并不知道这种做法属于幻想范畴，甚至属于疯狂范畴，真实最终在失去它们的同时向人物们提示了上述属性。悲剧开始于下述意识，例如意识到情是某种幻觉的同一性，种种差异重新捕捉到了这种同一性，例如在拉辛那里，这些差异将呈现为众多不可克服的障碍。人们紧紧抓住隐喻，似乎这是真实的身份，正是它们被隐喻化了：安德洛玛刻就是赫克托尔，在回忆和忠实性方面，他们之间的差异不再算数。悲剧的独特之处就在于随着历史事故的发生，把它的活动家们投入历史的隐喻化之中，然而是按照某种不可避免的潜在逻辑去做的，即逐渐形成的差异所强加的逻辑。悲剧之所以是不可能的差异，其原因就在于差异的不可承担性，它反馈到差异的必要性，如同反馈到一块金属币的背面一样。悲剧就在这种钳制之中。例如，安德洛玛刻不同于赫克托尔，就像皮洛斯不同于他的父亲阿喀琉斯一样，历史将让他们揭示这一点。

喜剧人物没有这种问题。已经形成的各种差异最终将在它们的新的稳定性中被揭示出来。一切都回归秩序，人们将拥有一个皆大欢喜的结局。编织喜剧性的文字游戏和双关义拥有悲剧以外的另一种意指，因为这是由人物之一所扮演的观众欺骗另一人物，尽管如此，这位观者破解了骗局，是他在笑。喜剧人物没有感知到这些双关义，他相信所说的一切，因为他还没有意识到其中暗藏的意味。在悲剧中，人们处于某种隐喻性中，悲剧英雄没有将之感知为隐喻，但是他加工这种隐喻性，某种命运使他作用于隐喻性之上，带着种种行将爆发的差异。喜剧则基于某种世界，在那里，各种差异已经拥有了被引述权，那么隐喻就没有多大的意思。因而，人们更多地处于日常生活的忠实性中，而非处于历史的宿命中。然而在两种情况下，都要付出从笑声到眼泪的某种代价。

差异就这样从神圣过渡到文学，而在文学里，差异的去神话化使它变得更加内在，然而也更加悖论。悲剧如果不是把差异的悖论搬上舞台又是什么呢？人们说，它是必要的和不可触及的，而悲剧的活动家们不断地碰到这种二元困境，有时候独占性地体现差异或对差异的拒绝。我们的印象是，艺术与差异问题没有任何关系。它与此毫无瓜葛。因为差异不再需要补偿，只需把它当做它所提出的问题即可：艺术是回答。希腊人对摹仿说、对真实之再现的缠扰扎根于填补与真实之鸿沟的意愿。由此，艺术应该是摹仿的、似真的、写实的思想保留了下来，对20世纪各种艺术的阅读，哪怕是快速的阅读，都可以揭穿这种思想。但是，艺术与差异问题有何关系呢？

论审美的差异性

艺术诞生于宗教，而宗教则诞生于把神圣变成群体性的（和共同的）的用心，使神圣成为构成群体同一性的差异。为什么是艺术呢？让我们以希腊人为例。多神论的礼仪犹如与诸神的某种交易，人们谈判差异，为的是不再害怕它，建立和巩固同一性，为的是把神圣带回人间。差异被消除后，平衡得到保证，群体于是稳定了，只要礼仪保证人们履行自己的职责，那么宽容就是自然而然的事情。诸神不是超验性的，礼仪对他们的内在化做出了贡献。这就解释了他们的人格化形式。然而还是需要某种差异，因为他们是诸神。美的理想把这种差异体现为雕塑艺术中阿波罗或维纳斯的完美形体。他们是人的造型，但是很美；他们的比例是理想的。艺术验证着人与神的差异，自此，人们就用人的形体来再现诸神。神的内在性引导人们把神的差异性重新引回其他地方：这是艺术的使命。由于神是内在的，它呈现为人的某种形式，于是摹仿说、写实主义、模仿就成了这种美学的关键词。人与神的差异同时就消失了吗？美的理想，或者更准确地说，作为理想的美，行将表达人们对差异的用心，艺术的使命就是体现甚至专注于差异。相反，一群体之宗教的礼仪色彩愈淡，通过艺术重新找到宗教礼仪无法消除之差异的必要性也就越小，与此同时，艺术也就失去了它的功能，这种功能最初是宗教性质的。犹太教的情况堪称范例，因为人们既不能再现、甚至也不能任命神。因此塑造艺术在犹太人那里是不存在的。起初，艺术并不寻求把某种神祇变得在场并且把他人格化，恰恰相反，它试图把某种与人过于相似的神变得很少超验性和差异性。这种情况在基督教那里发生了颠覆：应该建立并展示耶稣的生活。人们从雕塑过渡到绘画。绘画通过对人神耶稣的描画使人类与诸神有了区别。于是绘画就处于寓意与写实的分裂状态中，前者为了表达差异，后者反映耶稣的人性。

当差异形成于对加速运行之历史的回答时，我们可以看到某种双重运动。先前之所是变成了仅仅隐喻性质上的所是，然后才被揭示为隐喻并继而被揭示为不再能够被隐喻所覆盖的东西，由于差异过于强烈，人们无法再谈论即使是引申意义的同一性。这不排除现实发生了变化，它已经今非昔比了；现实的隐喻化没有被感知为隐喻，而依然被感知为现实本身，旁边有对隐喻性的另一种感知，后者拒绝任何写实主义，而把它变成一种辞格，变成关于运动和形式的一种寓意，而不自诩任何写实主义。日渐突出的差异显然强化了艺术的塑形主义，经常穷尽一种形式，诸如雕塑、绘画、音乐，甚至文学，以促生其他形式，这些新诞生的形式将摆脱形式主义并重新找到某种写实主义。这就是艺术史的全部意义。隐喻性可以感知为隐喻性，作为对是的叩问和是的谜团，但是，人们也可以不刻意把它感知为隐喻，以便关注它所描述的真实，并在它的差异性中，把它所捕捉的东西，捕捉为事物的变化结果。悲剧性掩盖着这种经常因其历史性而被猛烈揭示的张力，揭示隐喻性仅仅具有隐喻性质、形式性质，它就在那儿，应该破解它。然而，隐喻性与写实主义之间的张力并非一定被体验为张力。我们可以处于描述新现实、描述它相对于老现实之连续性的隐喻性中，反之，人们也可以把隐喻性意识为隐喻性，对它进行某种加工。艺术永远具有这种双面性，它自身拥有这种替代性，通过形式表达变化中的真实的问题性。有时候，它被这些层面所分裂，而一种艺术形式完全可能沉湎于例如引申性的形式化，忽视写实主义，后者将由另一种艺术形式所承担和替代，在那里，隐喻性、虚构性、艺术都将被忘却，仅呈现问题之所在，作为它不是这样一种问题的问题。让我们用分析来演示吧：文艺复兴时期的绘画可以作为我们这里的起点。

历史在加速运行，差异既是某种辞格，也是真实的某种事实。两个地区比其他地区更多地受到处于发展全盛时期的资本主义的影响：意大利和弗朗德勒地区，这两个地区都信奉天主教。与韦伯想象的相反，并不是新教产生了资本主义，而是反对某种过于强大的中央政权的斗争解放了它所控制的城市资本主义力量。新教是面对这种中央集权的一种极端自由主义的意识形态的反应，但是，当中央权力相对较弱、模糊或者矛盾重重时，新教就没用了，而天主教得以继续生存。弗朗德勒地区的君主到底是法国国王还是神圣日耳曼帝国的主人呢？城市是在这种遥远或变动的监护的阴影下发展的，在敌对主人之间游刃有余的市级权力兴旺发达。意大利的情况如出一辙，那里的城市分裂为若干辖区，因为教皇不希望它们采用其他形式，害怕自己的权威被削弱。这样，城市资本主义就得以在基督教的影子下发展起来。意大利艺术和北方艺术在它们的变化中一如社会发展变化过程中一样，都受到基督教的影响。我们通过宗教（天主教）的中介，重新找到了写实主义与塑形主义以及上文谈过的回答与叩问的这种平衡。弗朗德勒地区原始先民和后来的荷兰人的艺术无疑受到过某种强势写实主义的影响，最后形成再现风景和创作那些希望留下他们肖像的名人画像的风格特征。至于意大利艺术，它愈来愈向着以矫揉造作闻名的某种突出的塑形主义发展，矫揉造作是巴罗克的先声。形式支配着整个画面，云彩中充满着天使和小号，场景愈来愈注入画家们的创意，并且充满了象征意义。即使侵占了意大利油画的透视性也是隐喻性质的，而非像人们经常想象的那样是写实主义性质的。因为数理空间不是物的空间。埃及那样的陈列希望是对静态的再现。而弗拉芒方式的陈列的上述性质弱了，按照透视法把空间耦合的性质更弱：差异每次都希望比以前的决裂力度更大。透视法把差异纳入其中，给出场景内部试点变化的可能性，这就保证了场景的同一性 。无论如何，以为透视法是写实主义的，这种想法是有害的：这是某种逃避人的目光以体现事件历史性的空间。让我们想想皮埃罗·德拉·弗兰切斯卡（Piero della Francesca)[1] 的《鞭打耶稣》(la *Flagellation*)吧。化作分为区别明显的两组人物，它们之间的关系是神秘的。我们从左边可以通过透视看到就要被鞭打的耶稣。事件发生的场所被立柱所圈定，这些立柱的右侧，文艺复兴时期的三个人物在交谈，似乎他们与此事无关。仅从他们在场的现状看，三个人物都给人以神秘感，他们的现代服饰渗透着某种时间的错乱，后者使他们变得更加问题重重。

当我们观照绘画的演变时，不可能看不到差异为绘画的历史性本身所镌刻的动力作用。人们越来越走向某种更强烈的形式主义，作为对应，它伴随着以自然为描绘内容之一的某种写实主义。但是，大自然在浪漫主义那里越来越风格化，并且后来在印象主义那里更加突出。自此一直影响绘画的形式主义使绘画关注愈来愈延伸、膨胀的某种差异主义，它应该更多地隐喻化，以便还能够把历史分离的内容聚合在一起。

矫饰主义是文艺复兴以来绘画所采纳的第一个形式主义的、寓意的、象征主义的回答，这种形式主义似乎就是自身的目的，至于法国的流派古典主义，则通过其精纯的风格占领了整个欧洲。直线将代替巴罗克所钟爱的曲线。这并不是说，巴罗克不通过其方法的壮丽反过

---

[1] 皮埃罗·德拉·弗兰切斯长（1420～1492），意大利文艺复兴时期的画家，注重师法自然，运用透视法和比例，作有壁画《圣十字架故事》《耶稣复活》等。关于《鞭打耶稣》这幅画，人们曾经一度认为右边的三个人物所代表的是心术不正的奥登托尼奥以及他的两个管事。被封为费德里科公爵的奥登托尼奥，是乌尔比诺公爵的继母在结婚时所带来的拖油瓶，而在他左右站着的则是他的邪恶参事，他们三个曾在一起阴谋计划夺取公爵的领地。然而今天大家倾向将这三位人物作正面的解释，认为在画中暗示了两个敌对的教会应该要重新和睦相处。

弗兰切斯卡擅长掌握空间、光线，且具有完美的数学头脑。中央消失点由于透视线的关系而设在远处的墙上，很容易就看得出来。两组人物被华丽的立柱中线所分割，所以两组人物没有轻重不一的现象。每一个场面都有自己的光源，一方面既照亮了空间，另一方面又衬托出人物的立体形象，并且将整幅画的气氛渲染得宁静而庄严。这种轻描淡写的绘画风格，也是弗兰切斯卡典型的艺术表现手法。——译者注

来作用于古典主义，而是自上个世纪起，更加注重写实的新古典主义重新获得了自己的权利。大卫（David）反对提埃坡罗（Tiepolo）。巴罗克包含写实的一面，推动它关心自然真实，在绘画领域，尤其体现为普桑（Poussin）的风景画和鲁本斯（Rubens）的裸体画，其中的自然真实充满了色彩的鲜明对比和人体的笼统轮廓。从这个意义上说，人们有权把巴罗克与纯粹修辞性质的矫饰主义对立起来，并把古典主义作为这种写实时刻纳入其中，18 世纪，巴罗克又以洛可可风格（Rococo）的名义抛弃了它。

深言之，在一种艺术形式中有史以来最重要的就是它的写实主义风貌。历史的加速运行导致通过某种形式主义和某种愈来愈鲜明的隐喻化把各种区别囊括在内。由于这一事实，原来写实的不再写实，至于形式也变得愈来愈抽象。这样，一种特殊的艺术形式，例如绘画，在一定时间就可能枯竭：它的写实主义变成约定俗成，而它的形式主义也变得空洞无物，对于这种艺术形式所面对的受众不再意指任何可以被他们破解的东西。如同人们常说的那样，这种形式不再“说话”。巴罗克绘画在意大利枯竭了，过分地承载了某种寓意性的神秘性，后者排斥它的读者们，正是在这时候，愈来愈增长为某种更加抽象化的隐喻化，且其内涵愈来愈松弛的形式主义在另一种新的艺术形式音乐中找到了自己最大的成功。这里，我们只能引用让和布丽吉特·马森关于《西方音乐史》的权威著作了：“17 世纪初，意大利沉睡在它的国宝之上。奇迹是，继基本上发生在 1600 年之前的造型艺术的繁荣期，突然出现了音乐的荣耀……一百多年以来，我们反复吟唱的古典主义歌剧和浪漫主义歌剧的数量有限，我们能想象得到 1700～1743 年在威尼斯曾经创作过 432 部新歌剧吗？然而应该明白这一点，而 1500～1700 年造型艺术的演变本身可以使我们明白……巴罗克所钟爱的一切，在音乐里的表达都超过了在空间艺术里的表达。因此，我们可以说，16 世纪和 17 世纪初的感性演变青睐音乐。这样 17 世纪的意大利就产生了歌剧。人们通过蒙特韦尔迪[1]的天才作品看到了歌剧的诞生和发展。蒙特韦尔迪之后意大利的歌剧史是某种音乐海啸的历史：这种体裁甫一诞生，就开始扩散，占领地盘，我们不妨说，就覆盖了一个社会的全部文化生活；多少有点像 20 世纪电影占领人们生活空间的势头。"[2] 比喻是松散的：电影的写实主义是对抽象艺术之绘画的塑形主义的回答，乔伊斯小说的形式主义或对马拉美或庞德的晦涩诗的回答，对布列兹[3]的变奏音乐的回答。另外，当电影诞生时，歌剧近乎死亡了。

所谓的室内巴罗克音乐将从歌剧中找到它的写实主义的对应物，尤其因为音乐本身承受了突出差异主义的某种浪漫主义的演变，并且削弱了它被认为应该引述的色彩与声音之间的从前的关系。于是，古典音乐就变成了那些自诩为有识之士的精英人士的封地，因为他们会阐释。只需阅读或重读皮埃尔·布尔迪厄（Pierre Bourdieu）的《区

---

[1] Claudia Monteverdi（1567～1643），克劳迪奥·蒙特韦尔迪是参与 16～17 世纪之交意大利音乐改革的重要作曲家，意大利歌剧的奠基人，他在文艺复兴时期音乐史中的地位完全可以与莎士比亚在文学史中的地位媲美，是巴罗克乐派早期最显赫的代表人物之一。他 16 岁开始发表作品，20 岁时出版《五声部牧歌》，由此一举成名。1607 年，他的第一部歌剧也是代表作《奥菲欧》上演，确立了蒙特韦尔迪作为意大利歌剧大师的地位。——译者注

[2] Jean et Brigitte Massin, *L'Histoire de la musique occidentale*, Paris, Fayard, 1985, pp. 377 et 378.

[3] Pierre Boulez（1925～），皮埃尔·布列兹，法国作曲家、指挥家。1943 年在巴黎音乐学院梅西昂门下学习和声，随莱博维茨学十二音技法，随奥涅格的妻子沃拉布尔学对位。1948 年被聘为巴黎马里尼剧院指挥。1959 年，他以奥地昂剧院为中心，举办称为"音乐天地"的定期音乐会，专门介绍现代音乐，从此成为诠释现代音乐的专家。1965 年任克利夫兰交响乐团和 BBC 交响乐团客座指挥。1971 年聘为纽约爱乐乐团的首席。1976 年在拜罗伊特指挥《尼伯龙根的指环》百年纪念演出，对这部宏大史诗给予了全新的现代性解释。1977 年他辞去纽约爱乐乐团的首席，在巴黎成立现代作曲技巧研究所，自任所长和艺术指导。

布列兹在指挥中强调节奏的魅力，强调现代作品在节奏中呈现的色彩感，也强调音响效果。他演绎梅西安、巴托克、贝尔格和他自己的作品，都堪称权威。——译者注

隔》（*La Distinction*）就会信服这一点。大众音乐加上它的视频剪裁将平衡某种爵士乐，后者在突出某些不和谐的同时，延伸了古典音乐，例如在自由爵士乐及其常见的即兴演奏中。

这样在19世纪，我们就看到了某种愈来愈强化象征主义趣味的某种浪漫主义与越来越不是绘画封地的某种写实主义的并列现象，尽管绘画回归了自然。艺术在这个时代达到鼎盛程度，例如左拉和福楼拜的小说。诗歌代表着文学中的形式的和隐喻的一面，历史通过某种增长的差异主义而突出了这一面。（差异的）相关项被隐喻性地汇集起来，由于其成分之间的松弛关系，隐喻本身变得愈来愈费解。

当一种艺术进入鼎盛程度后，经常被誉为经典艺术，这就把其鼎盛具化为什么的问题偏移了。我所采纳的定义如下：当一种艺术形式囊括了写实主义的一面和形式的创造，它就变成经典的艺术形式。并不是说形式服务于现实，而是说，当一种艺术既想为了形式本身而实践形式（于是审美感就强化了），同时又想再现（新的）现实，它就是经典艺术了。文艺复兴时期和19世纪的绘画、18世纪和19世纪的音乐、19世纪的文学，就是这样的经典艺术。它们是我称之为这些时代的统摄性艺术形式，同时也是这些艺术表达的经典时刻。一种写实主义取代另一种写实主义，一如电影取代歌剧那样。但是，每种艺术永远包含着被解读为隐喻的一个隐喻部分和一个不被解读为隐喻的隐喻板块，以捕捉人们特别聚焦的某种现实，这就解释了人们有可能忘却这种形式的原因。盎格鲁-撒克逊人将之称为“怀疑的有意悬置”（*willing suspension of disbelief*）。隐喻性和写实性这两种风貌的某种分离没有把这种艺术形式投入某种黑暗之中，反之该形式得到了传播，而是投入了某个不再有任何经典意味的另一时刻。印象主义的伟大之处就在于它是经典的。立体派或后现代主义的抽象绘画不再有任何经典性：它把决裂纳入各种同一性中，反映了某种被粉碎的、神秘的、隐喻性的真实，仅呼唤某类精英人士，以至于人们可以说，这是一条必然走向“艺术死亡”的路径。

这里，我们远离黑格尔关于象征主义、古典主义和浪漫主义的三分法，黑格尔的三分法旨在分别凸现一种艺术形式，即建筑青睐象征主义，雕塑青睐古典主义，而音乐、诗和绘画则青睐浪漫主义。事实上，每个时代都有某种塑形主义和与之相对应的某种写实主义，亦即让人们忘却那些把现实描写为其他东西同时又保持其真实本身的隐喻的艺术，面对更多地把它们想象为谜团而非想象为被如此排斥的参照性回答的艺术。这就是说，当一种艺术、一种艺术形式不再能够达致现实时，另一种艺术将取代它，那么即使消失的艺术形式具有更多的隐喻性，且新的艺术形式已经包含隐喻性时，亦如此。例如，19世纪以巴尔扎克、斯丹达尔、左拉、福楼拜和雨果为代表的小说就将“贴近”现实，以获取大众的某种普遍认同，今天小说依然享受着这种认同。然而，此前已经存在较少写实主义的小说，正如已经存在马拉美、庞德或叶芝的象征主义非常浓厚的诗一样，它将凸现文学的形式、象征和非参照性。当小说随后变得更注重形式而较少写实色彩时，如绘画或音乐那样，“艺术没有死亡”，而是电影取而代之，带着审美精英主义的某种抱怨，因为电影里缺少隐喻化和形式主义，除某些作品例外，如英格玛·伯格曼❶。

艺术史可以从一种艺术、然后另一种艺术所表达的写实主义相互承接的这些形式的历史来解读，当其中第一种艺术看到它的塑形的、寓意的晦涩的倾向战胜其写实主义的意义时，另一种艺术就会取而代之。忠实意义的、摹仿说性质的回答的同一性消失了，让位于它们的隐喻化：人们不能再追求它们的字面意义，这些回答变成谜团，呼唤着其他回答即当时的那些回答。在某种具体艺术的卓越地位中发挥作

❶ 英格玛·伯格曼（Ingmar Bergman），1918年7月14日生于瑞典乌普萨拉，是宫廷牧师之子。先在业余剧团，后在哥特堡、赫尔辛堡以及斯德哥尔摩皇家剧院担任戏剧导演。是瑞典著名的电影、电视剧两栖导演，杰出的电影剧作家，现代电影“教父”，“作者电影”最典型、最卓越的代表。当地时间2007年7月30日在他的最后定居地瑞典法罗岛去世，享年89岁。——译者注

用的那些因素通常是外在于这种艺术的。让我们想想文学吧。即使但丁的文学作品拥有某种寓意风貌而薄伽丘的文学作品拥有写实主义的一面，我们不妨说，当时的时代依然处于直观形态，基于这种事实，绘画就比《十日谈》（le *Décaméron*）更有说服力。后来，当历史经历了某种更强烈的节奏时，运动、差异性把写实主义的艺术重心从绘画移到音乐，音乐比绘画更注重形式而较少再现现实，然而以歌剧作为它的对应点以便赋予它某种写实风貌，后者对于日渐增长的差异主义是必要的，而差异主义首先给予音乐、然后给予小说文学、再后来给予电影艺术某种此后统摄其他艺术的角色。这并不阻止文学在博尔赫斯（Borges）或贝克特（Beckett）那里滋养某种隐喻性的和形式主义的风貌，在诸如侦探小说那里滋养某种写实主义风貌，但是它并不因此而较少失去它在历史后来某一阶段的审美享受中的主导角色，众所周知，这就是电影的事实。塑形主义和写实主义的种种循环配合着历史，另外，每种艺术形式似乎都可以脱离历史，由此而回答某种“永恒的”问题性，一直以来，人们具体地把艺术与“永恒的”问题性结合起来。

然而历史在继续，且尤其加快了速度。差异不再可能虚构化了。我们已经在宗教那里发现，它自诩吞没和解决的差异归根结底变得愈来愈具有问题性了。艺术领域的情况亦如此。那么发生了什么事呢？差异增加了。它们占领了整个西方社会。个人主义是作为社会动力效果的差异化的成果。即使每个人都从差异中获益或者诉求于差异，它仍然令人恐惧。让我们更近距离地观察这个问题。

作为历史语法之关键概念的差异

指出差异在历史演变核心之作用的历史学家、哲学家和政治学家很少。诚然他们感知到了以冲突形式出现的历史演变的极端化现象，并乐于想象某种普遍性的调和，另外这种普遍性调和是他们上溯型理解调和之前的历史事件的关键，把历史变成某种导向性的计划，带有预先理性地规定的某种目标，似乎是为了代替特别难以察觉，尤其过分缓解的某种天命。所有这一切如今都被遗忘了，然而不幸的是，人们在忘却历史现实的同时，也随洗澡水一起把婴儿倒掉了，倒掉了使历史演变的东西，尽管不再有预先规定的方向和目标。差异是历史演变的最低原则，因为这是明显的：先前之所是仍然存在着但以不同的方式存在着，历史性所覆盖的正是这种差异。我先前已经表述过这一点，这里我们更应该谈论历史的语法了而非历史的哲学：没有任何人知道它将产生什么，然而如果有历史的话，那么它肯定将是不同的，直到一定程度。现在，除了某种占卜者，显然没有任何人能够就未来占优势并作为历史而从历史中浮现出来的差异发表意见。然而，带着这样一种作为阅读原则的观念，人们仍然要比自己想象的前瞻得多。因为差异是群体之间和个人之间关系的表达，而这种关系是社会等级化和阶层化的根基，是消除它们或让人们接受它们的意愿的根基。

自霍布斯（Hobbes）以来，同一性与差异性的游戏就被感知为社会关系的核心。对他而言，个体接受对一个赋予和平的国家的信赖，因为他们害怕在尊严的冲突中丧生——霍布斯是17世纪人，那时候的自我就是自尊自爱。那么，这种被引向死亡恐惧的支配愿望倘若不是差异之萦绕和对其身份的恐惧又是什么呢？然而我们也可以说，对自我的肯定在政治上是差异的某种萦绕。其实质是用自己的力量消除他者的力量。至于对死亡的恐惧，它也可以理解为对差异的恐惧。简言之，人们永远不敢肯定差异是否将会取得胜利，因此最好把差异和自己的问题委托给一个机制，它可以使人们生活在平和的身份中，即继续生存，这个机制就是国家。

应该清楚地理解，倘若死亡亦即他者在某种发生颠覆的力量关系中让您遭受死亡，那么，最初使人恐惧的，即作为身体的他自身的他者，因为他有一个身体。动物性、冲动、约束和需要使身体成了人们想克服的问题，尽可能地忘却它，尽可能地利用它。具体他者仅仅通过其身体的在场所提示我的，正是我想排斥的这种现实。它之穿衣、化妆或者简言之自我保养、运用一千零一种文明方式消除其在场所形成的问题都是徒劳的，它是他者。暴力的诞生乃基于身体的这种提示，且任何暴力，尤其是不求回报的甚至纯属虐待性的暴力，都是对自我中这种变异性的回答，我只有在埋葬他者时才能埋葬这种变异性。接受差异在这里具化为弄清楚我是我所不是的他者，而这个问题的解决既不存在于对他者的服从之中，也不存在于对他者的根除中。但是，为什么又要谈论接受呢？这正是暴力与道德之间的全部困境。道德没有任何的必然性。问题是：我粉碎他者或接受与他这样的人亦即不同的人一起生活？人被差异而问题化，如果没有某种恶的乐趣作为对这种置每个人于钳制之中、成为其全部条件的变异性的回答，那么似乎就既不会有暴力，也不会有侵犯人权及其完整性的举措了。然而这种变异性也形成他的高贵身份：走出人的自然的身体性是人性的一个永恒问题。饥饿、疾病、推迟死亡的用心是出自这种自然身体性的种种问题，当人们无法支配它时，就需要同它作斗争，哄骗它、颠覆它。因此，恶与身体都是自然的，且众所周知，不幸的是，恶是人之本性的构成部分。彻底的恶在于人的身份，它把人预设为差异，他又不想成为这种差异。恶是人的属性，因为人性是由变异性编织而成的：人之所以是人，那是因为有他者的缘故，自身的他者，周围的他者。对同类的暴力就在于每个人的身份所形成的这种差异性；它是身份的条件和障碍。人们也许无法消除条件，却可以努力消除障碍。人性的历史就在和平和文明的社会与某种试图根除差异的残酷的暴力之间摇摆。人之天性，这个词似乎是互相对立的，因为人想挣脱自然，而这种脱离、这种自立化恰恰形成了他的人性。他者首先是某种身体，把它局限于身体可以给人以掌控“它是我的”这个问题的幻想或权力。恶被那些犯有恶行的人们感知为某种治疗。恶给人以统摄着他者的印象：我是他者，我又不是他者，因为我是我；人们在对他者施加暴力时使这个问题消失了，因为施暴者不假设使他心理失衡的变异性了，因为它昭明了对自己所是之他者的排斥。人们通过这种恶试图摆脱自身的这种变异性，通过摆脱这个毫无歧义作为他之化身的变异性。于是人们想在任何变异性之外肯定自己，人们越是在自我中感到被这种变异性所置疑，就越努力粉碎它。身份乃是通过统摄和排除而追求的对象。当然存在一些微妙的暴力，但是它们更多地关涉人们无法根除的差异，因为与之融为一体，因而只能面对它们。这里，我们进入了对某种压缩的变异性的抛弃，这种变异性形成的问题并不逊色。那么，让我们重读霍布斯吧。我们将确信，差异是社会运行的重大问题。

无疑，一种用差异语汇来解读的做法预示着人们已经进入比霍布斯当时所认识的个人主义更超前的一个阶段。个体之间应该首先体验为不同，亦即更多地体验为追求认同的众多自我而较少体验为相互威胁。霍布斯显然没有为之辩护的民主体制的悖论是，它没有比其他体制更多地青睐差异，恰恰相反。它仅仅赋予差异存在的权利，这已经非同小可了。每个人都是不同的，就此而言，每个人也都是相似的：民主性质的平等是承认差异的某种障碍，差异被感知为不平等，而以民主自由的名义，每个人都有权表达自己的意见并实现自我，而不必符合其他人、国家或某个机制或个人想让他做的那些要求。假如差异存在于每个人，那么敌人就到处都是，而竞争就是普遍性的。需要有更多的权力、财富、某种更重要的地位，差异才能被所有人看到，但它同时也是可指责的，因为它侵犯了每个人都很珍惜并享有一大部分的同一性兼平等。差异是内在的，而所有人与所有人的斗争也是内在的：出身不再确定进入游戏的东西是在生存的过程中由竞争性活力来决定的。当然，在这种活力中，社会根源是一个重要因素，然而今后它是有限度的。事实上，这些限度取决于一个社会或一个群体赋予专长的位置。正是专长形成社会动力与社会流动性之间的全部差异。社会流动性概括了群体内部的升降，作为这些群体自身的上升运动（或非上升运动），而社会动力则把专长注册为社会流动性中的上升标准。

在一个无视专长和社会流动性的社会体系里，进入游戏的一切都是僵化的，例如印度种姓时期的情况。在一个社会流动性加速、群体之间和群体内的差异化增加的社会体系里，人们显然会看到种种斗争。例如，君主制通过降低贵族的社会地位并向城市倾斜而构成，这就缩小了旧精英阶层与新精英阶层的差异。欧洲的旧制度（l'Ancien Régime）允许从平衡角度去分析，它是强弱程度不一的某种中央集权的成果。这样，“程度不一”就对应着人们约定称作“资产阶级”（“市民阶级”）的社会上升程度的不同。在从东往西的过渡中过渡得越多，中央权力征服某种贵族的程度便越差，它只能通过强化以经商为生的城市人员的社会上升运动，才能平衡贵族的力量。如果我们停留在普鲁士、法国和英国的例子里，就会清楚地看到，假如我们从第一个向最后一个过渡，体制的专制成分就因此而逐渐下降，那里的资产阶级更强大，国家权力不得不重新分配它的友善态度以面对更加强大的贵族并保持自己的力量。我们也可以以不同的方式来审视这些事情并确信东方（俄罗斯、普鲁士）比西方更好地征服了贵族。它在法国形成了投石党，在英国甚至战胜了王权，通过与资产阶级的联合而除去了王权的首脑。在法国，贵族在抵制王权的过程中失败了，后来出现的绝对君主体制不断地打压和限制贵族，为它保留特权，这是悖论性质的，但从长远看，却具有革命效果。这正是这种形势的全部矛盾所在，其对应的现象是，某种资产阶级上升并突然碰到了一座堤坝。革命永远是某种精英阶层的事，它善于通过自己的专长而上升，应对敌对的环境，当时机来临时，善于把抱怨不休的人民用于自己的目的。正如我上文里已经提示的那样，西部的贵族比东部的贵族更难掌控，因为东部的中央政权较少需要与它组合在一起同时又可以指望它。法国的贵族更具叛逆性，因而也更危险，它更立足于自己的种种差异，立足于它的差异，这种现象的发生尤其因为这种差异的根基本身被置疑。这种情况喻示了我们在整个历史中一再找到的某种更深刻的真理。只有当个体之间或群体之间的差异被某种占据岗位和功能的专长所合法化时，才能被接受，或者需要这种差异像在印度那样一定程度上出于凝固状态。历史之所以决定它并使它发生演变，证明某些差异紧缩了，而另一些差异则出现了。法国大革命时期资产阶级对贵族的职责并一定程度上解释了革命爆发的原因，即属于这类性质。如果没有运用权力和岗位功能的专长，出身不赋予执掌权力和占据岗位的任何权利。须知，这种专长属于专业实践以及与其一起的成功。而资产阶级自认为它一直是用这种专长来自我界定的。

人们是否用社会流动性与社会动力之间的对比角度的分析来代替某种阶级分析呢？其实两种分析是互相覆盖的，如果说我们更多采用的做法比之马克思主义的分析方法，也许只是更多一点历史的普遍性而已。事实上，如果我们参照马克思，社会阶级是从下述方面来定义的：①阶级意识，②与其他阶级的对立，③在生产机器中的地位；在韦伯的分析语汇中，分别给出了地位、权力和收入。如果我们喜欢的话，还可以说成与自我的关系（自我的评估）、与他人的关系以及与物质的关系；从经济方面言之，后者意味着人们所掌握（或不掌握）的金钱。自我、他人和世界：哲学的三大问题、思想的终极阶段，在这些阶段，思想成了形而上学，三大问题实际上具有形而上学的问题属性。在马克思看来，这三大问题的社会表达要求某种唯物主义的方法，而这正是表面上没有关联的阶级概念的三大定义所准确覆盖的东西。基督教也被自我、他人和物质的三分法所穿越，它是按照罪恶的问题性来理解的，即虚荣、淫荡和贪婪。与他人的关系包括骄傲和虚荣，追求荣誉和承认，这些是对理应屈服的某种支配性的利比多的回答。与自我的关系是一种爱，人类把爱体现到性上：自我与自我的媾和形成自我。淫荡是对欲望的这种追求，自我把欲望作为他的食量，这样就忘记了唯一的真爱，上帝之爱。至于与物质的关系，它是罪孽，以亚当犯原罪时据为己有的苹果为象征，因为它建立在占有和享受占有的乐趣之上。这三种基本的激情的对立面是僧侣的誓愿：谦虚、贞洁和贫穷。上述激情构成原罪，而原罪界定着人性本身，界定着人性的独特之处和它的差异，把人与上帝相区分的差异，当人想依照自己的原貌肯定自己时，他背离了上帝。

1500～1900 年西方关于人的观念史是为上述这些激情恢复名誉，因而它们将不再是原罪。在马基雅维利[1]那里，我们知道，人们追求权力和荣誉是自然而然的事情，不管人们是否愿意，不管人们是否抨击这种做法。为了理解他们，只需接受这种激情而非顾及廉耻地把颜面遮起来。在亚当·斯密那里，对财富的追求甚至不再是一种激情，而是一种利益；激情与利益的差异在于追求利益是理性的；集体也能从中获益。在弗洛伊德那里，人们发现，欲望也是“天经地义的”，它同时主导着人、财富或力量的意志。对欲望的享受是多重的。显然，所有这些恢复名誉的主张都伴随着过分的思想成分，它们是上述激情的对立面，这就可以解释基督教抨击它们的原因了。这方面也有一些大理论家以展示平衡的必要性：孟德斯鸠反对马基雅维利，马克思反对斯密，而弗洛伊德抵消他本人。权力，可以，但孟德斯鸠主张限制权力，因为要用权力做事。马克思也主张限制利益，以防止最强

[1] Machiavel（1469～1527），意大利政治思想家、历史学家、作家，主张君主专制和意大利的统一，认为为达政治目的可不择手段，著有《君主论》《佛罗伦萨史》、喜剧《曼陀罗花》等。——译者注

势的少数人压榨最弱势的人们。但是他借用了基督教的基础分析。社会阶级里渗透着自我、他人和物质的问题，因为与物质的关系反馈到历史上被巩固的人们之间的关系，那么脱离了其他两个问题的“拯救”就是不可能的。基督教突出灵魂、自我拯救的思想，向自我许诺继续生存；马克思主义更多地聚焦于经济和政治，仅为自我留下了“继续生存”的历史。这样，马克思主义就用阶级观浓缩了自我、世界和他人的问题性，正如基督教用原罪思想浓缩了它们一样。

地位、收入和权力并非像他们所宣扬的那样是如此首要的概念。它们其实概括了社会流动性的不同风貌。地位反馈到群体在社会占据的位置；正是群体的上升和下降决定着它们的地位。让我们举一个例子，神甫在旧体制下的社会所拥有的地位，他们在以劳动为基础的世俗社会不再可能拥有。它们的地位“瘦身”了。收入表示个人在群体中的位置。有些群体的地位下降了，但是在这些群体内部确实存在某种杰出现象，能够解释收入的差异：教皇不是普通神甫。最后，权力确实界定着个人之间的差异，我们不妨说界定着他们之间的关系。地位很好地表达了人们作为这种职业或那种职业、作为教授、医生、律师、咖啡馆服务生等的自我形象。收入则指示着你在律师行业、医生行业、餐饮业之等级中的位置，它把个人放在一种职业、一种经济活动的某种完整的整体中。至于权力，正如马克思所说，它是已经解决的或潜在的对立和冲突。我们非常理解他所进行的“收入—地位—权力”三个参数之间在阶级观念中的鉴定。马克思所处的时代，这三个成分似乎融会在一起来界定社会：劳动者的贫困化，他们自觉无足轻重的感情和他们的微薄收入是界定工人的生存条件、界定一个处于暴动边缘的社会阶级的若干因素。马克思的错误在于把收入低、地位低、没有任何权力这三种参数混淆在一起的一个历史时期投射在整个历史中。于是就产生了把阶级压迫等同于这样一种特殊规定的思想。然而它并非规则。收入、地位和权力演变过程中的差异并不一定聚合在一起，即使1848年以后，这种情况也呈现出来，一直到工人条件得到改善。但是，关联仍然是存在的。我们似乎可以这样说，“差异的社会参数”的聚合在于社会动力减弱到了专长不允许（或不再允许）工人走出他的状态，除非更大程度地坠落。20世纪成功地打破了这种聚合；于是建立了这三种参数的区分。但是它们显然不是没有关联的，而任何新的社会学正应该努力研究这些关联。若干例子权充关于这些关联的考察，也许不是多余的。一个群体的地位如果高，该群体成员的高收入尤其有更多的机遇。但是，假如社会动力运转的不灵，一群体的地位就更凝固一些，而倘若社会动力运转不灵，个人仅通过自己专长提高自己收入的机遇就受到限制。这意味着，衡量社会流动性与社会动力之间差距的权力是有意义的，因为，例如岗位的赋予有可能是通过朋友关系、家庭关系（如传统社会中那样）和党派关系（如我们的社会中这样）。一个个体之专长被酬劳的可能性如果是真实的，这个人看到自己在一定群体内收入增加的机遇便更高一些。收入与地位的差距是用权力来衡量的，权力表达了社会动力与社会流动性之间的关系。如果我们假设两者可以完全吻合的话——当然这在任何社会都不曾发生过，在反映这种专长的等级内部，人们就可以以正确的价格获得种种专长的某种酬劳。在这种等级里，权力将被分解，且离开这种等级，它就没有意义。我们不妨这样说，这是没有国家的完美市场。权力具化为专长的纯粹官僚式使用，而每个人都接受并承认这种使用；这种情况在现实中永远不会发生。权力试图保证对个体的某种影响，这种影响与他们的专长没有任何关系，有时候甚至还会在个体们实现这些专长的可能性中压制他们。法国大革命反映了看到专长和权力并行不悖的这种要求。应该这样来理解资产阶级要求“消灭”某种寄生性的贵族的“特权”。

倘若社会动力很弱，那么通过专长接触岗位的机遇也相对较弱，而等级的地位也很少有机会被置疑。似乎最大的可能性是，地位在一个社会里越重要，那么这个社会便越被历史凝固起来，进而权力便与它的关联越紧密，由此阻滞了获得更多收入的渴望。作为这种现象的结果，唯有获得权利的斗争可以解开形势的困局。当人们处在一个所谓的“阶级”社会里，也就是说，在那里，阶级很强大并具有很强的孕育能力，专长发挥的作用很小，对更好生活的渴望就受到了限制。如果地位流入金钱，就像在美国那样，那么社会动力就趋向于更多地与社会流动性贴合在一起——这是“美国梦”，那么，权力越是被每个人所限制，亦即为大家所用，那么社会就显得更民主。

社会的动力，亦即被专长所证明的社会差异，使得某种差异亦即某种等级合法化，这是单纯的社会流动性无法做到的。无疑，当社会流动性处于强势时，那些学有专长的人们成功地不同程度地找到了他们的位置，但是当社会流动性由于一种或另一种原因例如经济原因而减缓时，互相提携的现象就增加了。因为他们的家庭和关系而处于最强势的人们明显通过安排而获得岗位并坚持下来，而他们的专长是单独无法让他们占据这些岗位的，除非通过简易和破碎的方式。这说明，当社会流动性减少时，效率问题和经过论证的差异问题就显得很重要，因为社会流动性与社会动力之间的反差很强烈。人们永远可以通过地位来分析社会的差异化，正如可以通过权力（或收入）来分析社会的差异化一样。作为结论，我们不妨说，收入可以表达社会的动力（=人们准备支出以获得一定专长的数额）；与地位一样，隶属和权力可以表达社会的对立。或者还可以说：收入就是市场；地位即历史，而权力呢，就是它们的差异。

当专长在岗位的分配中不是决定性的标准时，差异就变得不可接受了，那时每个人都有权说“为什么不是我呢”。争夺和嫉妒就变得不可避免了。在那些忽视专长的民主社会里，嫉妒现象特别强烈，因为专长是唯一被接受以期使差异合法化的标准。

什么是嫉妒呢？亚里士多德把嫉妒与争强好胜相区别。假如我的邻居有一辆法拉利轿车，争强好胜具化为对自己说：“我也一样，我要尽一切努力以便像他一样，也有一辆轿车。”相反，嫉妒则表现为下述态度，嫉妒者自言自语地说：“哼，混蛋，他不应该有一辆法拉利啊！”在一个民主社会里，平等是一种基本的价值。因而，从这种平等的视角看不能接受的差异就尤其应该得到合法化，对专长的要求就应该更严格。这大概就是美国与欧洲相区别的地方，也是奠定托克维尔分析的因素。不平等是不可避免的，假如这些差异没有通过专长而合法化，就只能产生大动乱。让我们想想大萧条的后果吧。在德国，它产生了希特勒和对国家体系下出现的差异的仇恨。与法国不同，德国从来没有经历过平等化的革命，这是它崇拜等级化的原因。人有下等人与上等人之分，他们之间的差异经常通过一些称号和特殊的形式被礼仪化（另外，这与日本的情况颇为类似）。而在美国，大萧条没有产生法西斯主义，且民主也保持下来了。概言之，问题在于通过专长问题，弄清楚是否应该为了平等而牺牲自由，并久而久之，把两者都牺牲掉。

嫉妒是专制主义的胚胎。它的原则即用心消除差异中的他者，因为这种差异凸显了嫉妒者无法承受的某种低下。嫉妒指责他者之所是和他者之所有，因为嫉妒者没有达到这种是，也没有达到这种有。嫉妒建立在自身不强的基础上，建立在自己无法承认的某种无能的基础上，因而就躲在类似平等这样一些所谓的普遍价值的招牌下抱怨他者，普遍价值作为他自己没有专长的托词和粉饰。社会动力的缺席强化了嫉妒心理，因为专长不是占有岗位的标准。倘若您没有专长，您本人并没有责任，很简单，因为他者剥夺了您的权利。嫉妒去责任化；它把自己的相对失败变成了他人犯下的某种不公，为此他应该付出代价。当一种社会体系整体上被专长标准之外发生的社会升降打乱了平衡时，人们不仅有可能看到法西斯主义的诞生，也可能看到共产主义的冉冉升起，然而首先看到的是某种普遍的平庸化，它也是垂死性质的，但来势和风细雨，不易察觉。

这样，差异就是社会性甚至政治性的关键概念。每个个人都不同于其他人，而他的差异应该得到捍卫和保护。但是，它也应该以正面的方式被肯定。差异权拥有负面的一面和正面的一面，它们分别是政治方面和社会方面的。不要把它们混淆了。差异不赋予任何回报性的社会权利，因为应该从政治方面保护差异：唯有专长允许某种积极的社会流动性，没有这种专长，嫉妒就是不可避免的，假如政治条件具备了，就会出现专制主义，后者就会以合适的意识形态，例如种族主义、反犹主义，首屈一指的仇恨心理，一如发泄在阶级上的仇恨心理，例如斯大林的例子，把让嫉妒对象付出代价的意志，改造为合法权利。

作为民主社会悖论性困扰因素的差异

在民主体制中，平等是规则，差异似乎比在其他体制中更多地“侵犯”了共同规范，然而悖论性的是，与其他体制不同，每个人都有权不同，尤其是都希望不同。激情不再是一种原罪，原罪的耻辱在于取消实现种种差异的愿望，其目的在于充实已存的差异。阶级不再被视为某种抵偿的有罪责的差异，至少现在如此。假如说每个人都渴望不同于他人，正是因为实际上所谓的大众的同一性成了某种社会事实。每个人都与每个人相似，直到渴望不同于他人的用心。于是出现了竞相标榜差异的现象，如同我们在时尚领域看到的那样。那里也一样，每个人最终都像大家一样，而时尚的日新月异为的是差异化的运动得以继续。在民主体制里，差异并不比从前或其他地方更容易接受，仅仅是宽容性更大了，不是那些反对差异的负面情感里的宽容性，而是原则上禁止差异的民主体制对差异的可能性压制中的宽容性。例如，在西方，差异被地位所固定，因而收缩在尊重和礼仪形式中。在我们这里，差异是典型的社会问题，因为一切都处于动态中，而地位、收入和权力趋向于比以前较少一些关联性，无论如何，趋向于比以前更区别有致的参数方向演变。正是这种社会流动性凸现了民主大厦所有楼层的差异，即使欧洲范围内仍然过分支撑差异的党派支持和家庭支持制造了嫉妒和抛弃。嫉妒正是斥力和魅力的矛盾运动所积淀的这种情感场域，这种矛盾运动形成了我们的古老社会的全部悖论。

差异问题，正是我是他者，我本不是他者。这种变异性已经通过我的身体的中介存在于我。他者的在场提示了我不想拥有的这个身体，因而在我内心产生了破坏的愿望。人总是问自己如何处理他者，这是一个人们一直排斥却又无法驱赶出去的问题，因为它就在那里。这里，享受与破坏肩并肩到来，犹如道德是对他者问题的回答，作为一个身体的他者，作为人的他者。他者永远迫使我回答，于是尊重或恶的交替就是绕不过去的，因为交替性扎根于变异性本身。在我的身份里，我已经是某种被排斥的差异、身体的差异，身体的差异归根结底是自我中的死亡，而自我拒绝这种死亡。由此产生了人们的永恒情感，似乎明天就是另一个今天，似乎在某种缓慢的连续性中人们可以无视时间的流逝，这种连续性是由不易察觉的持续构成的。这要求生与死（死亡取消了自我）的差异被某种可以把死亡置而远之的体系所承担，因而也要求人们不再把它放在心上。向人们许诺永生、在上游保证崇尚死者的宗教，承担了差异的悖论，自我由此而减少了差异的压力，同时又借助于相信死后有生的信仰而保持了自己的同一性。宗教使我不再沉湎于差异的悖论之中：我既是他者，又不是他者。某种分离发生了，宗教“解决”了这种变异性，我就是这种变异性，但我又拒绝看到它恰恰作为变异性而成为我的构成部分。

存在自我、他人和物质。对于他者的问题，我仍然处于差异的悖论之中。他者即我，我即他者，我不是他者，他者也不是我。形式与内容的分离允许每个人的同一性，在这种同一性的背后，隐藏着某种身体的差异。法律是承担这种差异风貌所拥有的形式。借助于法律，我可以是自我，也可以是我本不是的他者，他也可以是我而不必真是我，但却从法律上是我。法律上的差异性，对我是保护的，是可能的，而不必把同一性压缩为某种变异性，后者成为同一性的形式。法律使我成为我自己，另外正如法律使他者称为他自己一样，但这不是我的问题。我不再需要摧毁他，也不再需要神化他：尊重其权利因而也尊重我的权利的用心是唯一相关的。借助于法律，我甚至可以走到自己激情的尽头，只要他者同意就行。自此人们就理解了下述现象，即在我们的社会里，法律最终战胜了道德，后者具有过多的不确定性，况且在它所面对的矛盾性的理性化中，显得过于随和。人们常说，21 世纪将是宗教的世纪，它尤其将是法制的世纪。

还有差异活动的第三个场域，即物质的场域，它们的流通、生产和货币化的场域。经济就是这样的场域，其中的一切在价值和金钱面前都是平等的。甚至个体们也因为他们可以挣钱并使这个或那个人挣钱而具有更大的价值。通过经济合作，他们努力承担各种差异，以至于某些人拥有他们准备出让的某种东西，而另一些人希望获得它并以此交换。当缺乏某种相互需求即每个人都拥有对方寻求获得的东西时，货币用来实现交易的公平化，无须以货易货。尤其因为，在广义的经济活动中，正是他本人以这种或那种方式，较少或更多地进入了交易，因为他应该通过劳动而支付自己需要的东西。正是这一点使我们可以像马克思所说的那样，谈论在我们这样一个金钱作为主人占统治地位的社会，金钱对人的某种物化问题。

法律、宗教和经济构成承担差异的三个基本世界，我们不妨说，差异在那里被中和以期使个体们称为他们自己，保护不受别人的侵犯并保证他们自己的需要。自我，他人，世界：拯救，法律，交易。我既是又不是的他者，就是死亡，亦即身体；他也是通过差异威胁我的身份的人；物质则使我异化，而经济活动可以把我从物质中解放出来，因为它可以使我拥有它们。在这三种文体性的每一种中，我都等于另一个人，被自我所放弃，异化为他人，被某种失去了其坚实性的身份所固化。宗教、法律和经济进行差异的游戏，因而保证了我的身份，我既是这种差异，但是我想成为自我之他者以外的其他东西。法律、宗教和经济是这种变异性的场域，我在其中可能被当作自我的他者，然而借助于这些场域，我尤其是我自己，一个在变异性中不再失去的个体，而变异性理论上是可以把他变为虚无的。正是这三个场域，作为把差异置而远之而运行的三种体系本身，因为它们补偿了它的驻足，恢复了某种我也许并不想看到其恢复的身份，假如它对我有利的话，另外，这也是临时的。排斥身体的自我最终屈服了，他者最后变得更强势，而我明天不再可能获得今天所拥有的物质。在这三种情况里，人们永远不敢确保自己的差异性，但是至少，它们编制了各种差异以及原则上恢复它们所激发之平衡的因素。

被法律、宗教和经济置而远之的差异也由它们来调整，每个人都是自身，而不必面对某种自己无法承担的差异，但是他仍然碰上了且甚至需要服从这种差异。通过法律、经济和宗教，人们可以脱离这些体系所调整和再平衡的差异，因为这是它们的功能。人们卸下这种负担，把它交给它们。当某种不可避免但却“不可接受的”差异提出的某个问题出现时，法律就可以制定需要遵守的再平衡，正如经济也创造平衡价值、宗教也造就失去的身份一样。

人们可以反问，差异的消除、承担是否永远正确地发生。人们常说市场是好的选择，还说宗教可以保证清澄，正如人们说法律是和平的保证一样。在这三个层面上，都有某种惩罚，它消除仇杀、过激行为和犯罪。

尽管如此，历史仍然在挖掘各种差异，没有任何理由使它们不进入这些体系的核心，打破它们理应变为现实的和谐和平衡。于是就提出了这样的问题：这些体系还能解决差异抑或它们让每个人表达差异呢？当我们这样重新提出这个问题时，就由体系范畴过渡到实用范畴。某些个体可以把玩法律、经济和宗教，从有利于自己的角度蔑视它们，致力于它们以施加他们自己的差异。反之，其他人也可以使用这些体系来反对过激行为和源自历史失衡的不公正现象，甚至把握对这些体系的改革以获得更大的公正。实用性的替代如下：对金钱的激情，对一定意义上强制法律的权力的激情，更多回应个人追求而非回应超验用心的种种愉悦，即将面对反对的回答，后者旨在重新调整因过于严重的差异而引起的失衡。问题的实质在于回答对承担了差异的体系的中和问题。人们调整法律，改变经济规则，把宗教变成更适合于历史的东西；一言以蔽之，采取措施，使差异不重新成为这些体系似乎已经解决的问题。但是，这些做法今后是在上述体系之外进行的，即使这种做法最后还要反作用于它们。在这种实用层面，我们发现，工作、每个人想实现的事业以及对其他人的影响和与其他人一起的行动，就可以导向于差异的补偿，以期使这些差异重新获得平衡，或者反之，朝着个人利益的最大化发展，同时产生某种更尖锐的冲突性和对立性。

变异性的实用学就是这种替代性。当旨在承担差异、消除它的上述体系不再发挥这样的作用，无论如何不系统地发挥这样的作用时，关于差异和应该赋予它的地位，需要做一种决定。需要重新投资这些体系吗？为了恢复普遍性，或者为了利用普遍性，甚至为了摆脱它的束缚？需要对它漠不关心并像人们说的那样“与之一起”以期实践普遍性的一面（这是康德的主张）或者实践更个人的一面，我们不妨这样说，更个人的一面就定义而言永远抓着你的心并动员你行动？实用学就记载在这个问题空间里：它表达这些问题。在一个自我、物质和他人的问题重新处于被某种愈来愈强势的差异化所冲击的世界里，实用学回答日渐增长的法律、宗教和经济的问题性。每个人都以实用的方式决定他如何去行动，即使与他者面对面相碰，其时同一性和差异性将落脚于最极端的激情，这些体系未能抑制住它们，而当它们没有激化它们时，就仅仅能限制它们而已。情感学（la *pathématique*）就是个人之间对立的这种场域，激情回答的场域，当有待选用之方向的问题性穿越实用学时，情感学乃是实用学的成果。差异的实用学即是在相似的个人之间发生的事情，他们虽然相似，但又被差异所界定，因为作为个人，他们是区分有致的。每个人都想不同于他人，即成为真正的自我，然而每个人又都抛弃不同的东西，亦即他者。实用学表达了个体们用经济、法律和信仰回答问题的方式。但是他们被投入有待选择的不确定性中，对立是不可避免的，他者作为问题而存在，而激情就是对它们的表达，于是与差异、与变异性的会面就带上了情感风貌。

正是在这里，道德、伦理与正义之间的关系问题形成了。

道德、伦理和正义：亚里士多德与康德之争

自我、他人、物质，人向自己提出的三大终极问题。人们无法给它们带来任何理性解，因而只能给它们建议一些回答。回答引起问题、争论；解是终极的。哲学没有解，它只能提供种种回答。这种谨慎无论如何就是亚里士多德所宣扬的态度。而康德呢，则认为有解，尤其是在伦理领域。断然的命令自视为这些终极的、必然的和强制性的解之一，它们迫使人们放弃自己的独特性而有益于人类的普遍性。当普遍性把自己造就为理性、并非纯粹理性而是实践理性时，它是人性的一种给予。亚里士多德以为，我们的当代性，各种差异的现实构成某种无法回避的事实。这是因为它们存在，人们相互之间应该商榷它们。普遍性不是某种给予，像康德想象的那样，而是把不同观点摊开，从中获得的某种结果。因而，对于伦理学和政治学，修辞学都是很重要的。它的作用被康德所否定，因为修辞学是偶然性质的，永远要重新讨论，而康德的道德自视为强制性的，犹如几何学的某种证明一样。没有某种国家机器的强制，压制差异的声音，这样一种幻想就不可能成为现实。民主更微妙：它让各种差异说话，正如亚里士多德清楚看到的那样。普遍性是观点的某种一致，而非把大家都介入进来的某种先验性的给予。亚里士多德不断地提示我们，他者不是自我的某种复制品，不是另一个普遍性的自我（这是矛盾的），而是某种真正的不可压缩的差异，倘若我们青睐存在方式、思维方式和生活方式的自由的话，它们不一定与我们的方式相同。没有自我的他者。

自从人们恢复了自我与他人之间的差异、不再把他人当作某种既非自我、又还是自我的自我的复制品或投射时，人们就必须考察自

我、世界和他人他们各自的独特性。他人是自我和身体之我的差异。变异性是我是的构成部分。当我们知道他者是自我中的差异而不是自我时，既外在又类同的某他者的神秘性就消失了。他既非物，又非某类同者的投射：他是不同的，而正是基于这种形态，有必要考察他。

正是在这里，伦理、道德和正义的区别发挥了作用。应该清楚地看到，这里的三个语词是互相覆盖的，因为一种视点太经常地用来压缩其他两个试点，这就造成下述现象，当人们应该谈论道德或者正义而非谈论伦理时，人们谈的是伦理。但是问题不大。其实，伦理支配着自我，正如正义调节与他人的关系、而道德则调节在世界上与物质打交道时的行为方式，例如在人们与金钱的关系中。伦理来自性情（*ethos*），这个希腊语词表示每个人的性格、个人禀赋。如何生活？这是根本的伦理问题，对应该更喜欢什么的关注支撑着它。善的问题，亦即美德的问题，是伦理学的基本问题，正如当人们与他人发生关系时正直和正义是根本问题一样。正义旨在补偿差异，恢复作为人而不再作为欲望主体（后者属于性情）时每个人与每个人之间的平等关系。由此就体现了法律的重要性，因为法律把他者当作另一个自我，我像他一样。为了保持事物的这种形态，应该补偿挤乱这种形态的各种差异。差异应该被取消，由此就显示了契约的重要性，它规定对应的条款以及对违背它们的处罚。与伦理相反，正义不告诉我们应该如何生活，它并非应该允许提问题，而应该让问题成为可能。正义，尤其是法律，因而是形式的，而伦理永远是物质的。“道德”一词的词源是拉丁语的“*mores*”或者“*moeurs*”，人们可能以为道德只不过是把希腊的性情转移到罗马来。其实，道德是由一大堆社会表现中不成文的潜在规则构成的，它们与“什么是可以做的”和“什么是不可以做的”相关。面对其员工、老板、竞争者犹如面对金钱及其使用的某种行为，更多地属于道德而非伦理或正义，因为这是扎根于与物之关系的行为方式。这样，道德就是漂浮性最大的东西，因为它经常受激情和利益的损害，也依赖于人们所处的视点。它也没有其他惩罚，唯有他人的评判，除非犯有某种过失引致法律介入时。这样，道德就处于问题性的伦理与法律所积淀的正义之间；道德更具有漂浮性，因为它在某些时候超越了其他两者。

然而，人们在思想史上“道德思考”的三种区别有致的类型，这种“道德思考”与自我、他人或物质相关联，通过所选择的链接点而压缩了其他两种视点。这种简化主义使人们可以就“道德哲学”这三种链接类型而谈论道德、伦理或者甚至正义理论。首先是自我的道德，与人们拥有什么权利之因素相关的道德。某种人权的道德，权力不应超越之界限的合法性的道德。权利的理论源自法国王室权力的法学家们（王室人员的权利），被法国大革命扩大到所有公民，然后再扩大到所有个人。其次是扎根于与他人关系的道德，这种道德首先是用责任来定义的。从路德（Luther）到康德，可以说，这里首先是某种属于德国思想的视野。责任通过断然的命令、某种意识性质的命令，主导我们与其他人、与世界（行动）的关系，但也主导与我们自身的关系。最后还剩下扎根于物质和利益的某种道德。物质提供满足。这是自从经验主义和经济诞生之后，我们从盎格鲁—撒克逊思想核心发现的实用主义。

这三种视点的普遍化使它们超越了最初的民族链接。实用主义不再仅仅是盎格鲁—撒克逊的专利，正如康德主义也不再仅保留其德国标签，或者人权视点仅仅是法国的特产那样。同样，由于这种普遍化的原因，也出现了问题性重叠的现象。权利界定到三种链接中去，例如，在这里接受某种主观的和实用主义的阐释，在那里则接受以责任为核心或以保护个人基本权利为核心的阐释。

须知，“差异的形而上学”所支持的，恰恰就是人们应该在差异出现的三个层面保留它，不要压缩它们。每个人都有权不同于他人，实现自己的差异，只要人权的平等得到尊重。相反，普遍性是命令式的，但是它只有在损害我们所是并赋予我们所是之差异时，才有可能。每个人都有权拥有自己的历史，而每个人的责任就是尊重他人那里的这种权利。没有差异的普遍性与没有普遍性的差异一样，都是专制性质的。

然而，差异也是一个问题。正因为如此，人们才与指责差异的历史一起，建立了种种承担变异性的体系。我们已经谈过法律，在那里，他者即我就是非我的他者，这就使差异得以用相互性和平等原则来表达，把各种身份分配为对等物，分配为补偿性的义务。由于法律，我得以是我自己，他者也可以是他自己而不感到受威胁，假如他是自己，这并没有造成相互之间的永久侵犯或者简而言之发生不公正的事情。宗教也是这些体系之一：人固有一死，那么自我之身就驻扎着生与死的差异。宗教通过拯救向他提供了生的继续。生与死的这种差异由宗教所承担。自我，他人，还有物质。正是在这里，经济介入进来了，在经济活动中，各种不同的价值通过价格的平衡得到分配，广而言之，金钱得到了分配。

这三种体系的问题是，历史在它们中间种植了不平衡和差异，即使它们被认为是补偿不平衡和差异的。例如，每个人都利用法律以推动自己的不同利益，那么法律的存在是为了推动这些差异还是为了阻止它们成为压迫性质的呢？这些体系的功能是动员甚至支撑个体的行动或者反之，它们应该把个体们解放出来、让他们能够迈向其他目的？我们甚至可以反问，归根结底，个体们的行动难道不应该以恢复被历史搞得失衡的这些体系内部的普遍性为目标吗？让我们想想宗教吧。知道我的灵魂可以被拯救这一点既可以为此目的而征服我的全部能量，然而也可以走向相反方向。正如韦伯特别强调的那样，知道我的灵魂不灭，知道我的罪孽可以被原谅，我可以关注与宗教完全不同的其他事情。这就打开了知识分子之间有关宗教、经济和法律或政治的差异和冲突之门。因为某些人会说：“让我们抨击这些体系，使它们在补偿差异的同时，重新成为普遍性的体系”，而另一些人则更多地支持下述观点，即他们不必关心这些体系中的差异，因而他们可以表达他们的差异的成因。

这一切的结果显然就是差异显得更明显并具有更大的问题性，这就使我们必须把它自身作为主题来讨论，正如我们这里所做的这样。

人们可以反问，为什么我们要如此强调宗教、艺术和社会呢？这种分割显得有点专断，然而，这是差异理论化的关键所在。

宗教、艺术和社会：变异性的三种类型

当历史加速运行时，差异就出现在各个层面。某些人指责它，另一些人更喜欢对它视而不见，而第三批人呢，则关注于取代已经破碎的从前的种种同一性，它们仅仅是已经消失的同一性的隐喻而已。这正是知识分子斗争的全部意义，知识分子之间斗争的全部意义，由此产生了赋予差异、时间和历史以何种回答的问题。

事实上，有三种观念类型的回答。第一种回答具化为否认任何永恒性的差异，而支持任何东西都无法变异的某种同一性。宗教就是这种回答。第二种回答的具体做法是，似乎变化的东西仍然以某种方式保持着原来之所是。这就是原有同一性的某种隐喻化，它们只能是虚构的同一性了。艺术负责从隐喻角度把新与旧关联起来，把此纳入彼，同时打碎同一性而让它呈现为隐喻性。最后，我们还看到第三类回答，在那里，差异被忠实地接受，于是应该把它当作货真价实的差异了。人们寻找种种新的同一性，寻找“不变材料”，例如在科学领域，然而，人们也可以关注区别有致的旧与新的关系，而不把它们对立起来，不像科学那样总试图生产种种新回答。人们更多地关注过渡、关注与有解或无解之问题性相区别的回答行为的建立过程。什么是有效回答？什么又因而记载为问题性呢？这是哲学领域的问题。倘若差异不首先对社会产生影响，尤其迫使人们思考他者和一般意义上的变异性，思考这些差异穿越历史性所界定的社会性和政治性，上述问题就没有什么意义。

当人们不断地经历了把差异物化为同一性的世界时，如何面对差异的世界呢？这确实是挑战，并非依然浸透在康德主义里的现代性的挑战，而是随着 21 世纪而开始的当代性的挑战。人们之间是不同的，人民之间也是有差异的，我们不能让差异权走入死胡同。回答它的唯一方式不是否定它，而是让它与作为自由人的所有人的平等性兼容起来。

何谓排斥？

Qu'est-ce que le refoulement？

［比］米歇尔·梅耶　著
晓　祥　译

排斥的起源与性质

1. 弗洛伊德与潜意识

排斥是精神分析的基本概念。在弗洛伊德看来，“排斥理论是整个精神分析建筑的基石”[1]。没有排斥，就没有潜意识，而没有潜意识，就没有对人的灵魂之终极的和隐蔽的动机的理解。为什么说是隐蔽的呢？人们所排斥的，都是给人带来创伤的、令人不快的因素，有时竟到了无法支持的地步，于是人们自然希望忘掉它。弗洛伊德说，人们排斥一些想象的原初的情景，例如，儿子发现自己以父亲之身睡在母亲的床上，相反，女儿则梦见自己与父亲睡在一起。但是因为这是不能接受的，人的精神就排斥它，然而，整个成年人的生活都受到它的再界定。

如今，排斥成了我们日常会话的一个常见概念。人们会说某人是“被排斥型”性格，用以说明他的精神不自由，似乎被一大堆精神因素压迫着，后者阻止他自在自如地行为和说话。倘若说排斥遮蔽着某些东西，它也揭示某些东西。它留下了某些痕迹、符号、“症状”，否则人们也不可能谈论排斥现象。被排斥的东西即是潜意识，然而由于它作用于意识，被排斥的东西即使是在被排斥时依然能呈现出来。另外，“作用”一词很好地表述了这种情况：我们经常不知道是什么东西打动了我们，因为我们排斥了最私密的创伤和欢乐，它们在我们的性生活中，广而言之，在我们的动感之情、激情、情感中仅留下了一

---

[1] S. Freud, *Sur l'histoire du mouvement psychanalytique*, p. 54, cité dans J. Laplanche et B. Pontalis, *Vocabulaire de psychanalyse*, PUF, 1967, p. 394.

些痕迹。排斥在作用于我们的生活时，把自己的显性印刷在排斥者身上，使后者经常并不准确知道自己为什么会这样做。这是排斥能够成功的保证：它让人们看到的东西并不危及它留在潜意识里的东西。因而人们一般可以与之一起生活，甚至没有它我们就无法生活。排斥似乎有点像犯罪，没有完美的排斥。潜意识影响着我们，没有它，被作用是不可想象的。

但是，我们头脑里很快就出现了一个问题：谁在排斥呢？萨特在《存在与虚无》（*L'Être et le Néant*）一书中告诉我们，这是精神分析的一个大困难。要排斥，就要知道排斥的对象，而假如人们知道了排斥对象，那就不是处于潜意识状态，而是处于意识状态。也许人们可以不知道应该排斥的对象，那么，精神如何知道它应该排斥的东西和它可以留下来让其成为意识的东西呢？这种两难处境不能不使人们想起柏拉图毫不逊色的“梅农”（le *Ménon*）悖论：假如我知道我寻找什么，我就不需要寻找了，但是如果我不知道寻找的对象，我就没有可能达到目标的任何机遇。这里，我们处于同样的境遇：如果意识知道它排斥什么，这就不是潜意识了，假如它不知道自己排斥什么，那么它对自己的作为是没有意识的，这是悖论的。我们不妨说，这是一种纯粹的非理性形态，即自相矛盾的非理性形态。须知，排斥是理性行为，它没有任何瞎撞的因素在内，它有自己的逻辑和属于自己的必然性。那么，弗洛伊德对这个倘若没有很快呈现为悖论、但至少呈现为某种困难的局面是如何反应的呢？他既不能用潜意识来解释潜意识，也不能用实施排斥行为的意识来解释潜意识，他对人的精神进行了某种新的分割，把它分为三个体：自我、本我和超我。自我“知道”他应该排斥到本我里的东西，但是他与本我同样地无意识。“监控者”把冲动的代表，尤其是性冲动的代表排斥到潜意识部分，但并不因此而具有意识。正是原初性质的排斥阻止某些代表性的场面成为有意识的场面，至于另一些被感知机器所过滤的场面，被有意识地扭曲、同化，被知道自己做什么的某种自我推入潜意识之中，即使他事后并不能准确回忆起自己做了什么。这与某种保护机制相关。这样，弗洛伊德的排斥就阻滞了潜意识的内容进入游戏，这倒是潜意识的绝好定义，或者把精神想拒而远之的意识性场景抛进潜意识之中。

2. 从精神分析的排斥到一般的排斥现象

事实上，弗洛伊德的排斥论以一种一般方式所揭示的，是他很少强调的一种更广泛的特征，尽管我们在弗洛伊德所描述的所有机制里都发现了这一特征。人们排斥的是儿时形成但未能得到解决的问题，或者后来形成、人们希望远而置之的问题。正是这种问题性的思想应该引起我们的注意：它代表着排斥的对象。但是在精神分析里，问题性具有一种特殊性，因为许多造成问题的情境和存在并未被排斥。而在弗洛伊德那里，排斥最初是关乎在我们的家庭星相中形成的性冲动的，因为是它引导儿子对自己的母亲、女儿对自己的父亲产生欲望。这种以俄狄浦斯概念为名的无法承认的爱情只能被压抑，即使它是后来的所有情结和所有创伤的基础。

因此，排斥有某种起源、某种对象和某种命运。然而它就局限于这个特殊的问题吗？难道在排斥中没有“解决”不可接受之事、在俄狄浦斯情结中没有“解决”不能接受之行为以外的东西吗？人们排斥问题性，然而这是否意味着排斥就是保留给潜意识的吗？这难道不更是排斥的一种特殊情况，当然是基本的情况，但局限在心理方面，那里的问题性是冲突的和创伤性质的吗？最后的分析说明，人们通过排斥阻滞、引导了生物冲动并使它们崇高化。排斥反馈到身体，身体成了它的对象。归根结底，潜意识只是作为根本问题的身体的语言：身体把时光记录在我们身上，而生物性远远超越了性，因为它反馈到衰老、生病、死亡，但也反馈到把自然改造成文化的社会化活动。谁愿意接受仅从自然一个侧面来定义其人、其生存、他的各种计划呢？假如在他身上确实有另一固定的愿望又当如何处理呢？

每个人的七尺之躯所提出的对种种问题的排斥在每个人那里产生

了下述差异，即问题性与非问题性的差异，且我们看得很清楚，不弄错什么是回答、什么不是回答，这一点是至关重要的。这是排斥运行的标准，这是允许我们继续前进抑或产生决定性的种种混淆的分界线。身体、冲动、创伤正是作为问题而被排斥的，但是，问题性不局限于此。即使其实质是对身体的排斥亦如此，对身体的排斥要做全面的衡量。

3. 何谓身体的排斥？

我们可以立即给出答案：身体即是我，但并不想是本能。谁愿意把自己局限于他的自然本能呢？谁愿意把自己定义为内脏、口、性或胃呢？另外，谁又能躲避得了身体的冲动呢？一旦酒足饭饱，性欲被平息，精神得到满足，一切将重新开始。身体是一个周而复始的问题，更有甚者，它最终永远是放弃我们：疾病、衰老和死亡是逃避不掉的。然而，人是世界上唯一可以获得对其身体条件相对控制的活的生物，那是让它远离自己的本能。这种情况从改造繁衍后代的本能开始，把这种本能改造为情欲。饥渴为精细的烹饪实践带来了机遇。抗热和抗寒的斗争催生了高雅的衣着技术，以此类推。身上的所有累赘就这样反而变成欢乐：餐桌上的欢乐、性的欢乐、衣着高雅的欢乐。欢乐是人们在这方面取得成功的证据。把身体置之度外，人们把这称作排斥，那是相对于它而获得自由的条件，亦即掌控生物性命令的条件。它是完全相对的，而且从本质上讲，也是暂时的。正是精神赋予人们这种持久的和超越时光的印象，有时甚至给人这种可以操控和调遣以及先天性自立的印象。通过欢愉，身体似乎失去了它的问题化和侵犯性的潜能，即使这种情况仅延续一段时间，而痛苦则把我们带回了生物性和身体。甚至死亡也被社会化了。人之所以被修饰为“人性的”，那是因为他让他的逝者们失去了人的性情，认同了他们的差异，并以差异的名义把他们置而远之。人们把逝者入土为安，担心他们回来骚扰生者或者决定他们的人生，死者总有稍许这样的影响。生与死之别是某种距离，在我们先祖的礼仪里，他们挖空心思以期死者不能抓住生者。什么是健康身体无可辩驳的标志呢？即人们感觉不到他的身体。如此被遗忘之人就可以做其他事了，而不必专注于自己的身体。因此，在所有的文化里，灵魂与身体的二元论思想都发挥了根本性的作用。为了支持置身体于度外是自然而然的思想，被遮蔽的身体性（廉耻之心）与显性并可呈现给外人眼光的部分的区别就被化妆、涂上色彩、划痕、文身，但永远不能保留纯粹的身体、裸体、非社会化的身体。纯粹动物性的功能是在社会目光之外进行的。这些难道不是排斥的明显形式吗？人们把问题划去，似乎它不再提出，人们缩小它、调整它，把它私有化、格式化：划掉它，删除它，否认它，假如做不到这一点，就远离它，统摄它，控制它，享受它带来的乐趣而非忍受其苦。很多宗教都以为这是幻想，因为身体的问题就在那儿，每天、每时、每分钟，存在于吃喝拉撒之中，存在于应该穿衣的琐事之中，然而也存在于愉悦或仅仅在其他人中间的走动之中。理想的是，不再感觉到自己的躯体，亦即处于健康状态。对身体的这种排除是修辞性质的，意思是说，身体永远在那儿，即使它不再呈现为问题，借助于吞食它的各种回答，这是修辞学的本色，即通过所谓的回答吞食各种问题。把自我展现为身体无论如何属于修辞学，修辞学更多地在于取悦于人，超过了说服意图。于是它可以掩饰或者不露面地展现，操控身体的场面，高谈阔论并诱导别人，这一切都得益于回答的风格化（时尚是风格化的一部分），回答似乎消除了问题，好像它们不再提出似的。一般言之，人们之所以能够通过风格的雄辩和言语的高雅吞食各种问题，那是因为问题适合于这种做法。亦即它并非具有过度的问题性。反之，假如问题是摆在桌面上的，人们就不可避免地要进行论证，提供种种理由，它们与对方的理由和论据相对立。当弗洛伊德研究理性化的现象时，他已经指出了这一点。通过把问题排斥到消除它们的东西中去这种风貌，修辞学呈现为潜意识的语言：这里也一样，它吞食问题，抹掉它们，即使主体神秘化，把它建构成这样，也把受众神秘化，它要求受众认同主体。交替的伎俩、辞格的魅力，隐喻和换喻摩肩而立并连接在一起。潜意识的语言确实是由浓缩和转移编织而成的，当精神尽管经过种种努力、似乎由于疏忽仍然让问题性悄然而过时，例如在醒觉状态下，当梦境迟迟不肯消退时，浓缩和转移用来编码问题。也许我们更应该谈论问题学而非问题性，因为这里指的是把问题性改造为再现和言语。正如我们看到的那样，排斥以多种面貌呈现在我们面前。重要的是它的有效性，而它具有这样的有效性。让我们重提梦的例子，醒来之后 10 分钟，谁还能记得他都梦见什么了？倘若真的记得，那么梦将被编码，当人们……

排斥身体即建立某种差异、某种距离，亦即肯定精神的真实性并将其确立为实施排斥而后从中浮现而出的精神。那么，它是否因而就高人一等，像宗教所肯定的那样？在排斥自己身体的时候，人们从身体这个问题中脱身，那么我就可以相信，我不是这个我不愿被它束缚的身体，最好是我仅仅有一个形体。精神是一旦排斥完成以后，人们意识到的东西：意识到身体的排斥实际发生了，一种因为有效的排斥自身被排斥了。因而，意识确实是对自我的意识，封闭于自身的纯粹思维中。无论如何，直至弗洛伊德，意识在这种透明中为自己提供了无视其思维根源的奢侈。成功的排斥意味着我是清醒的，且通过这种清醒状态，我可以作为人而继续生存，如果我仅仅可以设想自己像自然生物一样受制于身体的随机支配，这将是不可能的。另外，不少生物没有意识，它们既非身体，亦非意识，而仅仅是种种组织而已。

随着现代社会的演进，有关身体我们看到了什么呢？20 世纪 60 年代的解放大大展现了身体：身体被表述、展示并成了前所未有的某种基本的关注对象、审美对象、营养学对象，应该享受身体而不再排斥它。事实上，身体终于可以表述为问题，而排斥也不再具化为试图无视自身，而是保证某种更大的控制，因为排斥终于被表述并不再被排斥。问题不再是无视问题，而是承认它的存在现状，承认它的各种新要求、新规范、新分量。排斥并不是让它们进入缄默状态，而是面对它们但不成为它们的奴隶。并非问题身体的排斥消失了，呈现为这种形态，说明它仅仅改变了性质，因为对排斥的排斥变了，而非把身体置而远之以期尽可能更好地成为它的主人、而非成为它的受害者的事实。有一种恒久的排斥一直维持着，这就是对我们的具有侵略性的身体性的排斥，然而这种排斥的另一风貌甚至发生了变化，因为身体愈来愈成为某种社会物质和社会学的某种关注对象：我把与这两类排斥的关系叫做历史性。历史性是一种保持身体排斥之恒久性的关系，而随着凸现身体却伴随着对身体种种新要求（体操特点、养生要求）的性革命，身体似乎消失了。没有分离出从前被排斥（身体）的种种新问题的历史，排斥就将是恒久的统一体。然而事情是变化的，从前被排斥的东西如今应该以不同的形式存在，以便使必须恒久被排斥的东西继续保持其形态。这样，我们就拥有双重排斥：一种削弱中的排斥和另一种为了维持距离而应该增长的排斥。由于它们，精神和意识通过似乎置疑身份的东西继续保证每个人的身份。总之，排斥的概念复杂化了：它把某种变化性和某种持久性混淆于同一机制之中，后者可以使我们面对社会和历史的动荡，而社会和历史的动荡与心理学的动荡同样影响我们的生活。

4. 什么是排斥呢？

对于弗洛伊德来说，回答是明确的：排斥就是把造成心理紧张的问题排除在外（排斥到潜意识中去）。正是在那里，显性与隐性的差异、言与未言的差异纠结到隐性中。他说，排斥是用来避免不快的❶，然而如果不产生影响，亦即没有征兆性的表现，排斥就不会发生。排斥的机制并不限于产生潜意识，或者阻止意识的构成到达意识领域，不限于产生与显性、与意识相对立的隐性。因而，具化为造就距离、把问题性会聚在一个独立的范围内，或者历史性地无法否认它的存在时承认它的实际风

❶ S. Freud *Métapsychologie*（Tr. Fr. J. Laplanche et B. Pontalis），p. 56，Gallimard，1968.

貌，以便维持问题性与非问题性的区别，是某种更广泛的机制。事实上，排斥着眼于一般意义上的处理问题，旨在避免问题与回答、造成问题之因素与解决问题之因素的混淆。这种要求大大超越了心理而扩展到所有提出问题的领域，因为需要注意不要把它们混淆起来，也不要把它们与回答相混淆。在存在层面，身体确实是我们的重大问题，它与生死相关，与社会和心理相关联，因而它的排斥处于初始排斥的源头，它的模态化乃是种种回答的某种修辞学，给人以问题已经解决且因为被置于远距离以外而已经排除的感觉，就是很自然的事。然而，生活中的问题并不浓缩为这些问题；而是概而言之服从于这种排斥逻辑的问题，这样这种排斥的各种机制和原理就超越了精神分析所阐明的机制和原理，这样精神分析就呈现为排斥的某种特殊情况，尽管很突出。我们已经能够表述出完全一般意义上的这种排斥机制的具体内容，然后再检视它应用于且如何应用于哪些领域的原因。

回答由截至现在的陈述中得出：

排斥是把问题置于回答场之外的机制，或者把它置于隐性之中，或者当各种问题的表述进入比以往任何时候都具有更大问题性的某个世界时，把它们差异化并确认为这样的问题。

因而建立某种问题学就是必要的，它是明确建构问题与回答的这种区别的思想，问题学思想把问题与回答的区分作为思想的基础。

这样，排斥的实质就在于避免混淆，当然是精神上的混淆，但也包括理论和存在意义上的混淆，以期弄清什么时候我们拥有回答，亦即拥有真实，拥有真相，还有精神分析要求我们一定拥有的最低限度的心理健康。因为真实是回答，真相也是回答，而没有真实与欲望的区别，精神病（“我想成为拿破仑，因而我就是拿破仑”），甚至神经病，都是避免不了的。神经病指的是我们的回答中、我们的言语中，循环性重复出现的某种问题，我们不曾关注这个问题，但是它对我们产生了影响。其症状就是重复。如果说神经病很难排斥问题，精神病则把问题当作回答。这证实了下述事实，即我们的全部精神活动都建立在问题与回答相区别的基础上：叩问真实的目的，就是为了从中揭示各种回答，通过感知的方法，或者像科学家那样通过实验的办法，这种叩问意味着我们能够持续建立问题与非问题之间的差异。另外，理性就是能够为所提问题找到回答。对问题的排斥并不具化为把它们一笔勾销，把它们必然抛进隐性之中，并仅仅把显性保留给回答，而是能够用某种特有的、特殊的言语，把它们与回答相区分，基于这种原因，我们把这种言语称作问题学。把一个问题称为问题，亦即把它界定为问题，仅仅说它是问题，就已经实施了把问题从回答场排除出去的某种活动，然后再在回答场里把回答确定为回答。问题学方法承担着确定问题之问题的重任，而非仅仅视作潜意识意义上的问题。

排斥的历史，历史的排斥

1. 双重排斥

我们可以反问，历史与排斥的观照有何关系？然而，对于我们这些个体来说，排斥拥有某种历史，甚至构成了历史。我们明显感觉到，两者之间有某种关联，因为我们对身体及其语言潜意识的排斥，产生了某种持久的排斥，它产生了意识生活，即作为个人的我们的身份，但问题远远超出了任何个人史的范畴，因为需要与回答相区别的各种问题构成了大写的历史的某种恒久要求。随着历史的演进，尤其当它加速运行时，问题性愈来愈确立于已有回答的凹陷部分，使大部分回答处于残废状态，强制推行某种排斥，任凭风吹浪打，坚持问题与回答的区别，即使通过各种变换的手段。通过这种间接方式，历史以其暴力记载在回答行为之中，一种最终可以强行自视为历史的历史。那么，排斥与历史之间的具体联系是什么呢？正是历史性可以排斥历史，把历史拒而远之，以体验现在，而不关心现在从何而来。这种情况彰显了雷蒙·阿龙（Raymond Aron）的著名论断："人们造就了历史，但却不知道他们所造就的历史是什么"。

为了很好地理解这种变化本身何以是历史性的，或者更准确地说，被历史化了，需要关注历史的性质本身。让我们一揽子排除先入之见吧。问题的实质不是要为历史找到某种终极性、某种目的，也不是要打上某种特殊的阅读框架，像我们在维柯（Vico）、黑格尔和马克思那里看到的阅读框架，而仅仅提出最低的见解，按照这种见解，加速运动的历史使得所是已经不完全是原来的样子了。我们不敢肯定地言说任何其他东西。仅此而已，然而倘若我们仔细观照这个说法，这已经很多了。差异性是历史唯一的先验性规律，它不以相同的方式作用于社会、政治或经济，它们各自实践着独特的加速节奏，即使人们赋予它们某种关联性，这种关联性其实是属于长期性质的。当历史在技术、变化中的价值、消亡中的种种实践的冲击下而加速运行时，各种差异出现在人们先前接受的种种回答中，把它们问题化，那么，它们的身份就只剩下身份的隐喻。因为我们知道，隐喻是某种不能死抠字面意义的身份，隐喻的背后隐藏着某种差异，当隐喻最终分崩离析时，差异就现形了，或者更准确地说，构成差异的那些内容就分别确立了。有时候是很悲惨的。什么是悲剧呢，难道不是过度的隐喻性与被遗忘的忠实义针尖对麦芒吗？隐喻性展现无遗时，就会分崩离析，于是隐喻性的代言人下场不好，因为在悲剧中被隐喻的东西是基本的价值，例如，生与死的博弈、合法权力与不合法权力的斗争、自由对僭越性阐释的抨击、父母与孩子的差异（费德尔的乱伦是对这种关系的侵犯）等。让我们举另一个例子吧。在《布列塔尼居斯》（*Britannicus*）这部作品中，奈隆的母亲阿格里庇娜不断地把皇帝之母的身份等同于统治帝国的某种权利，理由是她对皇帝有养育之恩。皇帝代表着忠实义：生养了皇帝的女人是他的母亲，仅此而已。每当母亲把母性隐喻化，把它变成母性以外的附加之物，变成掌权的某种权利，赋予自己某些政治性质的特权时，奈隆都向她提醒忠实义。因而应该把阿格里庇娜重新放回她的“恰当”位置，于是就产生了儿子与母亲之间的冲突，这种冲突此后就被视为不合法性与皇帝之间的冲突。由此衍生出的命运对于那些受隐喻性保护的人们就是悲剧性的。

如果说悲剧是把隐喻性过分地应用到基本价值和根本性的差异之上，人们试图为了一己之私而跨越它们并践踏它们，那么喜剧则呈现为它的对立面。喜剧人物没有发现变化。他沉浸在完全的忠实性之中，无视历史强加的、他本应该意识到的各种差异。喜剧效果就从这种差距中诞生，大家都嘲笑这种迂腐的和不合时宜的过度忠实性，例如自以为与巨人搏斗的堂·吉诃德，而实际上骑士世界当时已经消失，真实已经变了模样，他既没有接受这种变化，也没有准确地感知它。在阿里斯托芬（Aristophane）的《骑士》（les *Guêpes*）里，克勒翁还想继续像在专制时代那样审判他的公民们，其实民主时代已经恢复。他的儿子最后让他审判偷吃了另一条狗一块骨头的一条狗，为的是满足他法官的虚荣心，让他依然感到实际已经不再拥有的社会地位。他就这样慢慢失去了理智。形成其判断的那些身份已经随着历史而垮塌了，但是这些别人看得到的现象，他却视而不见。

现在让我们回到历史在已有回答内部所挖掘出的这种问题性。把一些问题与另一些问题连接在一起的叩问性纽带因而就是某种同一性，然而这是一种引申性的同一性、一种隐喻化的同一性。当我们用不同的子问题来表达我们所面对的某问题时，这一点看得很清楚：它们之间的同一性并非忠实的，而是表达为某种等值性，其中表达原初问题的所有子问题都投放其中，它们共同推进原初问题的解决。解决一个问题具化为很好地阐释它，赋予它某种恰当的构成方式，使其表达另一意义（引申义）时，与原初问题中表述的内容相同，但是以众所周知的素材为基础。让我们举一个简单的例子：天很冷，我的问题就是防御坏天气的后果；天冷的问题变成了另外的问题，即如何为自己保暖，比如穿上一件大衣，另外当风更猛烈时不要回家太晚。“天很冷” = “他穿上自己的大衣” = “他不要回家太晚”这几个判断句因而是等值的，但字面意义上并不同一，那样就是荒诞的，然而从修辞学的意义上它们是等值的。它们反馈到同一个问题，它们根据这种形势下应该如何做而表达了这个问题。这种引申性的等值可以从一个问题过渡到另一个问题，以便能够解决原初问题，后来各种不同的问题都是原初问题的表达。在一天之内，人们以不同的方式面对冷的问题，宗旨都是不要受寒冷之苦。

当我们发现历史加速运动时，像今天那样，但也像古希腊时代或文艺复兴时代那样，会发生什么现象呢？那些人们本以为真实的回答愈来愈成为问题，把它们排除出回答场成了一个精细活。两种情况的某种混淆、某种无差异化于是就出现在我们的视域里。让我们把这种随历史演进而变化的排斥称作问题学的排斥吧：种种身份的（弱势）本是、回答身份的（弱势）本是愈来愈成为问题，这种本是最终不再被感知为回答，而是被感知为种种问题，如果我们想停留在问题与回答相区分的回答行为的思考线索上，我们不妨说，它们被感知为问题学性质的种种回答。而解决性回答（*apokrisis* 在希腊语中意味着回答、解决）表达解决问题的东西。历史加速运行的后果是挤压已经接受的各种回答，更加把它们变成的问题与行将浮现的回答混淆起来，假如这样缩小的问题学排斥（le *refoulement rpoblématologique*）不再允许预防混淆，那么，应该有另一补偿型的排斥来强化并凝聚于被过分削弱的问题学排斥。这种第二排斥旨在重新界定什么是回答，建立差异，展示它，澄清它，以避免问题与回答成为混淆型、被置疑型和可置疑的种种命题的场域，即笛卡尔心目中的“令人怀疑的”命题。这种补偿型排斥称作解决型排斥（le *refoulement apocritique*）：凡是问题学排斥让一些弱势的、由相似性、形似性和类同性以及精神组合构成的隐喻性回答（这些回答既表述着各种问题，又是历史所挖掘之种种回答的形式，然后才被揭示为隐喻和谜团）顺利通过时，它都要求一些强势的书面回答。因为当我说“里夏尔是头狮子”时，他既是人又不是人，是 x 和非 x，这正是一个问题、一种替代者的形式。隐喻是回答采纳的形式，回答节省了提出另一回答的辛劳，因而尽管采用了形象性，却继续停留在回答的轴线上，直至某一天作为替代者的它分崩离析，隐喻的身份遮蔽了这一点，于是作为回答的它消失了。逐渐加深的差异排斥着隐喻的身份，揭示它们的本来面目，即被某种不再可能成为回答的回答所吞食的种种差异。

开始削弱的问题学排斥依然被问题与回答、弱势存在与强势尚存之间的差异所标示。只是到了更强烈的加速变化之后，愈益加深的各种差异，在回答中连接主语与谓语的存在只能更弱，而言语和真实两者都变得由类同和相似性编织而成。它们所构成的隐喻只能更晚时才被感知为这样的形态，亦即非忠实的形态。正是在这个时候才产生作为回答的解决性排斥，回答由变得过于弱势的问题学排斥所提出的问题。它旨在强化言语的真谛，作为对这种隐喻化的反应，应该把它视为对这种隐喻化的回答。这种情况解释了诸如下述现象，在文艺复兴时期，我们既有炼丹术、巫术以及文艺复兴时期的相似性和类同性，简言之它的弱势存在，米歇尔·福柯（Michel Foucault）在《词与物》（*Les Mots et les choses*）一书中卓越地描述了它们的形态，也有大自然的数理化，福柯没有谈论后者。开普勒（Kepler）、伽利略（Galilée）和哥白尼（Copernic）等人对强势身份的要求回答了本是的弱化现象。只要强化作为回答标志之本是的这种解决型排斥未出现，问题学排斥不管多么弱小，其使命都是要关注对问题学差异的尊重，在可能的范围内，区分问题性与非问题性，这种活动甚至发生在弱势的书面言语内部，亦即注重由精神组合、形似和隐喻构成的种种身份的言语，对隐喻的理解是从忠实意义上着力的，似乎它们就不是隐喻。仅仅后来，人们才意识到它们是隐喻。然而同样发生的事情是，人们看到某种昭示问题与回答区分衰弱现象的言语脱颖而出，就像发生在戏剧里那样，尤其发生在莎士比亚的戏剧作品里，那里的人物，一如哈姆雷特，都变得模糊起来，具有不确定性。

所有这一切都提出了某种强势问题学排斥可以覆盖的内容问题。

2. 强势的问题学排斥

问题学书写为弱势形态，当它被排斥时，则阅读为强势形态，似乎隐喻性真谛应该从字面的根基上去理解，理解为某种货真价实的身份。自此，人们可以肯定地说，强势的问题学排斥具化为把并非真实的货币当作现金使。这种排斥是强势的，因为真性被视为强势的，由于在问题层面占主导地位的真性是弱势的、类同的，那么不存在把回答与问题混为一谈的风险。神话（哲学家们把神话称作秘索思，以便与逻各斯相对立）就是这类强势言语的类型本身，其中的联结是严谨的，这个真的就是那个，以至于在部落里，没有任何人哪怕有一刻时间会想象，贴切地举行一次引进神圣礼仪，亦即举行适当的礼仪之后，当时机到来时，他不会变成鹦鹉。没有任何人怀疑自己能够像战神一样勇敢，也不怀疑他只要喝下圣水就能变成某种神圣的事实。另一个例子：没有任何人怀疑女祭司在重新掌握人的形象之前，可能是某位天使的说法，因为对一个神话人物而言，这简直是最容易的事情。假如一切与一切都是同一的，且从极限上说，可以变为任何东西，那么，编织真实的各种差异就应该重新出现并被另样思考。那么，区别有致的各种实体就会分流，以保证某些功能，这些功能有时甚至是重叠的。诸神可以享受人类禁忌的东西，无差异化被固有一死的人们所抨击，他们的第一义务就是尊重差异，首先尊重他们所维持的与神的差异，后者的形体面貌与他们如此相似。秘索思的人们所担心的正是普遍无差异化所引起的混乱。神与人的差异可以使他们避免这样一种混乱。神的作用就在于奠定差异，首先是它们之间的差异，如同一般意义上在人间碰到的所有差异一样。倘若同一性很强，那么，要拥有同一性中的差异，就需要分流实体，它们是众多区别有致的功能，并这样来解释差异，以期保证它的稳定性。礼仪把神性引入人间，并把它融入世俗世界亦即融入社会，同时保证了那些被感知为强势存在的身份，而如今我们从科学真实的平台上认为这些强势存在是巫术的和不成立的。

3. 随着历史而削弱的问题学排斥

如果说对历史愚昧无知几乎达到了完全排斥它的地步且无论如何其行为似乎历史并不存在一样（变化大概属于另一性质）的社会属于神话世界，那么，当历史的生存达到不再可能被排斥的时候，事情就发生了变化。然而，这里的“生存”一词意味着什么呢？

起初，当历史缓慢加速时，社会被震动，某些回答变得有问题了。那么，它们有可能被其他回答所代替，但是人们并没有进入科学领域，甚至在那些地方，人们尝试着先保存它们，然后再抛弃它们。一般发生的事情是改造这些回答、建构这些回答的某种程序，旨在维持这些回答已经获得的身份，并把后者改造成某种图形，重新阐释它们，并把它们变成某种“观照方式”，这是忠实义无法很好捕捉到的。这些回答至少一开始远没有呈现为问题性，但是其身份已经变成差异，它们被某种隐喻化所覆盖，后者保护着它们的回答身份，即使已经不是保存原来的忠实面貌。“这是”变成了“应该这样去看待它”，“应该这样”显然只能延续一个时段。隐喻的风貌迟早要分解，犹如在舞台上一样，舞台经常是文学领域各种隐喻的社会揭示场，而隐喻从同一性中所摧毁的差异性揭示为差异，而“像这样一样”的表述形式最终揭示了两个项，包括人们覆盖和它能够解决的一种替代形式。这样，事情就在演进之中，新的回答显然是必要的，日益增长的引申性之外，某种忠实的新现实主义也是必要的。艺术可以与两者把玩，科学却不能：科学只能取而代之；这就是人们所说的科学的进步性。这就是我们对历史强加给种种回答之运动的概述，这些回答编织着我们的文化，从艺术到科学，中经哲学、哲学耦合这种双重运动。正是在这种演进的过程中，问题性越来越与回答的范畴比邻而居，人们并不以为后者可以向问题让位。这不是它的目的，它的目的是解决各种问题，而非反思它们，如果需要反思它们时，那是为了更好地解决它们。旨在把回答范畴设计成这样的哲学家，因为种种回答的存在，十分自然地被引导到重新思考叩问，因为后者经常隐藏在回答之中。而理性的命题主义观念否认这一点。然而这里也一样，在一定时间内，需要把问题性思考成这样，而作为回答方式的叩问应该成为它自身的对象。自然，对于捕捉这种对象具有必要性的各种回答，确实是独特的，带有深刻的差异性，把决断权赋予命题的命题主义没有这种差异，意思是说，问题学性质的回答本身，唯有它们，行将表达精神的叩问性。

弱势排斥中问题性与非问题性的比邻相居促生了各种艺术，在各种艺术领域，形象性处于至尊的统治地位。当主体自身也被隐喻化，去除其根基，像任何其他研究对象一样被客观化时，正是人文科学出面谈论人的，而不再是哲学。像哈姆雷特一样的悲剧英雄的犹豫不决，回答与非回答的混淆，例如李尔王那样分不清两个女儿的问题性之所在与三女儿的正确回答、唯独抛弃了这个回答那样的混淆，促生了现代悲剧。

希腊人是西方历史上最先经历问题学排斥之衰弱并回答这种削弱现象即加强解决性排斥的：溃败中的神话成了简单的虚构叙事和漂亮的虚构故事，而种种新回答碰到了老回答，如像希腊悲剧所揭示的那样。同时，解决性排斥愈来愈强化为严格的真实身份促生了欧几里得（Euclide）的几何学。空间和时间被表达为可测量的差异实体。对身份和常态的追求自然应该促使希腊科学向着它的数理化发展，正如后来经典力学领域，由于微分计算，运动认识了它的各种真实规律一样。倘若没有希腊城邦的衰落，人类就不会落脚于物理的数学化，亦即运动变化背后的真实性吗？无论如何，文艺复兴重新开始这种数理真实身份的探寻，把它扩展到希腊人留给诞生于亚里士多德的质量方法经心分析的种种领域。

让我们对解决性排斥略费一点笔墨。它是对削弱中的问题学排斥的回答，对其给予补偿以便维持标示问题与回答区别分明的恒久的问题学差异，避免任何混淆。当问题学排斥削弱时，当历史加速运动直至真实本身被感知为差异，感知为自身真实性的隐喻并最终清醒地意识到这种形态时，确实需要创立问题与回答之间的某种区分方式。这场运动伊始，问题与回答之间的差距尚很明显，混淆的风险还很少能感觉出来，但已略露端倪。解决性排斥还很微弱，不足以引导人们要求现代科学的强势身份。事实上，开普勒那里的科学性部分地还被界定为隐喻（福柯）。逐渐加强的解决性排斥甚至与削弱中的问题学排斥共同生存。前者旨在分离、确认并生产出种种被视为回答的真实回答，但是，当问题学排斥处于温和形势时，回答可以与问题并存，新与旧并肩而立，一如数理与炼丹术并存一样，这种情况不会有困难。尽管最初并未被思考为如此形态的隐喻化现象的出现，上述两类同样有效的回答差异得以维持。逐渐浮出水面的问题是，弄清哪些是（变成）问题性的回答，哪些不是问题性质的回答，哪些本质上已经不再是但却依然被解读为忠实的真实性的回答以及哪些是被隐喻化的回答，须知任何回答都可能兼有双重身份，并且在这个意义上，呈现为它仅仅暗示的某种忠实义的修辞形态、引申形态，同时也可以被视为真实的表达，后者其实已经发生变化。

另外，某种削弱中但仍然相对强势的问题学排斥，罔顾所有（首先）使事物的物质真实形成问题、继而构成事物的品质也成为问题、最后作为奠定性主体的人的本是也问题重重的因素，观照中的本是已经不再完全是先前的样子。历史上与这三种类型分别相对应的是现代时期，直至马克思、尼采和弗洛伊德的浪漫主义阶段以及主体和基础思想的解构时期，这种解构有利于行将代替此后被解构的哲学而回答问题的人文学科。让我们重新观照第一阶段。那么，正是不再被视为变化的、服从于运动的某种自然真实的（数理）身份即将诞生。希腊、罗马世界垮台之后很久，然而尤其是经院本体论所代表的稳定型模式——这种模式相当于中世纪人们所理解的世界的某种稳定性——垮塌之后，上述数学化的物理才普及开来。在这种普及之前，各种回答仍然经历了某种隐喻化以期贴近变化中的真实，同时自诩为现实主义的、忠实的回答。人们可以继续加工那些被历史所强加之各种差异所冲击的老旧回答，并继续把它们打造成种种真实性，当然是隐喻性的真实身份，以便给人以这样的印象，即尽管历史在挤压它们并让它们中的大部分互相冲撞，它们的有效性依然继续着。同一与他者就这样记载在试图排斥历史的言语核心：在飘忽不定的感性与代表并包含着永恒真理的知性的对立中，变化被取消了；所谓的永恒真理自己并不变化并赋予表象以衡量尺度，而表象是不断变化的。人们不能热衷于表象，正是它们滋生了种种问题。柏拉图说，从它们开始，人们可以投入某种向理念升华的辩证法运动，理念表达事物的不变真理，那是真实的唯一发挥作用的真理。回答是知性的，而问题是“有待解决”的感性，几乎等于“化解”术语的化学意义（按照其最终元素图化解）。

这可以突出思想史上的一个重要风貌。当历史再次加速运动，借助引申性的再阐释，排挤宗教保守主义可能以为不可触犯的金科玉律，文艺复兴重新开展的引申性增长运动，古希腊时期就曾经出现过。另外，“复兴”一词由此而来。古希腊时，古老回答的崩溃，简言之，神话的崩溃，促使希腊人寻求有关世界秩序的其他解释。那些敏感的变化和浮动倘若不能反馈到表象，那么至少反馈到显现，这意味着，在存在披戴的所有这些众多形式的背后，终极的存在集中了这些异彩纷呈的感性运动的统一性和真谛。理念世界，事物的本质世界诞生了。理念世界、本质世界起初是对世界品质的界定，逐渐让位于某种几何学。在几何学那里，由于解决性排斥的强制作用，各种变化的关系认识了由种种定理支配的严谨规律，这些定理的严谨程度毫不逊色。于是，修辞学的形象性与某种追求新理性的新回答的几何学真谛之间的平衡就建立起来了，不无两者之间的对立。让我们想想修辞学的情况吧。柏拉图以为，修辞学仅提供骗人的回答，因为它们只有回答的表象，这就允许对精神的操纵。自此，为了区分真正的回答与徒有虚表的回答，那么就应该论证人们以为真实的回答。这样，修辞学就孕育了论据化，以三段论作为思维模式，旨在超越任何表象而奠定回答的有效性。亚里士多德以为这样的论据化是可行的，柏拉图更喜欢用哲学取代修辞学，他赋予几何学的重要性已经突出了这种哲学的解决性排斥性质。遗憾的是，在历史的长河中，哲学显然没有能力用自己的回答与科学的回答相抗衡。因而，应该坦率地承认，哲学，包括其构成部分的论据化，是用某种独特的问题学言语来关注种种问题的，而进步着的科学是通过积累实证知识的回答来解决问题的，因而问题消失了，因为获得了解决。没有这种区分，哲学与其所谓的楷模科学的竞争，预先就败下阵来。

我们的结论是：不管是否从字面上较真，引申性真谛的混淆建立了某种双重真实，这种双重真实在西方文化中是根本性的。这就是引申性与忠实性的对立，削弱中的问题学排斥将以种种独特的言语形式展现它们，然后才通过谈论修辞学与科学而把它们对立起来。这就是艺术和一般意义上美的形式，它通过技艺的多样性所追求的宗旨。美即超越艺术家镌刻在物质上的感性表象的理念。那么，在真实的流动中，美就不同于这种流动以及构成该流动的种种表象。在人们为诸神所制作的塑像中，他们酷似人的面容和形体，但是以其理想的比例又不同于人，这些理想的比例使他们变得栩栩如生，而人们如此肯定的美就把这种差异性融入代表性的真谛之中。

概而言之，现实主义与隐喻化的这种混淆是艺术的作品。艺术则是问题学排斥弱化的成果。

排斥与哲学

1. 作为彻底叩问的哲学

自苏格拉底起，在思想史上的关键人物那里，如笛卡尔、黑格尔或海德格尔，哲学被定义为某种彻底的叩问。笛卡尔那里的怀疑或黑格尔的辩证法，都囊括一切，甚至囊括整个世界，他们没有任何羡慕苏格拉底的地方，后者置疑名流的所谓知识。但是，苏格拉底于却招致了名流的怀疑和嫉妒，因为这些名流携起手来，使他受到了审判，苏格拉底于公元前399年自杀身亡。权力不喜欢被置疑，永远会让那些敢于冒险置疑权力的人们付出代价，哪怕是通过诉讼的打击。

于是人们可以提出的大问题如下：倘若哲学是最彻底的叩问，那么，为什么直至今日人们尚未反思叩问本身呢？

自从古希腊以来，占据主导地位的思考方式事实上仅仅锁定在回答方面，并非反馈到潜在问题的回答，而是排除叩问且对问题只字不提的回答。对于这些没有问题的回答，人们似乎不应该谈论回答，而应更多地谈论判断，谈论命题，由此出现了问题与回答之差异的缺失。事实上，这是一种思维观，人们可以称之为命题主义，它成就了科学的风光，柏拉图把这种模式据为己有，他在学园（他的“大学”）的门楣上写道：“非几何学家莫入”。然而，由于想与科学竞争——没有实际成就，因为自柏拉图以来没有实际进展，哲学只能显得力不从心。真实情况全然不同：科学关心答案，而哲学则关心问题。但是，当哲学想抹杀问题与回答的差异时，自己就迷失了方向，并且自己把自己置于比较中失败的处境。倘若哲学排斥叩问，它就不可能以任何方式自视为彻底的叩问，无论如何在自身方法的实践中不可能把叩问设想为叩问。问题与回答的差异在哲学中是缺失的，而遗憾的是，这种缺失导致柏拉图的一个非常著名的悖论：如果我知道自己找什么，我就不再需要找了，而假如我不知道自己找什么，那就不可能找到任何东西。在提出他的模糊记忆理论时，柏拉图以为找到了解决上述悖论的办法：诞生前与形体相分离并沉入理念世界的灵魂，了解所有的真相，一旦它与某个身体关联起来、与个体的诞生关联起来时，就忘记了这些真相。这就造成了下述情形：灵魂忘记了它一直知道的东西，这些东西在与日常事物打交道时是没有用的，因为日常与事物打交道要求的是感官和形体。因而，学习知识就意味着回忆；这既是有用的，因为我们忘了；又是可能的，因为我们已经知道一切，只是不知道这一点而已。柏拉图也许并未意识到，他把被认为模糊记忆已经解决的悖论重新引进来了。假如我知道我应该回忆的东西是什么，那说明我没有忘记它，而假如我不知道它是什么，那么我何以能够发现我应该回顾什么呢？于是悖论毫发无损地重新蹦了出来。没有某种明确的叩问理论，在那里，我们知道自己寻找什么但并未找到，即尽管我们知道自己的问题之所在却没有答案，没有这种清晰的理论，“梅农”（*Ménon*）的悖论就是无法解决的。仅仅因为命题模式所承载的问题与回答的混淆，这种悖论才有意义：如果我知道自己找什么，即答案，那么就没有必要寻找它，我们已经拥有我们想获得的东西，然而假如我不知道自己找什么，即问题之所在，这是不可能的。反之，如果我知道问题之所在，这不仅意味着寻找是可能的，因为我知道自己找什么，且由于是问题而非回答，这也是有用的，通过这种第一阶段过渡到回答甚至是必要的。因而，用命题主义排斥叩问是种种悖论的源泉，我们还可以举出其他例子。[1] 我们想到了笛卡尔的“我思故我在”，另外，这将是最后一个例子了：我怀疑一切，因而如果我怀疑一切，那么有一件事情我是无法怀疑的，那就是我怀疑

[1] Voir M. Meyer, *Questionnement et historicité*, PUF, 2000;《Quadrige》, 2010.

这件事本身。这是首要的回答，因为它通过消除怀疑而走出了怀疑：以为某人在怀疑不具有怀疑性质，这已经是一种肯定的答案，即使它的立论是相反的。这是某种问题学无差异化的迹象，其中问题和回答混淆在一起，没有区分开来。借助于肯定我通过这种肯定以为（我思）我正在思考所代表的根基，我解决了我所表达的怀疑。其实，笛卡尔并没有意识到，他引入了下述等式：我怀疑 = 我肯定，亦即我不再怀疑。然而，如果我怀疑一切，我在叩问，而唯一让主体走出怀疑的有效回答是叩问，而非取消问题的因素。倘若在怀疑的时候我们跟随笛卡尔的思路，就已经不再怀疑了，就已经在肯定，就已经在回答。叩问难道已经是回答了吗？然而那是通过什么神奇的方法？其实这不是什么奇迹，而是有关理应得到肯定、理应成为解决的因素的某种先入之见：理性肯定和断定，由此推而论之，当人们怀疑时，人们并不提问，而是肯定。在笛卡尔看来，应该奠定的——这一点从来不曾言明，因为是预设的——是这种思维模式，以排除种种替代物、排除种种问题为核心，人们把这种模式称作命题主义，笛卡尔在开始界定正确思想以前已经隐性地赞同命题主义。在这种模式里，A 排除非 A，作为一种矛盾，而非作为一种可能的替代物，亦即作为一个问题。人们已经拥有了回答就是解决的科学观，此前到来的和引导到科学观的思想，都是非理性思维。假如我怀疑，我必然要肯定，按照笛卡尔的思路，因而我必然要由此肯定，真正肯定的模式应该表达肯定的必然性；而假如我对此表示怀疑，我仍然在肯定。简言之，命题模式存在着某种必然性，它把必然性变成了任何回答的隐性规范。必然性的思想表达了对必然性的要求（然而这种要求不是必然性的，意味着它是隐性的并且被排斥）。思想应该以科学为楷模，把自己设想为必要的。假如人们拥有 A，就必然不能拥有非 A，而 A 和非 A 是某种替代关系。这种必然性使数理模式在回答行为建立时就确立为它的规范，而实际上这种情况甚至只是回答行为的某种未经叩问的先入之见。在如此自我抹杀的时候，回答行为所剩下的，都是无法将其变成回答行为的因素，因而“回答行为”必然排除对叩问的任何反馈。怀疑就是表达某种肯定、某种断定，因而它是命题性质的，而非叩问性质的。理应在从怀疑到怀疑之解决的过渡中得到表达的问题与回答的差异，被肯定的统摄地位所抹杀。

对叩问的排斥如今已经不再可能。社会里的一切都变得问题重重：配偶、价值、道德，甚至命题主义及其支柱主体、自我的意识等。这是过渡到其他东西的大好时机。我们已经说过，这个东西叫做问题学：在问题学里，叩问终于成了它自己的特别的和开创性的对象。

然而，先于所有其他问题而提出的首要问题是，弄清楚为什么截至现在人们能够一直排斥叩问以及由此产生的对思想观念的后果。

排斥是哲学史的内在组成部分，我这里指的是把彻底的叩问排除出它的思考领域，尽管这种叩问自苏格拉底以来一直被实践着。这种排斥有双重原因。一方面是历史的原因，另一方面是人类学的原因。当问题学排斥处于强势，而历史的加速运行虽然真实但相对比较缓和时，叩问并不表述为叩问，不表述为问题与回答的明显区别，而继续记录在种种回答的范畴内（这种范畴并未意识到自己的存在），但是，它在其中以另一种方式表述，带着旨在镌刻这种差异的其他概念组，且并没有把这种差异思考为差异，思考为问题与回答的差异。最著名的例子就是主体与客体的差异。主体性（主观性）勾画问题，客体性（客观性）建立回答，例如，在康德那里，主体既是个体的，“主观的”，但同时也是超验的，亦即本质上可以超越现实中的自身，并在那里捕捉事物的客观性。主体既是问题也是回答，且正是他的客观化部分使他能够找到主观上他努力寻求的各种回答。事实上，纯粹的主观性是普遍的，同时又是个体的和个性的，它不知道自己有权认识什么，它是自己所不掌握的知识的先验性源泉，但是，它在接触经验时将揭示这些知识，它按照自己拥有的分类组织这种经验。

叩问之所以被哲学所排斥，还因为人们不太喜欢有问题的东西而偏爱各种可靠性，胜过种种替代带来的焦虑。科学提供答案，排除问题，它以累积的方式解决这些问题。于是科学让人放心，人们就理解为回答的模式等于对叩问的排斥，甚至等于对这种排斥的排斥，这种做法给人以解决性言语自我支撑的感觉。这就给出了“教材”式和“百科全书”式的科学，在这两类读物中，人们不回答任何其他问题，仅回答以演绎和和谐方式编排种种结果和回答的问题——该问题被矢口否定，因为是问题，这些结果和回答似乎仅从它们自身捕捉它们的必然性，并从它们相互之间捕捉它们演绎性的必然性。在哲学领域的理性主义时代，这种做法给出了斯宾诺莎（Spinoza）的《伦理学》（l'*Ethique*）以及作为命题的他的种种定理，给出了他的评注和他推导而出的公理。

2. 从实际生发性到真实性

历史把一个又一个领域、把一切都变得问题重重，包括科学。随着历史的演进，叩问再也不能被排斥了，理应把这样的叩问自身理论化，而非把它附加在被认为解决它的种种命题上面，因为对叩问的任何反馈在命题中似乎是缺失的。这种思维模式已经死了。正是由于这种原因，思维应该设想为从问题到回答的过渡，而不再仅仅是种种回答的整理，不管是演绎性回答还是非演绎性回答。问题性和关联在一起为了解决问题性的各种问题的身份，被视为排除替代因而堪为回答之规范的非矛盾性，与作为相对于所提问题对回答进行论证和体现回答中肯性的理性，行将重新界定人类思维的三大原则：同一性原则、矛盾原则（人们可以发表不同于自己的意见以及自己与自己对立，但是这样就超出了回答范畴）和推论原则。为世界确立各种范畴等于关注谁、什么内容、什么地方、什么时间、数量、原因和方式，它们支撑着我们的空间和时间方式、尺度和数量概念、手段和原因的方式。康德已经告诉我们，这些概念编织着事物的经验，但是他没有提及叩问。割裂与叩问的关系，人们就只能把这些类型变成严格意义上天生的先验范畴。于是人们一直在提出这样的问题：这些范畴从何而来？

然而，建立在叩问基础上的哲学方法论，也许最有意义的是与历史性的关系，历史性是历史的排斥所采纳的形式，目的是每时每刻都真实呈现为某种在场者和某种在场。人们应该能够生活于真实之中并这样思考它，似乎这种在场者或这种在场所提出的问题不回答任何先前的东西，以便直接接触这样的问题，在它们提出的时候，按照它们提出的方式解决它们。这是一个效率问题，一个实用主义的问题。

在叩问领域，实际的生发性指的是问题的解决：人们实际操作了这种解决，一旦这种解决被操作完成，便把各种问题搁置一旁了，因为它们已经解决。我们的问题的宗旨，除了在哲学领域，不是把它们理论化，而形成它们的单一宗旨的这种因素引发人们的关注。我们曾经说过，“这种因素”就是实际生发性，我们不妨说，它是世界或真实被叩问的独特性一面。对问题的排斥是解决性的构成部分：是被置疑的内容形成问题，而非问题本身。但是，排斥问题的这种实际解决性不是唯一的回答方式，它仅仅是日常生活中的方式，因为在日常生活中，人们想达到什么目的，就采用实用主义的态度。实际生发性是非思考型的解决活动。叩问不是它自身的目的，因为目的就是获得回答，而非思考叩问（问题）。这样，实际生发性就成了对叩问的理论性的和肯定的排斥的模式，作为命题型和参照型思维的源泉和定义。其实，当人们把实际生发性理论化时，它揭示了自己与叩问的关系。被排斥的历史性使它远离了人们的视线，然而，当我们叩问这种历史性时，这种被排斥的排斥呈现在光天化日之下。实际生发性是每个时代承担真实的方式，使得这个时代的人们拥有真实。因此，当历史性的排斥削弱时，它就让作为历史性的某种排斥，作为历史的某种排斥的真实的历史性呈现出来，以至于历史被置而远之，即使当历史最终成为一门学科和独立的领域时，亦如此。

那么，真实具化为什么呢？真实是出自某种叩问的所有回答，这种叩问被排斥，它亦排斥作为回答的回答，然后让叩问消失，叩问的真实作为真实而产生，这种做法的后果是产生了真实是自立的和独立的著名思想。自此，回答不再呈现为回答，唯有回答中被置疑的东西才确切地引起人们的关注。这就是实际生发性，或者按照人们通常的说法，即真实。但是，真实不断地提出问题，并且在新的基础上，尤其是科学领域内，重新成为问题学性质的真实，亦即兼有回答和问题的身份。真实相对于出现的问题重新定位，而这些问题将引发新的回答，后者随之也将作为回答被排斥，仅表述和显示它们的内容。由于这种排斥，上述真实就这样维持了它的连续性和它的常态；假如这种排斥未建立的话，就会使主体失去他的“真实感”，如同人们常说的那样，一如我们在精神病症的某些心理形式里看到的那样。

真实既由反馈到种种问题的回答构成，因为它是从回答中浮现出来的，它也源自由问题和回答构成的这种叩问的排斥程序。一旦获得解决，叩问就消失在把它作为对象、作为主题的回答里，这样，实在就在对叩问的任何参照之外确立，仅仅独立地呈现出来，独立于叩问，独立于我们，甚至独立于赋予它这种坚实性、使它拥有自身的人们。简而言之，真实就是它自身，就是脱胎于这种被排斥的某种叩问仅仅让其自身存在显露出来的这种结果。对反馈到叩问的这种排斥因而对我们称作相对于我们之问题和相对于人们的真实的独立性作出了贡献。但是，先确立、一旦解决之后被排斥的程序，如同人们可能预料的那样，引发了一个在哲学领域变得很著名的问题，即实在论与唯心论的对立问题。谁对谁错呢？自从柏拉图和伯克利（Berkeley）、康德和现象学以来，争论进入了白热化状态。其实，当我们把实在论和唯心论当作现实的两个独立的和相互对立的观念时，那就错了，因为它们是互补的和不可分割的。人们之所以陷入这种对立，正是人们失去了与叩问之关联的证据。真实既应该理解为回答，并非反馈到其回答定位而是反馈到其结果实证性的回答，也应该理解为叩问，因为它不断地在每个人那里唤起、引发、激发、提出问题。真实不是凭空而来的，它在生命的整个过程中，如同在历史的全部进程中，都形成问题。概言之，如果我们只看回答的风貌，实在论千真万确，当我们把引导人们从问题到回答的叩问程序分离出来，那唯心论也无愧于它的名称。而这实际上是同一路径的两面而已：真实的构成过程和它作为真实的自立化过程。在排斥叩问的时候，我们把这两面都孤立起来了，并最终把两者对立起来了，其实，只有当实在论和唯心论都进入游戏时，真实才成为真实。实在论从真实里只看到了它的独立性，而无视真实之认识所源自的程序的重要性，因为问题一旦获得解决，叩问就消失了，仅仅让其中的问题之所再呈现出来。至于唯心论，它把接触真实的程序作为认识的标准，这种标准界定什么是真实，而没有看到，就其定义而言，真实只有确立为独立形态时才是真实。因此，并非问题或回答，而是问题和回答。真实是某种问题化的成果，然后相对于问题化而自立，以期从问题学的角度再次生活在新的问题之中。因为只有被叩问过的东西才有真实可言，实在只有超越任何必然偶然的、甚至主观的接触程序之后，才能确立为真实。只有当人们首先感知到桌子的存在，才能说这张桌子位于什么地方，是由何种材料制成的，然而使它成为它之现状的因素显然独立于我们，我们可以按照自己的想法品评它。当然，正是它的实际真实性形成它是一张桌子的事实，而它是桌子的事实丝毫不依赖我们此时此地由这个人或那个人的感知。

结论。在哲学领域，我们已经看过，回答即关注问题本身，因为诸如自由、死亡或正义归根结底都保留着它们的问题性。所以更多的是理解而非解决，而这种情况就改变了回答的意义。实际生发性可以作为命题主义的回答模式，命题主义因为科学的有效性而令人着迷，但也具有无法把科学普遍化的先天性残疾。然而在艺术或哲学领域，回答就是让问题鲜活起来。于是，排斥就具化为把它们真实地展现出来，保持概念上的距离，后者可以使我们不把问题与人们日常生活中期待的回答混淆起来。

为了准确地概念化，实际生发性应该囊括在叩问思想中，即使对叩问的排斥界定着它的特征。自此，实际生发性成为历史性的构成部分，作为对在场者之在场的构成的历史的排斥。而程序的人性风貌或“主观”风貌是由变异性赋予的，后者指的是提问者与被提问者之间的差异，最初的实际生发者远非某个人，而是一件事物，然而随着分析的进展，显示为他者的全部一般性特征。在任何叩问程序中，发挥解决功能并“赋予自己”某种潜在真实的实际生发性的旁边，总有一个发问者和一个被问者，加上某种身份，从历史的角度看，这种身份可以使同一人既提问又回答。实际生发性、变异性和历史性大概是三大原则的基础，三大原则是充分的推理、矛盾性（这里我们想到了黑格尔）和同一性。归根结底，一切都得到了解释并以非常和谐的方式各就其位，这是问题学的一大王牌。

现代性早期强势的解决性排斥：自然科学的数理化

1. 类同、隐喻和方程式：物理的变化

如果说欧洲的起飞是在中世纪的12世纪前后，那么，文艺复兴时期事情才真正加快了速度。经院神学模式破灭了，而其他解释图式就显得必要了，这种情况曾经发生在古希腊时期。加快了节奏的历史也造成了各种差异。先前的老回答出现了种种问题。它们的真确性削弱为隐喻、类同和各种各样的相似性。人们还把它们视为写实的而非它们之本是，世界的某种修辞化不顾历史的运动试图捕捉它的本真面貌。历史的加速运行削弱了各种真实身份，把它们变成这些真实身份本身的种种隐喻。起初，人们并不把它们视为隐喻，而是认为它们再造了真实。在历史加速的这个第一阶段，词与物之间没有丝毫的不协调。然而后来，事情发生了变化。引申性增加了，类同和隐喻被视作简单谈论方式中名实相符的手法了，于是，这次处于强势的种种新回答呼之欲出，这是解决性排斥所要求的。

文艺复兴时期，这种双重运动是很明显的。一方面存在巫术和炼丹术、微观世界与宏观世界的类同关系；另一方面，开普勒、哥白尼和伽利略带动了力学的数学化。另外，开普勒同时热衷于巫术和数学，用以描述宇宙，一身兼星相学家和天文学家，这并没有给他带来什么问题。

现代物理的目的就是把变化和多样性理论化，从这个意义上讲，莱布尼茨（Leibniz）和牛顿分别发明的微分运算是这种路径的落点。变化背后的本真是某种数学式的强势真谛，最初产生于欧几里得的几

何学。今后真正算得上回答的是那些肯定无疑的、没有替代物的、没有问题的回答；笛卡尔说，倘若有一些令人生疑的回答，我们无论如何都要抛弃它们，因为无法用某种可靠的标准把无问题的回答与那些真正的回答（真正的答案）区分开来。反之，一个排除其相反意见、排除任何替代性、亦即排除对立意见（修辞学则喜欢相反意见、替代性和对立意见）的命题，这个命题将被认为不符合强势同一性的新规范，而强势同一性是增长的解决性排斥所要求的。在理性的命题模式里，真实的东西不能是不真实的，把任何替代都作为非理性而排除掉，这种模式的理想是梦寐以求但没有得到论证的东西，因为它本身就是任何论证的规范。正是这种模式，从一开始，就是真正的误入歧途，因为它被设想为自然如此。假如没有这种设想的话，人们为什么要抛弃问题性的回答呢？另外，它们编织着辩论、批评、论据化的概念本身，在这些概念里，我们可以拥有两种互相对立的似真性论点，它们甚至拥有部分的真理性。事实上，必然应该占据统摄地位的，是以有待于肯定的必然性的名义被肯定的数学理想。这里的必然性概念使人们原地转圈，然而这也是似乎自然而然的某种强势解决性排斥的成果，因为它本身也是一种回答，人们更喜欢像笛卡尔那样，谈论明证性。

2. 知识数理化的虚空空间：化学的诞生和发展

这种新物理观念的特点是立即把它用于物质的性质方面：铅或金、星球或台球、天体力学规律或地球力学规律，对于所有物体都是一样的。牛顿定律能够应用于整个宇宙，或者更准确地说，应用于微观物理世界和宏观物理世界，不管其成分如何。例如，重力对所有物体都有效，它们的构成成分无足轻重。因此，物质的变异体，我们不妨说它的地方身份，就形成了问题。这里也需要解决性排斥的参与，这样我们就看到了现代化学及其特殊的元素方程式的诞生，这些方程式受拉瓦锡（Lavoisier）的物质不灭定律（1777 年）的主导，“物质不灭、不生”是一个漂亮的强势元素规律，它是人们至今仍在学校里学习的化学方程式的基础。

透过物质的“运动”解释物质之真谛的关心，促生了化学的诞生；这里的物质运动指的是物质的变异，它们在化学反应过程中产生了新的物质。拉瓦锡说，很简单，只要化学反应“运动”之初进入游戏的同样数量的物质，保持到反应结束。例如，假如氢和氧混合，我们就得到了水（H_2O），而最后的结果应该保持两个成分之间1～2这样的比例。

化合游戏中比例量化的下一步是由道尔顿（Dalton）完成的，为了准确计算物质的保留规律，他引入了原子及其各自数量的概念。然而，要知道有多少元素可以化合以及如何化合，需要把这些元素分类。这种分类呈现为一种差异性和同一性的图表。门捷列夫（Mendélieff）表可以预告可能的化合和不可能发生的化合现象，表的开始也以不完全的方式提供了所有物质的示意图。这里的质量游戏明显地也是数学性质的，因为它建立在原子体积、重量和元素家族的基础上，后者使这些元素接近或拉开距离。

3. 从无机物到生物

把质量局限为它的数学化留下的另一空白空间是生物的空间。这里也一样，就像在炼丹术里那样，起初占主导地位的是形似性、类同性和相似性，一言以蔽之，“弱相”，人们事后修饰为引申性同质的同一性，那是因为当时它没有被感知为同一性，而是感知为符合物质本是和它们可能的变化方向的内在的实在性。生物的特色是从形似到形似，于是就产生了人们谈论“繁殖”的现象。诚然，存在着“脱轨”现象，一如那些怪胎，它们形成了问题。但是，如同在化学领域一样，我们看到了同样的解决性排斥的强化运动，它要求比源自类同性和各种形似性的同一性更加强势的种种同一性，作为回答的规范。

与无机物相比，生物的特征大概是占有空间和时间方面的不同。

生物方面不再是固定的、可以进行数学计算的空间和时间，像物理学里那样，物体从外部占有一些空壳（康德说，作为形式），这些空壳作为向同性形式亦即本身没有差异的形式，作为物体的支撑物。由此人们经常指责经典物理学可以回溯，似乎可以从时间上上溯，亦即取消时间，这种情况并不会对力学方程式产生什么变化。然而，生物方面的时间具有根本性，生物由生到死，进入游戏之后，强势的身份行将打上动物或植物的成长变化和历史，除了繁衍的可能组合以外，一旦基于类同性和相似性的弱势关系的分析被抛弃之后，上述繁衍的可能组合将严格界定动物物种和生物物种的特有的本真性。那么，在瑞典人利奈（Linné）的生物分类体系和动物分类体系（利奈习惯于谦虚地说："上帝创造的、由利奈组织的"体系）的基础上，应该加上物种的本真理论和变化理论，一个世纪以后达尔文的物种理论达到了上述理论的顶点。对于利奈而言，假如生物的本真是无法改变的，他的分类体系则可以定义它们。在类同的地方，定位出强势的、严谨的本真，在类同场域，本真与形似的成倍增加平分秋色。然而，多样性变化是存在的，那么，历史性就应该呈现在生物种类的分类中。我们不再处于 1753 年，而确实进入了 1859 年，达尔文的《物种起源》（*l'Origine des espèces*）面世。后边还需要蒙代尔（Mendel）的遗传学和分子生化学给出的更严格的同一性规则来解释生物的身份。

然而，在生物思想的这种"进化"背后，我们明显看到了强化的解决性排斥进入实践之中。从弱相的形似到化学方程式，中经进化论，每次其实都是以愈来愈强势的方式来定义元素，它的有效性领域以及在这些元素表内部制约（允许）各种差异的因素。一种生物在其特点中保持它自身，它按照很具体的规则进化，最后人们将从欧克特开发网（ADN）看到这些可能变化的方程式。

地质学（莱尔［Lyell］）和大陆板块理论（韦格纳［Wegener］）方面的无机物经历了类似的历史过程。

自文艺复兴以来，日益增长的解决性排斥引导着自然科学和世界的研究。但是人究竟是什么样的生物呢？要回答这个问题，还需要基于问题学排斥，它是与人相关的排斥，却处于不断衰落的状态。正是在问题学排斥这种衰落所创立的空间里，艺术应运而生并开花结果。

排斥与艺术

1. 作为艺术源泉的问题学排斥

艺术与排斥有什么关系呢？对于不止一个学者而言，这个问题似乎很奇特。然而，艺术的终极原因却是某种上升的问题化，需要同时表达它、思考它、演绎它并回答它。艺术位于宗教的永恒性与日常问题近乎瞬间的实际生发性之间，犹如它们之间的中间项，犹如对时间的回答，而时间又穿越了它所象征的永恒性。寓意、隐喻、形式主义就这样演绎着这种双重风貌，其间甚至最前沿的形象性都永不停息地试图表述某种东西。缩小中的问题学排斥把问题性置于排灯之下，引导精神陈述、再现问题性，以某种方式参照问题，而这里充任方式的形式就是艺术的形式。历史越加速运行，我们在艺术和文学领域就越看到某种与形式主义相关联的更大的神秘性。只需读读卡夫卡或乔伊斯的作品，或者看看摩尔（Moore）❶ 或布朗库西（Brancusi）❷ 的雕塑，听听布莱兹（Boulez）❸

---

❶ 亨利·斯宾赛·摩尔（Henry Spencer Moore，1898 ~ 1986），英国雕塑家，以大型铸铜雕塑和大理石雕塑而闻名。剑桥菲茨威廉博物馆陈列的“斜倚的人形”（1951 年），表现一个高度精简、抽象的女性形象，是其雕塑风格的典型代表。——译者注

❷ 康斯坦丁·布朗库西（Constantin Brancusi，1876 ~ 1957），罗马尼亚雕塑家，20 世纪最具原创性的雕塑家，他的作品是对现代主义美学的核心课题——造形与材质作出崭新回应的典型代表，对后世现代主义雕塑家和画家影响颇广。——译者注

❸ 布莱兹（Boulez Pierre，1925 ~），法国作曲家、指挥家、音乐理论家，现代音乐先锋派最有名的代表之一，发展了 A. von 韦贝恩的点描序列原则，创造了调性或整体序列的方法，对节奏、音色、力度及音高的纵横方面定出组织化规则。——译者注

或舍恩贝格（Schönberg）❶ 的一部作品，就会确信这一点。

2. 文艺复兴以来的艺术

削弱中的问题学排斥也降低了问题与回答之间的距离。它们之间的堤坝变小了，导致问题与回答相混淆的风险。然而，当问题性在构成回答之实证性、实际生发性的因素之旁得到表达或再现时，这种风险随之也就缩小了。这正是现实主义抵补形象性的角色，艺术就体现这种二重性和各种不同的形式以落实上述二重性。另外，有时候，这种情况还会采用某种出人预料的风貌。

文艺复兴向我们提供了这方面的一个经典案例，因为北方、弗朗德勒地区和后来的荷兰，倾向于艺术上的现实主义，意大利则选择了造型主义，至少在当时的主要艺术形式绘画方面如此。如何解释这种地理上的差异呢？客观条件、社会和政治条件当然在其中占有很大的比例。弗朗德勒地区的商业城市讲求现实的实用主义大概与意大利城市那些大师们愈来愈转向宗教性质的教会人士的赞助，形成了鲜明的对比。

因而与北方的现实主义相对立的，是南方的造型主义，后者似乎是现实主义的补充，但是往往这里带一些现实主义元素，那里带一些造型主义的元素。但从审美互补性这个层面来看，北方仍然受主要在建筑领域表现出来的晚期哥特风格的影响，这种风格的象征性很强。那么，写实风格就比较缺乏，于是绘画就承担起表达现实主义的重任。因此，从古希腊以来本质上写实的某种雕塑就没有怎么在弗朗德勒地区确立起来，因为绘画接替了它的位置。相反，意大利多纳泰罗（Donatello）❷ 的雕塑和他的著名作品大卫（1408 年）将使意大利的

❶ 阿诺德·舍恩贝格（Arnold Schönberg，1874～1951），奥地利作曲家，十二音音乐的发明者。——译者注

❷ 多纳泰罗（Donatello，1386～1466），意大利早期文艺复兴第一代美术家、15 世纪最杰出的雕塑家，创作了大量生气盎然、庄重从容的雕塑作品，如青铜雕像大卫等。——译者注

雕塑步入400年不朽的伟大历史，他的大卫之矮小（60厘米高）堪与米开朗基罗（Michel-Ange）之大卫的高大（4.31米，1504年）相媲美，皮萨诺（Pisano）[1]雕刻在锡耶纳教堂讲台上的人物群（1269年）就已经开始了革新，预告了他刻在佩鲁兹（Pérouse）喷泉石材上的雕塑作品。

让我们再回到造型主义，它对艺术的神秘性多所贡献，而神秘性是艺术的一种基本成分，它使艺术每个时代都在呼唤我们并向我们提出问题，天赋使它超越了时代性。它通过再现或动感之情的表达而震撼了人的感官，由此演绎了真实中震撼心灵的东西。甚至音乐在那个时代也是一种剧种，它起源于弥撒及其重叠、间隔或自由替代、甚至自由组合的歌声，这些歌声或拖长，或颤动，犹如唱歌班对信徒的回答或者歌唱者相互之间的回答。这种替代和变换游戏给出了某种戏剧场面，它可能是宗教的，但也不乏戏剧色彩。耶稣蒙难后人们既不能笑也不能哭，这就说明了为什么宗教垄断了其他地方由戏剧扮演的角色。耶稣死后，没有任何东西可以让人发笑，正如没有任何事情比它更悲痛一样。这一打击使戏剧创作同时处于瘫痪状态。音乐需要去舞台化，才能使戏剧露出它的本色，人们太经常地忘了这件事，即正是西方的第一部喜剧马基雅维利（Machiavel）的《曼陀罗花》（*la Mandragore*，1520年）使戏剧回归了舞台，这是对教会腐败及其炫耀并用以麻痹人们灵魂的学说的教条主义幻想的猛烈批判。这方面，也是意大利打破了旧的框架，但这次是用现实主义对抗教会音乐空间特有的宗教色彩和戏剧色彩的造型主义。其实现实主义已经镌刻在薄伽丘和他的《十日谈》（le *Décameron*，1350年）等文学事实中，作为对绘画中造型主义的反驳，似乎造型性与现实主义之间的平衡是按照艺

[1] 皮萨诺（Pisano），意大利雕塑家尼古拉·皮萨诺（Nicola Pisano，约1220～1278/1284）和乔万尼·皮萨诺（Giovanni Pisano，约1250～约1314）父子，意大利雕刻中文艺复兴新风格的开创者，创作了锡耶纳大教堂的布道坛和帕维亚皮亚查的喷泉。——译者注

术门类来分配的，为了保持某种平衡，这两种类型的分配事实上相当于问题与回答的二元论，任何社会归根结底都应该作为问题学排斥来表达这种二元论。假如问题学排斥削弱了，叩问由于不能得到如实地表达，依然应该通过艺术门类和艺术形式的混合而得以表达，在这些混合里，回答与问题将并肩而立，直至在历史的帮助下，把问题性变成艺术的对象，一如20世纪之初即开始的以抽象艺术或造型艺术为代表的现代派绘画那样。在意大利艺术强化的造型性（问题性）和寓意化之前，我们已经发现绘画领域一个相当写实的阶段，尤以乔托（Giotto）❶为代表，然而历史的加速运行改变了牌局。那么问题的实质就在于重新找到已经赋予的回答，亦即真实，被描绘、愈来愈建构得更有节奏感、因而也更神秘的真实，以期不会把问题学性质的回答与回答问题的回答混淆在一起。

削弱的问题学排斥迫使艺术在自己的回答中把自己变得更神秘，这些回答本身包含着现实主义，以期对平衡作出贡献。围绕圣经人物的金色光环是拜占庭艺术的典型特色，趋向于从绘画中消失。耶稣比以往任何时候更像人，并占据着前沿位置，构成弗朗德斯绘画、但也构成意大利绘画背景的世俗和政治世界，在马萨其奥（Masaccio）❷1423年的著名画作《圣三位一体》（*La Trinité*）新发明的透视法中被抹掉了。透视法的作用就是在画作的现实中引入神秘性和距离，这种画作的现实与圣经和耶稣一类神圣人物相关。当莱奥纳尔·达·芬奇和稍后的兄弟兼对手米开朗基罗和拉斐尔（Raphaël）等画家放弃了透视法而表述问题时，正是神秘性的绘画本身以落在透视法身上的表

---

❶ 乔托（Giotto di Bondone，1266？～1337），意大利文艺复兴时期的开创者和先驱者，雕刻家、画家和建筑师，被誉为“欧洲绘画之父”，将透视进深感引入宗教绘画。——译者注

❷ 马萨其奥（Masaccio，1401～1428），意大利文艺复兴绘画的奠基人，被称为“现实主义开荒者”。他是第一位使用透视法的画家，代表作有佛罗伦萨圣母教堂《圣三位一体》湿壁画。——译者注

述内容为使命。既不真实又很神秘的蒙娜丽莎的微笑无疑是人们可以提供的这种新态度的最佳例证。绘画愈来愈通过形式表达问题性，向矫饰主义、继而向巴洛克风格的过渡对这种增长的问题性多有贡献，迫使人们在绘画以外寻找绘画不再可能表达的现实主义。加速运动的历史把艺术隐喻化，假如它的全部回答都只是问题，那么问题与回答的混淆就是不可避免的。由此再现性发生了偏移。在意大利，音乐因歌剧（1607 年）而变得具有表演性，正如在法国，文学具有了戏剧性，因为在戏剧中，存在着与君主政体所体现（因而所呼唤）之正确和合法差异的某种关系，这种问题性是社会和政治方面流动性更大的意大利社会所缺失的。

于是，艺术将由种种新的审美形式所主导，但并不取代那些已经变得很少独特性的老形式，把创作的重心偏移到音乐、戏剧、歌剧或今天与现实主义相关的电影方面，电影是对已经变得前所未有神秘的文学的反响，后者如马拉美、卡夫卡或乔伊斯的作品。另外，戏剧像绘画一样，先前就已经展现了能够兼具造型性（悲剧）和绘画那种写实性（喜剧）的独特性。在古罗马，西方人（已经！）发明了立体感很强的绘画技术和透视法，人们可以清楚地看到某种城市甚至风景的参照系，重新出现在别墅的墙壁上，但是罗马绘画将逐渐向某种风格化和巴洛克化演变。[1] 正是由于绘画的创新缺失，戏剧已经处于相同的状态，为了表达自己，现实主义应该创立某种新的再现形式。佩特罗尼乌斯（Pétrone）以其《萨蒂利瓦》（le *Satyricon*）把重心从叙述方面转移到风俗的刻画，不管是严格意义的绘画还是戏剧，哪怕是悲剧，都不再可能表达的风俗。随后的几个世纪看到不少所谓的希腊和拉丁小说开花结果。更晚一些的文艺复兴末期，我们看到了同样的演变，向着一种新叙述形式演变，这种形式既不是绘画形式，也不是戏剧形式和诗歌形式，人们将其称之为小说。这样，17 世纪之初，塞万提斯就以其《堂·吉诃德》（*Don Quichotte*）创

[1] M. Meyer, *Rome et la naissance de l'art européen*, *Arlea*, 2007.

立了现代小说。事实上，当塞万提斯创立小说这种新的叙述形式时，主要的写实主义的艺术形式均已枯竭。不管是诗——显然诗的形式就已经说明它是引申性的，或者雕塑的静止性再现，甚至现实主义的再现，或者还有强化的戏剧化现象，如当时西班牙戏剧的正剧或悲喜剧（洛普·德·维加［Lope de Vega］、卡尔德龙［Caldéron］、蒂尔索·德·莫里纳［Tirso de Molina］），都缺少与这一切相抗衡的现实主义类型的某种叙述性。小说应该更多地诞生于法国而非西班牙吗？这种提法等于忘记了喜剧当时发挥的很大作用，且由于它的写实性，它可能会使任何现实主义的补偿显得多余。法国小说的黄金时代发生在以后。总而言之，要看看一种体裁或一种艺术向另一体裁或另一艺术的衍变是否确立，需要建立一个表格，收入所有艺术和文学形式，看看它们是如何互相补充、互相重叠、形成种种空白，需要某种新艺术去填补以有利于历史加速运行的情况。历史既产生了更多的造型性、形式主义、不稳定的弱相，也产生了以现实主义方式回答的某种需求，以确立这种发生过动摇的新的真实。例如，自文艺复兴和巴洛克时代开始，音乐就作为对绘画的补偿而发展，孕育了歌剧的诞生，以面对增长的现实主义再现的需求，同时因为音乐比其他艺术形式具有更大的形式优势，例如更古板的戏剧或者更静止和更“庞大的”绘画。这些必要性的汇聚使得歌剧得以成为整个一个时代和多种民族特别欣赏的一种艺术形式，在这些民族中，某些民族例如意大利比其他民族更胜一筹，因为其戏剧极其没有特色。相反，现代小说之所以诞生于西班牙塞万提斯的笔下，我们不妨重复一遍，那是因为像绘画或雕塑这样的现实主义艺术不怎么存在的缘故。

3. 艺术与文学

为了建立审美互补性的图表，根本的是要重新拿起他因和原因赖以为基础的这些元素。在任何使用某种语言形式、一种言语、种种图像或者像在雕塑或建筑中那样使用某种材料的主体间关系中，我们都会发现某种中介、一个主体和一个接受者对象。在修辞学里，指的是演说者、听者和他们双方使用的语言，以期相互指示什么是他们之间的问题以及什么能够解决它们。在文学里，叙述者、文本和对方重新成为小说中区分明显的人物形式，或者在戏剧中明显地正面相对。为了概括所有这些三重类型，最好是用希腊语的常用名称把它们汇聚在一起：性情（l'*ethos*）表示主体，逻各斯表示客体，情感（le *pathos*）表示他者，不管是距离上处于观察、回答或舞台表演场面中的某个他者，还是我们面对的他者。就深层而言，性情其实与信誉、与诚恳、与权威性本身相关，这使得人们承认它的某种价值，大概也是因为这种思想组合的原因，人们把 *ethos* 一词与 éthique（伦理、伦理学）一词联系起来。众所周知，"逻各斯"一词在希腊语里表示言语，随着历史的演变和基督教观念的深入人心（"上帝就是逻各斯"），语词、语句、象征以及思想的整合就与世界的安排通过逻各斯所表达的世界的某种秩序的整合结合起来。一种安排既是物理的、宇宙的，也是社会的。作为是与变、非是与变成、交换财富的团体之间、一如用他们的劳动交换财富的个体之间的交换场域，逻各斯呈现为外在于个体的现实所采纳之众多面孔的某种形象建筑。剩下的就是情感，它其实就是变异性，是置疑我们的因素——因为它是他者——以及置疑一切的因素，有时甚至到了面对面的地步。情感的特色就是把我们置于与他人的或大或小的距离之中，激发动感之情，甚至激情，"passion（激情）"一词就是从希腊语的 *pathos* 派生出来的，或者反之，在很少问题性的问题上激起对方的相同意见。性情、情感、逻各斯是一直以来人面对自身的三大问题的源泉："我是谁?""怎样与他人生活?"以及"世界、物质之实是由什么构成的，在哪里需要生活和商谈以便拥有生活的必需品?"生存问题、社会问题、神学和政治问题似乎就这样聚合并浓缩在性情、情感和逻各斯这三个术语中。主导人类和社会、群体的价值正是在它们那儿发挥作用。自此，毫不惊奇的是，没有对所有人都有效的终极解决办法，性情、情感和逻各斯意味着自我、他人和世界，作为我们全部叩问的源泉和对象，尤其当加速运动的历史渲染了它们的意义，修改了它们的角色，并改变了有关它们的回答时。

当我们考察文学场时，这种情况给予我们什么呢？亚里士多德在他的著名《诗学》（la *Poétique*）一书中，第一个回答了这个问题。

性情	逻各斯	情感
我	向他人谈论这个	他人
“我”	“他”	“你”

这个表格忠实地变成了下述情况：

性情	逻各斯	情感
抒情体裁 （诗）	史诗体裁 （叙事以及事物的变化或者拟人化的价值）	戏剧体裁 （喜剧和悲剧）

如果讲求严谨的话，应该把造型主义与写实主义区分开，作为问题学差异采纳的形式，历史的加速运动在问题学差异上刻上了它的各种标记。

	性情	逻各斯	情感
造型主义	诗	史诗	悲剧
写实主义	叙事散文 （罗马人的演说术，希腊人的哲学， 古代末期的小说和现代人的小说）	历史	喜剧

美的艺术也经历了这种互补性。

性情	逻各斯	情感
（自我的表达） 雕塑	（世界的秩序） 建筑	（场景） 绘画

在上述形态的基础上，还应补充，雕塑一直到 20 世纪都是现实

主义的，建筑则保持着造型性（它不再现某种真实的东西，但喻示它自身或超越它之真实中根本性的东西），至于绘画则可以是造型的和写实的，根据不同时代和不同地域更多一些造型性或者更多一些写实性。假如我们把我们上面有关文学和有关美的艺术的两个表格放在一起（我们暂且把歌剧和电影放置一旁），就会得出以下表述。

	性情	逻各斯	情感
造型主义	诗	史诗 建筑	悲剧 象征主义绘画
现实主义	雕塑 散文体叙事	历史	现实主义绘画 喜剧

根据不同的时代，例如现实主义更多是某种戏剧事务（如在罗马，直至公元前159年泰伦斯［Térence］逝世），然后是绘画界的事情（直至前基督教末期）。然而绘画随之变得更具造型性、更注重形式，更矫揉造作，直至公元1世纪。历史通过把真实身份变成造型性而把再现性隐喻化了，真实身份愈来愈少其中肯性。于是小说前来填补逐渐留下的空白“格”，亦即满足现实主义的审美需求。现代，电影代替了歌剧，如同歌剧当年代替戏剧一样，那时戏剧或者变得不存在了，或者囿于重复，直至让人生厌的地步。小说恰恰因为其写实主义而赢得了大众的青睐，而居于其他文学体裁之上，后者显得过于象征性和抽象性，亦即“太难了”。但是，我们还是就此止步，因为分析还可以从不同民族的考察方面继续，不同民族以不同的方式和互补的方式审美。例如，在法国，浪漫主义尤其体现在戏剧方面，以雨果和仲马（Dumas）、维尼（Vigny）和缪塞（Musset）为代表，在德国，它更多地属于音乐，而在英国，浪漫主义更多地属于诗。在这里解释这些差异会把我们引向过远的地方。然而，如果人们对审美感兴趣的话，不能无视这些问题。

正是因为问题学的排斥削弱了，问题性才显得越来越强烈和明显。

4. 审美乐趣的特征是什么？

黑格尔专注于解释历史上各种不同的艺术形式，康德的视野与他相对立，康德通过思考主体性所扮演的角色，希望反映审美的情况。简言之，黑格尔与康德犹如供与需的关系。审美乐趣的独特之处在于，它同时建立在感官和知性的基础之上：众所周知，精神是排斥身体的，由此，人们把身体理解为问题而置之度外。作为审美享受的艺术是对它的回答。它可以让身体得以表达，让身体找到自己的位置，而不被人们理解为必须命令式地满足的制约：这是一种从身体中、甚至身体的再现形式中解放出来的形式，因为受精神的掌控。弗洛伊德说，文化即崇高化。这里应该说他是对的，尤其当我们同意不把排斥当作某种简单的否定，而恰恰相反，它是来自被排斥者的某种表达，后者被排斥去除了问题性，自由地承担了表述的任务。

如何保证与身体的这种距离呢？与审美相关的身体的乐趣具有下述特点，即它们呼唤感官，而感官恰恰通过距离影响我们，如视觉和听觉。因而它们要求人们一定要阐释。仅仅感觉是不够的。它们被去掉了激情，而距离确认需要某种知性的回答。因而审美乐趣是一种感性乐趣，它把对象置于距离之中（与物体享受相反，像吃喝这样的物体享受吞咽了对象，消灭了它），震撼精神。从这个意义上说，审美享受不是一种物体的乐趣，而是对身体的某种排斥，身体既被蕴涵又被置而远之。对身体的这种排斥可以使精神通过投入游戏的感官进行解决性活动。与这种排斥相关的问题性被它主题化，从看和听，从尊重场景特有的距离中找到了自己的回答，这种场景其实是某种距离的场景，其中问题性失去了它的置疑性，意思是说，它可以感动我们而不置疑我们。回答就存在于从物质上感动我们的敏感性的因素的视觉化和形式感知中。精神与身体同时体现了与审美相关联的问题学差异。因而，西方艺术的许多形态都具有显著的宗教特点，然而，随着身体因问题学排斥的削弱愈来愈多地得以表述，也拥有物和人的敏感特征甚至色情特征。

结论：双重排斥的耦合

我们忍不住要提出两类排斥的这种耦合问题，这难道不是以叩问为核心的新哲学的对象吗？

问题学排斥因为历史排挤现存的回答、把它们变成问题性的回答而削弱，这种排斥具有多重效果。首先是物质的本是削弱了，然而回答行为的本是也随之削弱了。类同、形似、跳跃和弱势的组合节段让人想到了精神的某种奇遇，精神成为这个失去了自己坐标并呼唤我们的世界的猎物。作为物质本真特征的形式性必然导致艺术与科学的二元化，因为存在覆盖有待表达之真实的可塑性的艺术形式和科学特有的严谨的数理形式，科学就是这样构成的。在两种情况下，形式与真实，与某种真实，会合了。在早期阶段，隐喻被真实化了，不管何等主观的类同，都被体验和感知为真实的。因此，作为虚构体裁的小说被视为真实。我们不妨说，它是现实主义的、参照现实的，被描述的东西没有被感知为所遇世界的隐喻，尽管它过去曾经是隐喻性的，正如它在现在的南美文学中重新出现了那么一点苗头。人们重新回到"魔幻的"和非写实的小说，它在另一种形式下，统摄了由以克雷蒂安·德·特洛亚（Chrétien de Troyes）为代表的中世纪小说，但是没有拉开感知到隐喻性与真实性之差距的那种距离。当代承担了这个责任并在这方面把玩（博尔赫斯［Borgès］）。小说诞生于"我"的散文，意思是说，哲学上枯竭的时代应该谈论主体并表达位于某种消失的雕塑与某种致力于形式主义的诗之间的自我，这种形式主义自身是很清醒的。

当本是削弱、回答不再是回答或超出回答的回答，与那些今后名副其实的回答比邻而居时，修辞学重新回到了强势形态，不仅仅是文学修辞学。柏拉图说，人们可以借助于并非回答的回答来操控精神，人们赋予这些回答以可信性，因为它们似乎是可信的。更喜欢修辞学的实证用法的亚里士多德认为，为了不致被滥用，应该让这些回答、让所有回答承受论据化的考验，这就可以消除一些回答，而仅仅通过论证另一些回答而力挺它们，哪怕采用了某种可然性和似真性。这并不影响人们这次可以从政治上挽救他们从意识形态上参与其中的回答，不管这些回答的问题性而重建它们的回答身份，这就吞并了被对方阵营提及的问题性。相反，人们也可以让任何自诩为回答或确保为回答的回答产生问题。在言语层面的“左右”冲突没有什么其他修辞学支撑。通过把玩一回答的语词而保留它，通过用合适的概念取代它们而维持它们，通过用隐喻化（其意图在于受威胁的真实仅仅只是说话的方式而已）而否定任何问题性，这一切都可以抵制历史，哪怕只是在一段时间内，即新生政治冲突的时间内。

艺术作品是在弱势身份下写成的，材料构成了差异。真实被加工、描绘、构思、书写、雕刻、建构，其宗旨就是超越即时看到的东西从而（引申性地）表述某种东西。让每个人去揭示每部作品的寓意吧，然而历史以其加速运动把一切都变成了问题，那么剩下的就只有从作品的素材中分离出世界的问题性本身，其最终的回答是，不再有其他回答，唯有发现问题本身而已。“为什么还会有某种事情而非虚无呢？”变成了“为什么事物都成了虚无呢？”一个像我们这样融化和分解的社会，其中最富有的礼仪如婚娶、领圣体、丧葬最终都仅仅变成无足轻重之义务的隐喻，这样的社会反馈到某种分裂的世界，一如毕加索绘画作品中的女人一样。这样一个社会变成了一个没有回答的问题，其中的问题学仅仅是为了记录某种似乎只能汇聚自杀性分裂的历史。两次世界大战真的不是小事。很少有社会能够从两次世界大战中苟且偷生下来。没有任何一个社会可以长期苟且偷生。另外，我们的欧洲社会处于缓刑之中。对于自相残杀的希腊，修昔底德（Thucydide）在《伯罗奔尼撒战争史》（la *Guerre du Péloponnèse*）中所宣告的不是任何别的东西。我们不妨想想它后来变成了什么样子。

削弱甚至趋向于零的问题学排斥，那是终于可以表述为叩问形态的叩问。它意识到，叩问即思想，叩问甚至是思想的开创性支柱。由此开始叩问叩问本身，并由此而创立一种新的世界、生物和思想本身的思想，只有一步之遥，这一步被名为问题学的思想跨越了。任何科学性都知道它的方法从其问题的某种“良好”构成开始。假如它在这个阶段失败了，后面就不会成功。然而，在削弱的问题学排斥中还有其他东西：广义的艺术前来回答它，盘缩其中，犹如孩子盘缩在母亲的怀抱一样。弱势形态是所有艺术的形式，包括文学在内。人们用某种历史性排斥历史而回答它，这种历史性表述历史之外的其他东西，或者在其他东西中表述这样的历史。随着日益增长的加速运动，历史最终被表述（19 世纪是现代伟大历史学家的摇篮）为历史，亦即在被经历为在场的某种真实之外。

最小的问题学排斥的对应点是最大的解决性排斥，在这种排斥里，已经不再有必要寻找科学性的各种强势元素，因为不再必然拥有表面回答、问题性回答与真正的回答或真实的回答之间某种可能的混淆。零问题学排斥可以把问题和回答思考成问题和回答，两者都呈现出它们多种形态的差异，这使得解决性排斥只有把问题学差异化的各种不同方式变成实际的，才有可能发挥自己的作用，上述不同方式如艺术、科学和日常生活中的方式。总之，这种清醒意识到自己本身的解决性排斥可以使人们意识到完全普遍性的排斥，作为对归根结底承认为种种问题的置而远之。科学不再是答案了，它只是众多回答之一，即使它特别卓越。实证证明为艺术领域和其他领域知性之根基、开创性阶段和主题（人们处理问题）的叩问，把解决性排斥从需要区分和裁决回答行为的使命中解放出来，因为回答行为终于被如此承担并区划得清清楚楚。今后，哲学与科学之间希望两者同样出色地解释无限小世界和无限大世界（对于哲学而言）这种无望的竞争结束了。哲学是否弄错了对象？哲学管理各种问题，至于科学则旨在积累答案。这就为某种双重的回答行为留下了空间，表述问题的问题学回答和表述回答的解决性回答，哲学占据前者。当需要研究排斥时，我们在这里展开的方法正是要更新和重新思考它们的耦合。这样，排斥就显得更复杂了，只是比人们以为的更少“心理性”。弗洛伊德的排斥完美地融入上文所说的普遍的排斥，而不失去它的特色。作为心理健康之担保的普遍排斥，可以与真实相处，因为排斥提出需要面对的这样的问题，恰恰因为排斥可以调整它们的距离。有时候，排斥本身被排斥，给那些经历过这种排斥的人以肯定被加入错综复杂的事件之中永远走不出来或者永远不可能从中解脱出来的感觉。

不呼唤穿越社会、艺术和科学并解释它们之演进的排斥，就没有社会、艺术和科学，更缺少能够耦合在一起的哲学。然而为了理解这种现实，需要深入这个概念的核心，自然是从弗洛伊德开始，但是尤其要追踪穿越他给予我们有关排斥之回答的主导线索，该线索确实带领我们超越了单一的精神分析领域。这就要求我们延伸到其他视域，在那里，排斥以众多的方式居于主导地位，这些视域包括艺术、科学、文化或简而言之真实。

何谓历史？
——进步或衰退？

Qu'est-ce que l'Histoire？
Progrès ou déclin？

［比］米歇尔·梅耶　著
史忠义　译

介　绍

我们的世界比以往任何时候都更受某种加速运行的历史的影响。它提出了越来越多的问题，大概是因为它比以往任何时候都更复杂，超越了我们的各种民族史的众多曲折。像印度和中国等其他文明今后将确立于世界，吸引人们的注意力，揭示出有时与欧洲有很大差异的演进旅程。我们还可以谈论拥有全人类共同规律的大写的历史吗？

于是，思考历史就成了根本性的事情。然而，两个世纪以来，像伏尔泰、康德、黑格尔或马克思那样，以或多或少全局视野的方式思考历史的思想家们，给我们留下了历史带着某种潜在目的前行、每个重要时期都是这种潜在目的之标志的名不副实的思想。有些人甚至毫不犹豫地宣称，人们迈向某种对于所有人都更好或都意味着进步的世界。然而，重读各种大的历史著作，这种乐观主义的历史观并不一定占多数。在启蒙时代，我们已经听到了吉本（Gibbon）的不和谐声音，他大概是欧洲最伟大的历史学家，描画了罗马帝国衰退的巨幅画面。然而他之前很久很久，修昔底德就已经展示，古希腊互相残杀的战争史一劳永逸地封杀了它的命运，恰如斯宾格勒（Spengler）和汤因比（Toynbee）在第一次世界大战之后，把它视作欧洲文明即将终结的预告一样。而第二次世界大战的大屠杀之后人们是怎么说的呢？所谓的“三十年黄金时期”短暂的重建阶段遮蔽了人们的目光。一旦这个阶段过后，欧洲又重新面对就业崩溃、金融危机和能源危机，面对公共资金和私人基金的巨额亏空，面对崭新力量的崛起。我们甚至不必提及社会阶梯的放缓以及无法通过教育传承文化的悲哀。我们的教育被认为太不平等，精英色彩太浓，1968 年以来，我们通过种种教育改革解构了原有的精英教育体制，但是这些改革一个比一个更不切实际，尽管人们的愿望是所谓的让事情更简单且更有吸引力。

即使个体们已经不再真正相信一代一代地累积性进步，他们也不大喜欢听衰退之谈。然而，挑战是明显的：如实地思考历史而非一厢情愿地思考历史，是很重要的。

因而，我们尝试对历史的某种解读，我们的解读与当下时兴的大部分思考很不相同。我们用哲学家的精神解读历史。自从苏格拉底建立哲学以来，哲学的真谛就是更关注提问，超越了对回答的关注。哲学家并非不回答，而是他的回答肩负着下述使命：把所讨论的各种问题耦合起来并体系化，以期更多地赋予它们以意义，而非继续幻想着能够用一劳永逸的答案或科学答案超越它们。

历史哲学还有可能吗？

历史哲学的名声不佳。某些学者从中看到了隐蔽的意识形态，另一些人则从中看到了对从来不曾湮灭的某种过去的打乱年代排序的种种投射，当这种过去当时发生时，有些东西是很难细微感觉的。然而，我们现在的历史性不是也向我们遮蔽了吗？还有一些人认为，哲学家赋予自己的洞察和预见权力与健康思维的活动没有任何关系。在这个领域里，任何确定性都是不可能的，没有任何理性的连接。不管是历史即迈向最广大人群某种更大自由的进步步伐论（黑格尔），还是某种普遍化的民主性质的平等的到来论（托克维尔［Tocqueville］），抑或历史呈现为文明不可避免地衰退为气数将尽论（斯宾格勒），对历史的解读是多种多样的。它们全都拥有一定分量的真理性与和谐性，但是在理应赋予历史进程的意义上，它们之间的矛盾斗争却毫不逊色，不管这种历史进程是线性的还是循环的。但是，人们一直对他们的过去、对他们的文明、宗教兴趣盎然，他们不失时机地撰写各种“编年史”并且（津津乐道地）与其他社会相比较。他们的发现是明显的：过去令人着迷，不管是透过对宗教、社会组织、文化的观察，抑或当它试图依靠忠实的文字记载而自我论证时对权力的透视。

一些学者不约而同地说，对历史的思考诞生于耶路撒冷，因为要解释被长期互斗中的帝国压得粉碎的部落之间某种不可能的统一体是如何建构的，另外这些帝国还相继奴役它们，放逐它们，甚至占领它们。关涉希腊人时，观点发生了变化。诸神似乎逐渐地退出了历史。历史变得更具有解释性、更理性，希腊人的历史观一直这样延续下来。我们今天理解的“历史”一词，就这样在希罗多德和修昔底德的笔下诞生了。它被定义为有关重要集体事件的某种调查（在希腊语里，*historia* 一词即意味着调查）和叙述，以期赋予它们以意义与和谐性。历史应该展示某种意指。事件的叙述只能通过对它们进行叩问、把它们关联在某种或多或少具有因果关系型叙事中而进行。作为事件编织物的历史本身是浑浊的，由于诸神抛弃了它，应该在神话之外寻找这些事件发生的根源。另外，集体的历史如同个人历史的成因一样：个人的统一性只能从他所形成的叙事中浮现而出。那么自我更多的是物质抑或叙事？家族史所占据的重要性、人们叙述家族史的事实、人们一贯赋予其他人一如赋予自己的展示方向等，似乎向着自我－建构、自我－叙事这种方向发展的。不管怎样，后来在圣·奥古斯丁（Saint Augustin）那里，历史哲学重新找回了神性与人性、犹太元素与希腊元素相混淆的面貌，以为从淹没罗马的卑鄙龌龊的深层依稀显露出人类某种可以预见的命运。

圣·奥古斯丁就这样预告了罗马帝国的终结和基督教在这块土地（上帝的城邦）上的复苏；自圣·奥古斯丁以来，历史哲学不断地希望给出这类预见性结论。历史似乎具有某种目的，在这里该目的体现神的意志，在那里则记录在可预见力量的某种游戏中，如马克思所说的阶级斗争中。结局无论如何似乎是不可抗拒的，或者是基督教的统治，或者是共产主义的一统天下。或更近或稍远的结局应该把最明显的甚至最正确的结局关联起来。总之，历史似乎拥有某种意义，而未来似乎完全是由过去决定的。人们只有弄明白这一点的自由，而没有其他自由。因此，人们只有追随宗教或政党，才能理性地行动，后者应该组织起来以期迎接所期盼的胜利。然而，历史并非必然记载在过去在场的这些或那些力量之中，它也并非更全面地由过去所引导并由过去来确定目标。过去所提供的不确定性经常超出了人们的想象。即使那些后来到来的种种过去也经常拥有多重解读、不同解读甚至相反解读的可能性，它们让人窥见了不确定的力量关系，窥见了种种因素的多重游戏，它们有时相互对立、滑动，人们并不知道谁最终将取得胜利。另外，一旦人们以为某事件即将发生时，他们就动员起来以改变事物的行程，原本显得确定无疑的事情，立即停止了它的确立势头。诚然，有时候，有些力量关系是人们无法改变的，人们甚至确切无疑地知道结局对大家是宿命的，而这是最坏的形势。衰退即属于这种类型。有些人以为，衰退是保守主义的某种专利的表达（“从前更好”），体现了对一去不复返的某种过去的缅怀和对今不如昔的感叹。在这种确实属于保守主义并转向某种被理想化为黄金时代之过去的衰退观一旁，还确立着另一种衰退观，它没有任何的保守色彩，另外也与进步无关：当人们面对A或非A的选择时，任何选择都不是好选择，不管发生什么事，A或非A的结果都是负面的，这时候就会发生衰退。在这样一种社会里，当这类交替的频率上升时，那么人们就可以谈论衰退。这类衰退与其他类型一起，构成对历史的任何反思。当我们关注那些大的历史时期时，这种类型就是值得关注的种种参数的构成部分。宗教、文化、阶级斗争、自由、平等、知识分子的作用、帝国、核心与外围、进步、衰退、经济的力量等，都是可以解读文明性质的关键概念，这些概念一起形成了它们是否经得起时间的考验，且如何经受即以什么代价来经受时间的考验。因而，这些类型是珍贵的分析工具，没有任何东西可以使我们从中演绎出下述结论：历史只有一种结局、人们不可抗拒地或者在天启的引导下走向这种结局（如平等或福利），甚至它被引向某种具体的方向（如欧洲的一体化、全球化，或者还有“历史的终结”作为或普遍性的到来等）。

历史既非可预测的亦非迈向某种目的的，然而这并不排除历史拥有某种意义的事实。我们这样说的意思仅仅是它是可理解的，拥有某种语法，且对大家也许是一致的。即使那些已经失去的文明也有规则，后者可以解释它们的结局。许多社会都发生了演变或让位于其他社会，但是它们并非因此而拒我们于千里之外。有关这些事件的解读建立在种种概念的基础之上，这些概念自然可以把这些阅读变得令人质疑，亦即提出种种问题。然而，我们可以很肯定地说，问题性是理解历史和社会的进程本身不可或缺的组成部分。每时每刻，围绕需要给出之阐释和需要做出之种种决定的争论都是开放性的。人们越把自己的目光投向那些大的历史时期而非投向随手拿来的种种事实，便越离开了叙述领域而进入了阐释性的问题化领域。这使那些已有的回答变得似乎更需要讨论但也更有趣味了。比较变得可能了。例如，倘若我们谈论中世纪及其自身的特征，我们应该能够在诸如中国等其他文明中找到同样的特征，而如果情况不是这样，那么解释为什么如此就是饶有趣味的事。所产生的言语更多地属于某种严谨的论据化，而不属于某种已然存在、人们只是用事实来解释的真实，一如历史学家自诩可以达到的那样。一种整体视野更多地赋予叩问的机缘，因为要突出这种视野，应该叩问那些仅仅作为问题或某问题之意指而确立的事实。然后需要以和谐的方式把它们耦合起来，而当时的活动者们通常并没有意识到事件发生时它的意义所在。我们尚且记得阿龙迪桑（Arondisant）的话："人们造就着他们自己的历史，却并不知道他们所造就的历史。"谁能够预见到法国大革命之后拿破仑的到来呢？肯定不是那些投身大革命并且相信自由终于到来的人们。然而，历史上很少有革命活动不是以一强人的出现而结束的，后者通常以粗暴的方式终结这场运动。没有凯撒就没有罗马的革命，没有斯大林就没有莫斯科的革命，没有希特勒就没有柏林的革命，没有克伦威尔就没有伦敦的革命，没有拿破仑也就没有巴黎的革命。人们不能以为这是一种偶然的结果，既然我们应该发现这种现象是普遍的，那么，就应该为之而呼唤历史的某种逻辑。但是，有人会说，历史不仅仅是永远具有问题性的某种阅读对象，人们可以把可能相互对立的类型应用于它，历史的本性就是问题性的，因为经历了历史的人们本身相互之间就具有问题性，就像他们的世界对于他们和对于我们一样。那么在历史的一定时刻如何解决这些问题性质的形势呢？答案很少是明确的。在表面上看起来似乎无法预先决断的力量的矛盾关系内部，人们似乎是自由决定的，然而如此肯定吗？无论如何，当历史加速运转时，它似乎更浑浊和更不确定。悖论性的是，行动的意义比以往任何时候都更是每个个人赋予它的意义，似乎他的角色具有绝对性的决定作用，尽管这种作用在大众社会里是微不足道的，这就强化了下述情感，即人们向自己讲述一些漂亮的故事，以确信自己发挥着某种决定性的作用。然而，历史的问题性是特别界定它的东西。当我们观察身边的人们时，他们除了不可预测外拥有一切，似乎他们所呼唤的自由应该从深层确保他们的任何身份。也许只有像战争或占领等脱离常规的形势可以引发他们个人的真正惊愕，而不是那些一直服从于可感知的个人利益的日常事件，如同每个人隐性或非隐性地事实上都得服从的各种规范那样。

作为结论，人们考察的时期越长且越动荡，尤其是，为了弄清一个社会或一个时代究竟发生了什么，事件越繁杂并且越相互矛盾时，历史所拥有的某种解读性的问题性便越浓厚。倘若人们使用的概念出自可能引发以时空错乱方式看待事物之批评的今日，把这些时代与发生在其他地方、其他社会和其他时代相比较的难度越大。无疑，从方法论的视点看，这可能是一种正确的批评，但是应该与历史的问题性结合起来去理解它，尤其不要把它看做我们思维方式的某种缺陷和某种不足。人们的生活离不开历史，它影响着我们并且经常决定着我们。没有领会历史的解读钥匙，我们有可能盲目地步履蹒跚在频频爆发的冲突和相继打击我们的衰退之中。

历史的问题

提出的问题

当我们决定理解历史或历史的某个阶段甚至仅仅理解某些事件时，何以知晓哪些问题是可以提出的中肯问题呢？为什么问题概念具有如此根本的重要性呢？正是英国的大哲学家罗宾·乔治·柯林伍德（R. G. Collingwood）第一个把历史事件作为历史学家应该重构之种种回答来谈论的，历史学家寻求揭示联结在历史事件基础的潜在问题。❶历史在提问，因为人们向历史提问。在历史中，且因为历史的原因，人们面前出现了种种问题，一旦带来回答之后，又出现了其他问题，以此类推。相继出现的事件可谓人们带来的回答。问题存在于事物之中，存在于有待破解的各种形势之中，于是那些寻求理解它们的人们就从精神上提出了各种问题。问题影响着有待于从经济方面和政治方面作出的各种决定，而所有这些力量、这些因素的结果就确实是回答了。事后前来准备解开这些回答的人仅仅拥有最后的回答，但是他还是应该揭示出它回答了什么，亦即出于何种原因它得以在某一时刻确立为回答。现在与过去的这种对话，超越世纪的时空，凝结为某种叩问，档案材料和各种见证在其中相互回应，由于留用事实赋予阐释的机遇，它们就更加维持了叩问的开放性。历史之所以具有问题性质，恰恰因为人们所面对的各种回答不能提供绝对答案的缘故。况且即使

---

❶ 罗宾·乔治·柯林伍德：《自传》（*Au Autobiography*, Oxford, 1938），在这部自传里，作者提供了对其哲学的某种总结，但是我们更多地参照他的著作《历史的观念》（*Idea of History*, 1994 年重印本［Oxford］）。

它们提供绝对答案，某个时刻提出的潜在问题自身也应该被视为是对更早一些问题的回答，以此类推。假如我们不敢肯定，归根结底，“好”的问题就是行为者自身当时引起的问题，那么什么时候停止下来且如何选择“好”的问题来提出呢？历史是种种问题和回答的承接，在这种承接中，我们自身的叩问记录为某种替代、某种可能性，但也记录为众多效果之一。

我们向过去提出的问题乃是现在认为中肯的问题，但也是过去在某一时刻激发出的问题。因此它们的提出不是偶然的。已表达问题的这种现时性反馈到人们叩问事实的选择。历史学家从过去寻找行将回应它的东西。很难像中世纪人们所做的那样，借助于神学的启示来解读柏拉图和亚里士多德的著作，因为这些问题已经不再引发哲学家们的兴趣。人们像波珀（Popper）一样，更喜欢向古代作者提问他们有关政治、自由和正义方面的论述，因为这些问题更关涉现代人。另外，正是叩问的这种多元性使每个时代都更新了它关于大作家和大哲学家的方法，但也更新了它关于艺术家、史诗性著述和各种文明的方法。

因而，我们有权力设想，历史学家提出的问题并非源自某种任性的阅读，而是它们受历史本身的因果结构的引导。正是历史本身，通过某些演进并确立于程度不同的现在时代的某些因素的卓越地位，带来了人们认为属于每个时代的问题。人们之所以关注马克思时代资产阶级（la *bourgeoisie*）的作用，那是因为人们意识到它在19世纪末社会中明显的重要性，并且需要理解，资产阶级是如何从涓涓小溪变成席卷旧制度的大江大河的。由此开始，把这段过去变成解释历史、包括解释未来的某种普遍图式的源泉，马克思仅跨越了一步之遥。在《共产党宣言》（le *Manifeste du Parti communiste*，1848）里，他以为从古代以来被压迫阶级从它们的压迫者那里夺得政权的规律性承接中找到了历史的钥匙，正如资产阶级通过推翻旧制度而摆脱封建专制和贵族那样。那么，这种概括是否正确呢？在古代世界，贵族与平民百姓一起顺应历史的潮流，而我们还不敢肯定工人是否先于资本主义而消失，因为资本主义越来越朝着金融模式和第三产业模式演进。这验证了下述情况，即历史学家提出的问题本身就是他所经历的历史的产品。这些问题就是历史的构成部分，且正是由于这个原因它们才得以更新。由此历史学家试图把自己感知为重大变化的某种阐释者，尽力研究它们是如何发生这些变化的，也许然后才作出它们是不可避免的结论。元素的演进机制是一种我们可以称作偏离的程序，它们起初混合在一起，然后浮现出来，直至我们必须从开始回视它们的历史演变，那时人们还没有把它们独特化。事实上，它不可能不引起人们对数学上所学习的微分现象的联想。引申而言，历史中的偏离就可以定义为最初几乎没有什么意义的众多的经常相反的元素，随着时间的进展而具有了重要性，逐渐强化并最终步其他元素之后尘而自立的程序。让我们再次回顾马克思对资产阶级的历史性分析：商人在农耕社会里发挥的作用相对较弱，然后以其财富统治了农耕社会，并通过掌握政权和强制推行新的治理方式而不可挽回地改变了农耕社会，它们的新治理方式体现了竞争活动和淘汰性活动（我们不妨补充上选择性活动），这是它们的起源。这些因演变竟至脱颖而出并引发人们关注的历史元素们，体现在种种思维方式之中，后者拥有某种“越……越……”的很具体的形式。这种形式表达了元素的历史性和变化，正如它把它们关联起来一样。“历史的微分”就居住在这些相关的变化之中，它们有时可能是相互对立的变化：“越……就越少……”。例如，国家越集权，等级制越强烈，社会的流动性就越少，并且只能从殖民潮流甚至帝国主义潮流中找到被剥夺阶级的出路。这样一种发现可以解释欧洲的殖民化何以与具有强烈集权性质的君主集权国家的形成相关。西班牙显然并非偶然地“发现”了美洲。这是由于西班牙君主立宪制体制建构为集权化的绝对权力的程序的缘故，然而这种君主立宪制起初大大借助了它的封建力量以及它的贵族，以夺取被伊斯兰势力占据的领土。西班牙的君主们不得不从贵族之外寻找财富，以避免成为贵族们在金融方面的人质，并看到他们要求更多的权力。美洲的黄金使他们拥有了这种可能性。相反，在英国，君主立宪自很久以来就已经集权化，但是几个世纪以来逐渐衰弱。英国女王伊丽莎白一世重新找回了某种与其贵族地位相类似的形势。19 世纪时，欧洲国家作为民族在自我封闭的同时，不乏把自己扩展到欧洲以外的关注，它们在自己的领土以外为自己找到了大片的土地和广阔销路，亦即获得殖民帝国，而荷兰和法国 17 世纪就已经真刀实枪地这样干了。唯有更弱且直到 1866 年还处于分裂状态的德国没有获得殖民地。因此，当它在 19 世纪末期成为欧洲第一工业强国时，它就在欧洲内部寻找自己财富的销路和提升自己的空间，而欧洲其他国家是从欧洲以外寻找这种市场和空间的。这就滋生了希特勒十分看重的生存空间(*Lebenstraum*)的意识形态：德国"应该"摧残东欧的人口以便把自己的民众迁移过去。我们知道，这意味着以所谓的日耳曼人高于"土著"民族和其他"低劣人种"的名义集体屠杀和灭绝其他民族。至于美利坚合众国，它们在自己的领土内部有自己的"边界"，于是就有占领西部的行为。在这方面，它们显得与中国有些类似，中国自古以来就一直努力团结起来，抵御一直侵犯其领土、将其殖民化的蒙古民族，这种殖民化有时长至若干世纪，直到 1911 年。扩张越向周围普遍扩展，生产率便越下降，那么就更需要继续偏移。欧洲一个有意思的情况是荷兰的情况。❶ 它构成哈布斯堡家族帝国的某种外围，因为它以商业为核心。考虑到它的狭小领土，独立时，它便比以往更义无反顾地投入了海上贸易，那么在堪称民族国家之世纪的 19 世纪之前，人们无法说它是帝国或抨击它的殖民主义。这些囿于其自然疆域之内的民族国家就需要找到殖民地以确保它们的扩张。荷兰在这个哈布斯堡家族帝国里发挥了某种基本的作用，哈布斯堡家族帝国依赖它

❶ 有关下面叙述的情况，请参阅：Ralph Davis, *The Rise of Atlantic Economies*, Cornell University Press, 1973, p. 176 sq.；Jonathan Hart, *Empires and Colonies*, *Londres*, *Polity*, 2008.

的商业精英，因而不需要直接发展核心地域的商业力量。我们理解新教作为独立的武器，使边缘从属于核心的这项任务变得更加困难。[1]

然而乍看起来，宗教因果关系的某些因素似乎脱离了韦伯关于西方独特性的著名公式：经济和办公系统的理性化可能是新教苦行主义的果实，新教苦行主义把财富和经济上的斤斤计较作为上帝圣选所极力追求的标志。那里新教获得了胜利，例如在德国、荷兰、英国，当然还有美国，资本主义就得以确立并且创造了毋庸置疑的财富。意大利和弗朗德勒地区的反面例子是众所周知的。它们展示了下述事实，即意识形态——这里指的是宗教意识形态——本身是某种内生性变量。当中央政权处于弱势且政出多门时，王子们不需要成为新教徒。法国国王或日耳曼的圣徒皇帝，谁是北方城市和南方城市的封建君主呢？现在，弗朗德勒地区和意大利利用其监护国模糊的时机抓紧发展自己，把人们称做文艺复兴的东西带入它们繁荣的列车。这些拥有一定自立性的城市没有必要因此而发展取代天主教的某种意识形态。它们拥有自由，无论如何，相当长时间以来它们就拥有了把历史挤入现代性的自由。新教是处于反叛之中的封建力量和资产者的意识形态，他们反对过于强大的中央政权刁难他们。没有一丝一毫的这类情形发生在这个时代的弗朗德勒地区和意大利，它们似乎处于帝国的边缘地带，这些帝国开始很弱，难以限制它们，后来后者就分化为多种相互对立的民族。因此，我们可以把韦伯的规律概括如下，断定天主教性质的中央政权越强大，新教越服务于质疑该政权，行为和思想的自由越大，开创事业、在现有等级制度之外发家致富的用心便越能够立足。不同节奏、集约式的或遵循某种框架（例如以行业协会为框架）的多重演变行将记载在这些表达为“越……越……”的微分之中。从术语的严格意义上说，唯独能够立足的历史规律是把这种差异化的历史性纳入其构成方式的规律。临摹自然科学机制的某种因果关系有可

[1] J. Burbank et F. *Empire*, Princeton University Press, 2010, p. 122.

能消除历史领域的独特性。

历史学家还有另一种工作，它具化为借助文献或见证而汇集事实，如同人们在侦破调查中所做的那样。这类实践滋生了历史的实证主义："事实，唯有事实"。人们有时忘记了这一点，即人们收集的事实只有作为对某些所提问题的回答时，才具有事实的性质，如同任何调查中那样。实证主义使人们忘记了问题，然而人们永远只对那些形成问题的东西感兴趣，尽管问题之所在不可能全部摧毁激发问题浮现或彰显的问题。由于这种原因，历史探索的这种实证主义视野尽管可以令人放心，却有悖于历史学家的真正工作，即使他没有寻求普遍规律时，亦如此。

我称作问题学的历史解读扎根于下述事实，即社会每个时代都碰到种种问题，即时问题或更长期的问题，如气候脱离正常秩序的问题。面对它们，尝试解决它们，甚至于向它们屈服，都反馈到人类历史的问题性。它要求人们和社会思考这些问题并检视各种在场的力量：经济、与邻国的竞争、原材料的供应、战争的可能性、进行战争的实际情况、长期和短期计划和战略的实施、社会斗争、宗教和政治祈愿等因素都是众多的挑战，是汤因比所说的"锦标赛"（challenges）。叩问的单位有时选择文化、社会阶级、进步或衰退、民族、帝国及当时的重大事件，而正是通过这些单位的选择且在这种选择之中，历史学家行将组织他的剪切，有时会脱离相关当事人的生活经历，当这些问题性暴发为问题之前，后者并未赋予它们以重要性。衍生概念（le concept de dérivation）旨在捕捉的正是这些出现和历史在场的现象。诸如宗教和文化等这些问题都在演变和发展，并最终呈现为某种严峻的板块，使得一个时代的个人和社会都不再可能无视它们，而历史学家事后来为它们定位。因而这些就是他的分析参数，它们在被那些承受其后果的人们问题化之前，甚至就已经在现实中展开活动。当这确实是一个真正的"问题"时，它们的重要性仅仅稍后才确立在这个社会。当这些因素过去发生时，它们还仅仅发挥着弱小的作用、但逐渐主导了政治和社会舞台、而其同代人当时甚至不把它们视为问题的时候，历史学家就是要让各种因素的在场从这种“后来的”明显呈现中衍生出来。让我们想想宗教的作用，尤其是21世纪伊斯兰教的作用。对于很多人而言，世俗化的政治观和世界观与以宗教的主导地位为调整基点的政治观和世界观之间的斗争，1989年柏林墙倒塌之后，犹如一声惊雷。人们相信自由将风行世界并惠及所有人。需要历史学家和政治学家把我们带入理性，以正视作为支柱的宗教因素将在这里或那里显现它的全部重要性，直至在一些国家包括西方国家表达对西方的某种被动程度的忌恨。宗教因素从先前的游戏中脱颖而出，人们事后才把这些力量的游戏确定为决定性因素，这些力量最终使宗教因素作为独特的力量而浮现出来。这个问题，这种问题性，像所有其他问题一样，要求对历史的某种问题学阅读，这就是我们在这里所建议的问题学阅读。为什么宗教因素会重新走向前台，为什么它会使其他因素黯然失色，而这种情形到处如出一辙呢？众多的问题把历史学家投入种种也许新的问题性中，无论如何被更新的问题性中，涉及社会的流动性、贫穷、各种社会的历史性差异、移民现象、文化和文明、共同体等，而历史学家却喋喋不休地继续向我们大谈阶级斗争，没有看到社会的动力因素并不局限于创造资本以期投资并赚取利润的意愿。历史还有其他动力，即使前述动力处于某种产生意义或不产生意义的文化背景的核心（韦伯），当它产生意义时，也并非千篇一律。问题学的历史观正以对不同问题及其耦合为核心的这种细微的阅读为特征。

存在历史的语法吗?

1. 隐喻化与差异

如果历史没有被证实的目的时,[1] 那么无论如何就需要一把基础的钥匙，以便能够破解它。这就是我们称作“历史的语法”的意义：一种语法用来理解每个人都可以表述的东西，而非推论他将说什么，他将说什么的细节是不可预测的。例如，当某人讲法语时，他必然要使用法语语言的规则，这就可以捕捉他讲话中所使用的语词。在历史中，人们应该能够以相似的方式运行并因而分离出某种最低的公理，在这种公理的基础上，大家能够获得一致意见，而不管他们各自的历史观是什么。然而什么是历史呢？它难道不是某种程序，在这种程序中，现在的事物已经不完全是先前的形态了？这种现象可以是局部的，或者像革命运动中那样，是更全面的。差异是历史的钥匙，因而也是解读历史的钥匙。历史的运行越快越呈现加速状态，各种差异越深入事物的真谛，后者仅变成了它们自身的隐喻。随着各种真谛（身份）停止它们的忠实意义上的真谛身份时，隐喻化使历史变得更加扑朔迷离。最后，乃是真正的谜、纯粹的虚构性隐喻，提出了它们是否还能继续意指的问题。那么作为问题性，这些隐喻呼唤新的回答，以此类推。如果我们把历史视为程序，它就这样回答某种隐喻化，亦即回答各种不同平台上日渐增长的问题化。

简言之，各种差异在形成。各种真谛隐喻化，把差异遮蔽成形象

[1] 我们提醒大家，“历史”一词如果指示历史事件和历史的产物时，首字母大写；如果它仅仅参照历史学家关于历史的言语时，则小写。

性的身份。历史的加速运动越增长，人们便越不会忠实地使用这种身份。于是差异也失去了它的本来面貌，那些分崩离析的语词行将区别有致地呈现出来，亦即呈现为各自独立的语词。

2. 隐喻化与叩问

那么深言之，隐喻化程序与叩问之间是何种关系呢？历史的加速使受其影响的各种价值越来越成为问题，另外其变化的节奏把这种问题性传达给越来越多的事物：事物愈来愈快速地脱胎换骨，那些最稳定的价值以很快的频率被置疑，像军队、宗教、家庭、配偶、作为基础和权利主体的个人（人们行将限制或无视的权利）。我们不妨这样反问，长此以往，问题性与历史性的这种伴随可能导致某种社会的终结抑或这仅仅是走向某种更大变动的一个阶段，解开它的钥匙有可能藏在别处，且其寿命的延续可能借助其他基础。进步、衰退或者对我们所生存世界的重新定义，以期取消并无视变化，三种可能性似乎都有可能发生。对于这些不同的论点，人们拥有某种特殊的修辞学，而令人担心的是，我们这里更多地处于信仰范畴而非处于已建立事实的范畴。但是，存在某种继续的修辞学、变化的修辞学或衰退的修辞学，这是毫无疑义的，因为我们每天都能从政治评论中读出。

无论如何，历史的本能就是为一种回答激发众多新问题。某些问题将不为人知，其他问题将被揭示为问题，并反过来提出种种新问题。正如我们上面描述过的那样，历史就是问题与回答的相互承接。承接的节奏有时候比较慢，例如以前我们称作“原始的”史前社会，或者更持之以恒，但并非一切都同时变成问题，那样，社会或政治整体就可能一劳永逸地彻底垮台。

问题与回答的联结是事物继续发展的关键所在，而当两者之间的区别趋向于消失时，混淆就会立足。个体就会迷失方向，不再知道如何把某种问题性的回答与非问题性的回答相区别。须知，这种区别对于任何理性行为都是根本性的，在理性行为中，人们是根据所提问题进行回答的。另外，理性意味着能够使自己的回答适应于有待解决的问题。反之，非理性主义源自问题与回答的非差异化。那么，它们的差异建立在什么基础之上呢？倘若我们仔细观察的话，问题的相互滋生遵循着某种近距离、形似、弱势的逻辑，后者意味着弱势真谛，有时候一个共同点就足以把原本没有任何共同之处的物质修饰为相似物。科学领域与其他领域一样，那些假设是如何做出的，难道不是把貌似中肯的成分组合在一起，建构类同性推理，它们并非答案而仅仅是问题的表达吗？这样的组合仅仅在梦境中或者在类同思想主导的社会中才是回答。对于我们而言，这样一种同一性作为回答仍然显得过于单薄，然而史前社会就是进行这类混杂的，把我们今天认为很弱的同一性变得很强势。人们说，波洛洛人（Le Bororo）自以为是某种阿拉拉鸟（un arara），自以为是鹦鹉。我们不妨要问，为什么他会这样做，且这种认同意味着什么。对于他自己，这难道不也是荒诞的吗？其实，他获得了对象的表语，获得了后者的形体特性，因为他以为两者的灵魂只能是合二而一的。[1] 我们把这个层面称为问题学的层面，因为它覆盖着种种问题相互之间的联结和推论，这个层面是由弱势的本是支配着，这并不意味着我们应该以史前的部落为榜样，用强势同一性的种种回答来反思这个层面，对当时只是观察事物的一种方式信以为真，当做严谨的实际情况。正如我们所说，这种瞄准强势本是的现象仅存在于那些不怎么演进的社会里。那里的一切都是稳定的，因而表达这种稳定性的身份呈现为强势的和不可触犯的：由于这种身份不是弱势的，那么问题就无法插入回答的行列。为了解释显性的和感性的各种差异，亦即解释大自然中生物的分配，人们借用众多神性来支撑世间的这种多元现象并让它们作为众多区别有致的力量而发挥作

[1] 关于这种逻辑，我们只能请大家阅读 P. 德科拉（P. Descola）的权威著作《超越本性和文化》（*Par delà nature et culture*，伽利玛出版社，2005），在这部书中，他详细解释了泛灵论的程序。

用，亦即作为真实世界差异化现象的潜在力量。于是真实同时意味着事物和生物之间严谨的和特别的等同，正如它们在其他层面是等值的一样。至于回答范畴，它永远区别于问题范畴，因为后者书写为弱势身份。于是人们谈论强势的问题学排斥。反之，当历史加速运行时，这种排斥趋向于减弱，问题性越来越可以得到表述并最终融合到回答范畴之中。另外，各种差异形成了，原来之所是已经不完全保持原样了，它仅保持着原是的隐喻风貌。弱势的身份占领了回答，由于问题也被书写为弱势的存在，它们之间的无差异化就窥视着时机。把问题化的回答与非问题化的回答混为一谈的风险增大了。本是弱化了，身份也因之而弱化了。隐喻就是通过某种相似的形式俘获了差异性的辞格。对于哲学家而言，历史正是弱化的问题学排斥，于是，问题与回答的差异缩小了。

在这些情况里发生的事情，没有任何东西是预先决定的。回答日益增长的隐喻化的自由是多重的，至少第一阶段如此。

对这种削弱中的问题学排斥的第一种可能的回答是：人们一如既往地行动，似乎什么变化都没有发生，并且把各种差异仍然视为同一性，因为差距是很弱的。人们不放弃任何回答，重新建构它们旨在保留它们。渐渐地，与那些拒绝这些回答的人们的正面冲突就变得不可避免了。应该把这种冲突看成是古今之争的源泉，古今之争最终成了右派与左派之争、保守者与进步者之争。这就是这种双重政治视野、关于政治的视野的根源，包括在文学领域和科学领域。但是，从长远角度看，假如变化的节奏得以继续，那么，就不可避免地出现下述情况，即隐喻化的回答作为种种隐喻最终分崩离析，这是神秘性的解决形式。它们爆裂了，不再坚持为回答之身，不再具有回答的价值。而当这种问题性确立时，那么人们就寻找种种新回答来替换它们，于是一种新的忠实性（忠实义）确立。这就是我们可以称作解决性排斥（*apokrisis* 在希腊语中意味着解决）的东西。当问题学排斥削弱时，问题性有可能进入回答行列，因为一些回答的本是趋向于消除与他者之本是的差异。运动中的真实发现其真谛衰退了，似乎真实就是由种种问题编织而成的。唯一回答削弱中并趋向于取消问题与回答之差异的本是的方式，就是通过强势之本是来界定它并把弱势之本是扔出回答行为之外。于是在类同和形似越来越居于支配地位的那些时代，就出现了大自然的数理化。强化中的解决性排斥是对衰退中的问题学排斥的某种回答。由此直接产生了现代科学。文艺复兴时期，言语性建立在类同和形似的基础之上，它们是那些最大胆的应和的源泉，但是我们在开普勒、哥白尼和伽利略那里也看到了大自然的数理化。这样，与减少中的问题学排斥相对应的，就是增长中的解决性排斥，而问题学的差异同时得到了保证。人们已经在古希腊人那里发现了数理化的某种开始，例如几何学（强势本是）的诞生，但是那时几何学并未用于把大自然数理化的目的，而这从理论上本来是可能的，但历史上并未这样发生。问题学排斥在古希腊人那里并不像在文艺复兴时期那样弱，文艺复兴时期，历史再次经历了某种非常强烈的加速运行。

当问题学排斥强烈衰减时，不再具有回答价值的种种回答行将与其他回答相混淆。希腊人最先知道这一点。亚里士多德说，决断的唯一方法是，仅接受那些被论证的话语为回答。由此出现了修辞学与论据化的区别，前者可以让非回答进入回答的行列，后者仅接受被论证为真正的回答为回答。笛卡尔以为，这样一种路径还不够，因为在回答的弱势范畴内部存在着回答与非回答的混淆，因而需要重新界定这个范畴以便预防任何可能的混淆。需要采用数学真谛的强势本是以避免回答内部可能出现的任何混杂现象，并甚至确保没有这类混杂。人们从论据化过渡到了分析。

文艺复兴时期，数理化就这样逐渐呈现为真正回答的规范，甚至成为真正的回答行为的规范。这喻示着现代科学到来了。然而众所周知，编织着变化之物理学的运动方程并不关注变化着的物质的质量：人们仅仅谈论运动中的物体，所有的规律适用于所有的物体，而罔顾它们的质量差异。正是物质本性、物质类型的这种无差异性成了化学

（无机物）和生物学（有机物）的源泉，它们反映变化着的物质的本性。然而，它们自己也是演进的，因为是科学，朝着寻找强势身份的方向演进（拉瓦锡［Lavoisier］、道尔顿［Dalton］），建立分类，以确定如此重新界定之真确性的有效场域（居维叶［Cuvier］或门德列捷夫），当历史时间呈现为决定因素时，以期最终把自己历史化，例如在地质学或各种进化理论中那样。

衰退中的问题学排斥并非以解决性排斥为唯一的回答，后者在被数理化的科学中逐渐强化。在种种回答之旁得以表达的问题与回答混淆在一起，有时产生了悲剧性的混淆后果和喜剧性的误会，如在戏剧舞台上那样。广义的艺术，尤其是文学，体现着问题学排斥的弱化，以各种不同的语言表达着言说行为和言说结果日渐增长的神秘性。

时间与历史或历史与时间?

大部分哲学家，例如黑格尔或海德格尔，都把我们之感知和我们的概念建构的历史性扎根于我们体验时间性的方式之中。现在、过去和未来就是思考历史的主导语词，而历史的历史性就由我们观察和体验这种时间性的方式中派生而出。作为存在维度的历史就从时间中脱颖而出，并通过把每个人的时间经历相加为一个演进的整体而竟至反映存在，自然，对于每个人而言，这个整体演进的节奏是不同的，但仍然构成一个可以囊括个人时间性的整体。那么，历史就只能超越个体，并把他们投入甚至延伸到其他人的命运中。这大概就是他们的众多的有时嘲讽般的冲动的潜在理性，他们可能是这些冲动的受害者，有时也是这些冲动的始作俑者。人们不是说，经历理性的人们深知它是悲剧性的，而对于观察理性的人们它又是喜剧性的吗?

提出问题的是个人时间甚或客观化的个人时间向由时间构成的历史的过渡。为了澄清这个问题，让我们暂且关注历史性概念。它到底涵盖什么呢?

任何叩问，例如个人向自己的叩问，都是开创性的和原初的。没有回答不扎根于某问题。然而这种开始的维度属于哲学范畴而非属于历史范畴，因为任何具体问题都已经是对某个要求人们提出它的问题性的某种回答。我们所反思的叩问创立了它所建立的哲理性与它所延伸和回答的历史性之间的这种二分法。这样，我们就拥有问题与回答的分裂，这种分裂跌入叩问的内部，它使“叩问和历史性”这一组概念成为哲理性本身的基本的链接点。[1] 当人们提问的时候，人们排斥了这次提问之前相互承接的问题和回答的这种链条。人们从一定时刻提出的问题开始，这个时刻就是人们定性为“现在”的时刻，他们并不上溯到混沌时代或者上溯到上帝以解释一切事情。人们仅仅知道，相对于这个问题，有先于这次叩问的过去和晚于它的未来，其支柱就是人们提出的问题，它被感知为某种现在、某种给定的现实。然而历史性确实是真实的。它是对现在问题所出自的种种先前问题的排斥，没有这种排斥，我们可能更多地拥有对先前问题的某种回答，而不会出现一个真正的原初性质的问题。排斥具化为把问题保持在回答范畴之外，以避免任何混淆并永远能够把它们区分开，这是一个程序，其形式随着历史的演进而变化。保持问题与回答的这种问题学差异只有在下述情况下才是可能的，即有可能因为历史的置疑而削弱的这种常态的排斥本身，以不同的方式被排斥以保证这种常态时。我们可以说，对叩问的排斥是常态的，对这种排斥的排斥却不是常态的。历史性就是恒常与变化的这种关系，它可以使叩问无声无息地得以表达，并最终像今天这样，得以被表达为叩问。这是问题学差异所要求的。这样，作为问题学差异这种表述的历史性自身就被排斥到日常叩问的实际性中，日常叩问一般不以表述为目的，而是为了获得种种回答。那么，历史性就呈现为对历史的排斥，把历史排斥到我们之解决方案的实现中，这些解决方案都记录在某种现在形态中，现在形态呈现为反历史的形态，即使我们所做和所经历的一切都受到它的标记。所有围绕我们并影响我们的东西都带着历史的烙印，计算机和手表、钢笔和笔记本、灯和书等，20 年前，50 年前或 100 年前，所有这一切都不存在，至少不以这种形式存在。围绕我们的任何东西，从我们自身算起，都逃避不了历史，然而，在我们与历史相关联以期日常

---

[1] 关于这个主题，参阅 M. Meyer, *Questionnement et Historicité*, PUF, coll. «Quadrige», 2000; PUF, 2011.

能够体验到历史的方式中，没有任何东西是以历史的方式去思考的以期达到这种关联和日常体验。时间和空间在这种排斥和世界的叩问性出现中，发挥着某种根本性的作用，把现在（le *présent*）改造成了在场（*présence*），把解决的实际性改造成了对实际事物的意识。但是，空间和时间到底意味着什么呢？

任何叩问程序都是通过一系列问题和子问题在时间中展开的，这些问题和子问题构成某种时间序列。如果我们把这个序列整体拿来，它界定着某种延续，但是，如果我们把它当做种种局部问题的整体来接触，它就被破碎为异质程度不同的种种单位。异质时间一般是品质属性和一个开启了某种程序并划定该程序之前和之后的问题（或叩问）。这个时刻可能较短甚至是瞬息的，或者较长并展现在延续之中。在某种叩问和其子问题的实施中，时间是被排斥的，当然这可能不是它们的目的。反之，在这些问题的展现中比较实际的东西，却是每次都构成问题的东西。这个事物出现在这种呈现的排斥之中。空间对应于问题中的物质的多重性，而时间则对应于这个同一叩问程序内部种种问题的多重性。在空间里，人们永远只能感知到对于一个问题中肯的东西，正如萨特《存在与虚无》（l'*être et le Néan*）开篇的例子那样，倘若人们说“皮埃尔不在那儿”，这不是为了证实那儿是虚无的，而是为了陈述对一个已经提出问题的回答，该问题把与进入咖啡馆之人的问题无关的人们改造为本质上无差异化和淡漠的生物。

与其前辈思想家相反，康德支持下述观点，即空间和时间不是类型，而是感性直觉的形式。这两种定位是真实的。“在什么地方”和“什么时候”是两种提问，像“为什么”“如何”“谁”“什么”一样，后者服务于弄清人们在世界上寻找的东西，当我们应该回答这个世界上的种种问题时。各种回答必然确定“是谁”“什么东西”等，亦即地点、时间、理由，同时它们又使我们面对种种存在，它们具化为何时何地、因何原因、以何方式存在的这个或那个，等等。总之，这些疑问词乃是旨在弄清人们寻找什么的种种类型，然而它们也旨在回答有关人们努力表述为构成解决对象、解决所关涉对象的东西。地点和时间逃避不了规则。它们使人们认识某时空展现中所存在的东西，然而，它们也以提问维度之身构成了鉴定存在真实的展现形式，提问者通过这种展现以唯一的方式确认了存在。这并不排除，其他类型，如“为什么”或“如何”，也保证了这种认识。当人们能够说出为什么某物存在，就知道它是存在的，或者当人们能够说出事物是如何产生的，就知道它们是什么。无论如何，在界定真实时，时间和空间无须获得特别的青睐，正如康德努力把经验主义的贡献纳入他的思考同时又竭力超越它时所主张的那样。

如何看待历史？进步或衰退？

正是演进中的历史在旨在捕捉历史运动的种种独特概念的基础上，重新引导人们关于历史的观念化。进步的思想一如衰退的思想一样，是这些关键概念的构成部分，从这些概念出发，各种革命运动、大的迁徙活动、战争和经验等，才有了它们的意义。然而还有，正是社会流动性的作用和运行似乎支撑着作为这种流动性之效果或形式的上述不同概念的意义。

从启蒙时代起，人们习惯于以为历史中有某种进步，以为某种更好的前景一代一代得到落实。人们相信 1815 ~ 1914 年这一个世纪就是这样的。但是，20 世纪屠杀了欧洲的两次世界大战在野蛮方面达到了登峰造极的程度，以至于大部分历史学家都不得不修订他们的判断。最著名的分析是 30 年代开始的汤因比的《历史研究》（*A Study of History*）和斯宾格勒的《西方的没落》（*Le Déclin de l'Occident*, 1918 ~ 1922）。

这并没有阻止下述现象，即第二次世界大战之后，欧洲重建的乐观主义使人们再次忘记历史的衰退观，[1] 这种乐观主义强化了历史以人类的持续进步为特征的思想。这个主题不仅仅是等待既不可避免又拯救世界的某种革命的马克思主义史学家的事实，它也是所谓的自由主义史学家的信条，如福山（Fukuyama）在《历史的终结与最后一人》（*La Fin de l'Histoire et le dernier homme*, 1972）里所展现的信条，

---

[1] 在法国，这种历史的衰落观受人尊重是与 N. 巴维雷兹（N. Baverez）的论点结合在一起的，尤其是在他的著作《衰落中的法国》（*La France qui tombe*, Perrin, 2004）中。

他们相信民主的不可避免的普遍化反历史性地调节源自历史的各种冲突。然而，当我们仔细阅读过去那些大历史学家，不管是分析古希腊终结的修昔底德，还是关注罗马衰退和垮台的吉本，相对于更多从历史的颤栗中看到行将重复的衰退开始的历史观，历史学家们远没有青睐以进步为核心的历史观。

那么，到底是进步还是衰退？事实上，这两个概念不可分割地互相反馈，因为它们经常表达了领会相同现实的两种相反相成的方式。我们的偏离概念——在这个概念中，长久以来处于实践中的种种因素最终显示为决定性因素，一定时刻遮蔽了其他因素——解释了这种现象，后者与亚努斯的某种面具联姻。人们用来解释现代社会的资产阶级的作用，使得种种开端和某种结局得以呈现，如果我们把另一因素，例如条件的平等化，用以保证这种平等化的民主化或中央政权的建立，视为决定性因素时，上述开端和结局就不同于后一种情况下行将浮现的开端和结局。例如，按照马克思的说法，法国大革命迎来了自中世纪起就在城市中逐渐发展起来的资产阶级。被愈来愈“无用”的贵族的特权所压抑的资产阶级，如果不摆脱作为旧制度之特征的这些僵化的政权，就无法得到更大的发展。反之，如果我们追随托克维尔（Tocqueville）的理论，资产阶级大革命就没有任何创新的东西，它只是通过某种当然决定性的阶段，进一步延续了国家的集权化，后者关注由君主制开始的平等化，提升了资产者的地位，以期更好地阻遏贵族的权力，国王不想成为贵族的人质。在托克维尔那里吸引人们注意力的更多的是条件的平等化和社会的流动性，超过了马克思所酷爱的阶级斗争，后者归根结底只是社会流动性的一种方式。总之，历史学家选择青睐的开端、发动机也将决定结局，决定其邻近结局的实现情况。如果我们观察事物的经济风貌，封建主义从城市的诞生延续到法国大革命，然而倘若人们关注个人主义的上升，我们可以从古代就推演出个人主义的方式，并在当代发现它的破坏性的或非破坏性的全面盛开。这到底是一种进步还是一种衰退？难道更多的不是两者兼而有之、同一现象永远展现了它的两面性——正面和负面吗？人们所宣称的任何历史演变都提出了弄清瓶子里是否半虚半实的问题。

某种相似的思路可以应用于罗马帝国的终结：它标志着一个世界的消失和另一世界的开始，抑或仅仅是称作中世纪的另一新世界诞生过程中的第一个漫长的阶段、它看到一个混沌时代（罗马的最终垮台只是这个混沌时代的一个阶段和可能性）之后种种新的君主制脱颖而出吗？我们还可以细化这个方法。吉本在《罗马帝国的衰退和垮台之原因》（les *Causes du déclin et de la chute de l'Empire roman*，1776）一书中认为，帝国的终结与其道德的衰退相关，而道德之衰退是由于基督教的普遍化侵蚀了罗马帝国的贵族根基和掠夺性根基而导致的。反之，彼特·布朗（Peter Brown）在《晚古世界》（*Le Monde de l'Antiquité tardive*，1989）一书中则认为，基督教的到来延续了这个世界，甚至改造了它，并因而保证了罗马世界与我们这个世界的连续性。这些论点的任何一个本身都不是错误的，仅仅是它们所采纳的视野不同而已，这就导致对被认为是真实问题之回答的另一种阐释。可能由米舍莱（Michelet）引入的中世纪这个概念本身已经提出了问题，因为它喻示着一个没有自身特点、首先是从先于它和晚于它的对应角度去界定的中间时代的思想。另外，正是自视为革新者或改革者的文艺复兴时期的人文主义者最先使用“中世纪”这个语词的，正如雅各布·布克哈特（Jakob Burckhardt）在19世纪时发明了“文艺复兴”一词一样。把历史切割为古代、中世纪、文艺复兴、现代和当代的做法，似乎突出了以进步或无论如何以种种进步为特色的某种历史观。这种切割无视或缩小了倒退、衰退、终结、循环等现象，实际支撑着某种线性进步的历史观。然而，这样一种观念无法使我们理解例如中国的历史，或者无法理解我们这里古代末期野蛮迁徙所强加的文明的更替。在文艺复兴时期，正如其名称所指示的那样，历史无疑开始了一轮新的循环，但是从零开始，以古希腊为起点，重走古人已经走过的路程。

于是欧洲模式逐渐被这种切割所取代，而连续性取得了胜利。由此出发，人们被引导到把欧洲的发展与其他大陆的发展相比较，这就导致F. 布罗代尔（F. Braudel）和I. 沃勒斯坦（I. Wallerstein）发挥了经济—世界的思想。人们竭力用这一概念理解其他文明的发展甚至理解处于外围状态的其他国家的发展，把外围与某核心端相关联。正是它们之间相继承接和被颠覆的力量关系允许人们比较历史中不协调的各种社会。

今天，如果我们想把中国的历史囊括进来，那么真的，最好采纳的方法应该基于中间与外围的关系。由此产生对各种帝国主义和殖民主义的理解，然而也产生对中央集权国家的建构。应该给这个模式纳入社会流动性的基本角色，截至现在人们尚未这样做过，社会流动性是侵略和革命的源泉，或者相反，也是把社会整体巩固为多数群体占主导地位（由此产生民主）的源泉。对于一个固定的蛋糕而言，流动性有时是某种总数为零的游戏，有时候它又是某些人或某些社会阶层相对于其他人或其他社会阶层衰退或进步的同义词，这就使模式进一步复杂化了，但是赋予相互交替的部分进步或整体进步与部分衰退和整体衰退以意义。

历史会终结吗？

这是黑格尔的论点。它试图展示历史会向着对自由的深思熟虑的意识进步，这种意识将作用于社会。法国大革命的影响是显而易见的。黑格尔观点的特殊之处，在于一个阶段一个阶段地研究这些进步是如何走向这种自由的。黑格尔说，这种自由是“精神的本质和历史的绝对终结”，它将分三个阶段逐渐实现。[1] 第一阶段用于君主一个人的自由，第二阶段着眼于一个小群体即寡头集团的自由，而最后的第三阶段将看到所有人的自由。与这三个阶段相对应的分别是东方世

[1] *Op. cit.*, p.31.

界、古代社会和日耳曼世界。我们还可以把古代世界分为希腊时代和罗马时代，这样，日耳曼世界就变成了第四个阶段，变成了前三个阶段的最后综合和它们的完全实现，它也是对整个程序的意识（历史的终结）。以所有人的自由为结局的意识的自由在现代社会里看到了民主自由的到来，而个性通过意识的自由在上述程序中得以形成。然而，民主自由在现代社会的实现也分为三个阶段[1]：第一阶段以颓废的罗马世界出现了日耳曼国家为开端，随后，自由集中于国家与教会的对立，最后，自由的普遍化有利于意识的自由，现代科学就是这种意识之自由的最明显的表达。黑格尔把这种演进分别称作父亲之治、儿子之治和精神的统治时代。日耳曼世界就这样重新走过它之前的阶段以期超越它们。人类社会之历史演进中的第一个阶段永远专注于一个人的自由，他为了生存应该湮灭其他人，然后才意识到他需要他们。在随后到来的阶段里，人意识到了这种局限性，一个新的世界在人们的精神中诞生了，这个世界不同于先前的世界，因为它与神灵相关联；仅仅作为生存在地球上的世俗之人，他们终于捕捉到自己恰恰作为精神的存在价值。因此，黑格尔不得不面对无神论的指控。

这场演变的动力就是被黑格尔体验为激情活动的矛盾。他写道：“没有激情的世界里，亦即没有个体们对个性的表达，没有肯定他们超越现存并制约他们的东西的意志中的自由，任何伟大的事情都不会发生。”[2] 黑格尔由此而重返康德的启蒙精神，只是一个把自由看作历史的意图，看作人对天意的表达，而康德则不顾原罪的彻底的恶，更多地从中寻找道德的到来。托克维尔认为，至少从法国大革命以来，影响我们之社会历史的是迈向普遍化的平等，他将之称为“条件的平等化”。在《论美国的民主》（*De la démocratie en Amérique*）一书中，托克维尔把法国与美国相对立，恰恰以美国对某种更开放的平等

[1] *Op. cit.*, p. 267.

[2] *Op. cit.*, p. 71.

的崇拜为因素，这种更开放的平等有利于每个人的平等自由。然而，两个大陆之间的差异并没能让人们感到惊异。托克维尔说："正是绝对君主们最大程度地致力于他们的臣民的地位平等。"[1] 但是，在这个比任何其他国家都更平等的美国有国王吗？其实，应该区分平等的两个深层意义。前者是允许每个人通过应用于所有人的机会均等的原则去表达自己的天赋并因此而获得社会升迁的平等，后者则是阻止这种社会升迁的平等，因为不应该让一些人脱颖而出并超越其他人。在这种平均主义里，平等针对这些被认为不公正的差异，因为这是社会差异，因此，社会流动性的效果受到质疑。须知，正是关于平等意义的这种区别主导着欧洲大陆与新大陆的差异。那些古老的等级在我们这儿并不一定比那边更不可超越，然而并非一定是天赋可以让人获得社会升迁的机会。更多地可能是家庭或党派的关系及其分布。于是平均主义的批评也针对那些处于顶峰的人们，因为其他人会对自己说"为什么不是我呢？"因为天赋不是唯一的标准，它有时甚至是附属性质的，甚至是程度不同的伪装指责的源泉。欲望使这种平均主义得以形成，而看到强者和名人垮台的乐趣强化了看到他们成功时的失望情趣。托克维尔在一个基本点上是有道理的：平均论强烈地指责那些从前被不可逾越之社会藩篱所阻隔的个体们。随着这种象征性距离的缩小，激情必然上升，亦即欲望、嫉妒以及使嫉妒成为可能的经常性比较等情趣必然上升。平均主义并非一定会使人们幸福。倘若需要从新大陆那里受到一些启发，那应该重新转向某种可以使每个人都更自由地行动而非对这种自由的后果感到遗憾的平等。一般而言，那些不寻找人才且不准他们有言论自由从而限制或框定社会流动性的社会，没有前程。

黑格尔说，激情主导着人们并使历史向着自由、平等、理性发展，历史的宗旨甚至迫使它向着拯救和物质财富发展，后者似乎还可

[1] *De la démocratie en Amérique*, t. II, 2e partie, chap. 1, Gallimard, p. 104.

以把人们从劳动的重负下解放出来，以便学习文化（马克思）。这些都是对历史的美好解读，我们希望它们更多一份真理性。历史也许还有阶级斗争和激情以外的其他达致物质成就的动力。托克维尔强调说，在民主体制下，成功是人们所获金钱的同义词，因为这是衡量这种成功的唯一客观标准。自亚当·斯密（Adam Smith）尤其是自杜克海姆（Durkheim）以来，既支撑着自由主义激情和平均主义激情、也支撑着阶级斗争论的真正的社会差异化的原则，是劳动分工的原则。历史哲学中被人们忽视的两个作者把劳动分工作为他们的分析主题：他们当然包括杜克海姆，也包括发表《共同体与社会》（*Communauté et Société*）❶ 的弗·滕尼斯（F. Tönnies）。为什么社会差异化如此关键，包括对建立与马克思重新阐释黑格尔时所理解的经济方法的桥梁也那样关键呢？

人们经常无视下述现象，即历史的真正的“经济动力”是递减的生产率规律。让我们举个简单的例子：一个餐馆刚刚在一条街道开张，大家都趋之若鹜。因此，另一家餐馆也在它的旁边开张了，希望吸引去或不能去第一家餐馆的顾客。在它们发展的极限上，第三家餐馆也决定在不远处安营扎寨，带着同样的想法和同样的计划。结果是明显的：每家餐馆都分割了市场的一块，而市场并非可以无限延伸的。于是总的营业额就分为三份了，价格甚至下降了，没有任何东西预言它们中每家餐馆的成本将受到担保。倘若三家餐馆不会一起倒闭，那么至少三家之一会倒闭。通常一家餐馆会买下另一家餐馆，这样，垄断者就产生了。马克思界定为历史规律的“利润率的下降趋势”既对也不对：对，那是因为竞争压低了每家餐馆的营业额，如果市场没有扩展且缺乏梯级成本，对于一个固定的市场而言，每家餐馆都会看到自己利润的减少，直到威胁它的生存。然而，这条规律是假的，因为对于一个确定内容的财富市场或服务市场，下降的生产率将

❶ 新近（2010年）由法国大学出版社再版。

产生下述后果，即出现撤资现象，资本投资到竞争较弱的地方及有待开发的市场。资本重新调整方向，分散投资，某个农民变成了工人或手工业者、某位经济学家变成了信息工程师、某位销售手套的商人把他的生意扩展到皮包的销售。如果我们立足于某种更总体的平台，某国家行将扩展它的帝国，而假如殖民主义不再可能苟延残喘的话，将会出现市场的全球化，市场将因此而得到扩大和多样化，如同今天这样。因而，帝国主义曾经是劳动分工的一种形式，而劳动分工是面对递减的生产率这种基础的经济规律的唯一方式。为了面对递减的生产率现象，应该通过吞食竞争者（如果不扩展市场或者吞并其他人，自己就会沉没）而创立一些垄断者，增加市场，降低成本。正是出于这种原因，现在的全球化导致普遍的不可避免的工资下降和生活水准的下降，同时使某种多极化的供给变得脆弱，因为没有集约化，后者就这样产生了它自身的竞争。

由此就产生了杜克海姆是否有道理的问题。对于任何一位不想以社会学家的目光而是以大写历史之思想家的目光重读历史哲学这部大书的人，社会劳动的分工就是这样一部大书。在这方面，杜克海姆是怎样说的呢？劳动的分工，功能的差异化，产生距离。与集体性的关系不再被隐喻性地感知，除了像旗帜等某些象征例外，然而旗帜仍然被体验为某种简单的隐喻。于是，人与人之间的关系就只剩下了建立在合同基础上的相互关系。那么，填补人与人之间的距离就属于意愿范畴的事，那么考虑到每个人与其他人的社会距离很大——这叫作个人主义，个人的意愿之间不一定能吻合，因而它们不足以形成一个没有混沌和斗争的唯一的普遍愿望。走向他者以建立某种道德社会的宗旨，要求个人的自由意志以集体意志为目标（康德），自由地过渡到后者，因而要求它放弃它在历史中变成的形态。而这就是整个问题之所在，因为黑格尔在用自由理想作为必然的天意的历史目的而代替道德时，没有想到杜克海姆想让我们捕捉的东西。自由应该定义得更宽泛一些，无论如何它是双重的。伊·柏林（Isaiah Berlin）把负面自由

（la *liberté négative*）与正面自由（la *liberté positive*）相对立：前者把我的自由界定为受他人自由限定的自由，后者则反馈到我想干什么就干什么的可能性。从某种意义上说，关于自由的这两种观念体现了自由主义与社会主义的对立。在自由主义里，个人做他希望做的事，只要不伤害他人就行，而在“左派”的视野里，人们应该竭尽全力把人解放出来，并使他能够实现他的自由人的地位，资本主义则用经济方面的约束束缚了他。对自由的这种双重解读并非一定是恰当的，我们完全有理由更喜欢下述解读，它把自由区分为构成性自由或实际自由（la *liberté constituée* ou effective）和整体建构性自由或臆想性自由（la *liberté constituante* ou projective）。明天是否去度假，我是自由的，因为这是可能的。替换既没有被禁止，亦非不可想象。考虑到日常生活的环境和压在我头上的家庭约束和专业约束，替换仅仅是难以实现而已。尽管有家庭和专业上的约束，毫无疑问，我仍然拥有自由，尽管这些自由是真实的，但受到了环境的限制。这些自由是由我生活中的约束构成的，并落脚在这些约束的空档，后者开放了行为的可能性。构成性自由确实把我的自由限制为众多“小”自由，在它一旁，还有整体建构性自由，它是人作为人的不可分割的自由。诚然，这是每个人特有的某种本体论性质的自由，因为每个人都是全人类的构成部分，然而这尤其是提出某种理想的任何言语的源泉本身，也是那些叫喊“应该这样”或“这件事本不应该这样”的个体们的源泉本身。臆想性自由是任何理想的先决条件，然而也是讲故事和人们喜欢以幻想可以实现之替代名义而实现的种种历史的先验条件，因为这理应如此。构成性自由或实际自由是一种经验性自由。政治辩论试图把两者联系起来，但并不因此而使它成为自其开端起历史的潜在目的，一如黑格尔所想象的那样。理想的是能够把臆想的自由变成构成性层面的实际自由，让它们相互吻合，似乎在社会层面，每个人都可以超越自己的社会条件，或者很简单，生活在他认为正常的理想之中。自卡尔·曼海姆（Karl Mannheim）的著述以来，人们经常说，唯有知识分子能够通过其专业超越他的出身，并且把普遍性的自由变成他自身作为社会存在实施其自由所固有的战斗，相对于其出身（*Freischuvebende Intelligenz*）和其初始之根而自立。这就把知识性变成了社会发展的理想和最高价值：使所有人都可以冲破社会的约束而实现自己的愿望，一般而言，社会约束阻止他们实现自己的愿望或者不给他们拥有这种理想的思想。文化解放人。毋宁说我们在这里又重新回到了社会流动性的思想，它提供了解读历史、进步和衰退的某种特别的框架，这些进步和衰退或缓慢或像革命一样猛烈。社会流动性集中了自由和平等的辩证关系或和谐关系，按照人们赋予这些术语的全部意义，尤其按照人们青睐托克维尔、解读他的思想的意义，如同我们上面所做的那样。

剩下的就是黑格尔酷爱的激情思想，这一思想却被康德所抛弃，尽管他们观点相同，按照这一观点，历史拥有可以指出来的明确目的。那么，激情到底是什么呢？让我们对激情进行某种社会历史的而非心理的解读吧。然而这种心理解读并非无趣：它是对外部刺激的反应，某种程度不同的机械性反应、毋宁说身体反应的回答，根据距离及其对个体们所提起的问题，以人的大脑里的判断形式归纳出外部刺激。躲避（憎恶、抛弃、反感、仇恨、歧视等）或者反之接近（高兴、欢乐、爱、欲望等）是“灵魂运动”的两种可能的类型，这当然包含许多细分及其定性，我们这里都省略了。当差异化、社会劳动的分工增长时，切分的效果就是扩大了群体之间和个人之间的距离。对平等的追求旨在补偿这种程序，一种平等可以从契约性对等性的简单合法化到最严重的国家平均主义。呜呼，什么是激情呢，难道不是对关乎我们大家的某种问题的昭明吗？那么，激情就是出自这种距离化程序的远离运动或接近运动（回答这一问题的运动），进入游戏的距离越弱，激情便越强烈。借用黑格尔的话，这就是为什么历史即激情的原因。这并不意味着没有历史的民族就不懂得激情，远非如此，尤其不意味着他们不懂得扩大联系和必然产生距离的激情。我们从这里重新发现了杜克海姆关于所谓的“机械”社会里刑罚重要性的分析。亲近使关系变得更富激情，即有时会很强烈但也会为了区区小事而更粗暴。反之，在我们的历史性社会里，激情位于某种更大社会距离的核心，更应该修饰为动感之情或情感，真正意义上的激情一词更多地保留给联系亲人之间或使亲人对立的私密之情。激情更个人或者更私密，它不是对社会性的表达。浪漫主义最终把激情的概念重新导向了这个意义，考虑到这个时代历史的大变动，它们把某种更不可预测、更猛烈，且根据视点的不同更怀旧或更乌托邦甚至更失望的某种主观性置于核心，浪漫主义的举措是很正常的事。由于历史的缘故，即使差异化产生的厌恶运动或距离的缩小运动变得较少激情而具有主观性时，现代激情亦处于更大距离的背景上。于是下述问题便应运而生：到底是社会性侵犯了主体性抑或主体性更多地回归了社会性的统计？大概两者兼而有之。

相关人员之间的亲近距离越小，某种激情便愈强烈，于是在一个更加封闭的社会里支配任何犯规行为的规则便愈强硬（杜克海姆）。反之，一个社会分化越严重的社会，例如我们当今的社会那样，便对个体之间的关系留下了更无动于衷的空间，即使政治肩负着担保这个社会并抵消其负面效果的职责。个体们在自立的同时，应该强制他们的意志以期达到对某种共同目标的思考和实现。强烈的激情赋予欢乐/不快这对概念更多的地位，而当社会关系标示出更多的距离且更多社会分化现象时，则不是这种情况。于是便出现了社会契约和自由意志的思想，后者应该连接到某种最高的意志（卢梭）或者某种既内在又超验的集体意识（杜克海姆）。激情更智识化，而每个人的判断则更具决定作用，但也更充斥着动感之情的主观主义，感动肯定把更多的位置给予情感。因此，在社会性领域内，人们不能谈论强烈的激情，这个概念有可能被视为多余的。如果我们面对的是一个距离更大的社会，一如我们的种种现代社会，人们可以考虑激情的迟钝化现象，无论如何在社会层面如此。须知，在这个层面的动感之情是强烈的（人们碰到了诸如儿童犯罪的问题），因为电视借助图像等手段，拉近了人们与其痛苦之间的距离。还有，当个体们在公共场所（咖啡馆、工作场合等）相遇时，他们近距离地谈论政治和与他们相关的各种问题。这种接触强化了亲近感，削弱了距离感，于是相关的价值便被相应的强烈的动感之情所替代和支撑。❶

结论：在史前社会，由于激情的范式更熟悉且集体复制它们的结构，因而它们更强烈、更有规律。在我们这里，激情更个性化，且仅仅当问题与我们相关时，这些激情才重新获得力量。但是，这些问题由于不再有规律，就变得更多，且动摇着个体们的心理根基，他们因此而自觉被置疑。

❶ E. Durkheim, *La Division du travail* social (1893), pp. 71 ~ 72, PUF, 7e édition, 2007.

文化与历史：宗教、艺术与伦理

历史的加速运动提出了差异的问题。变化只是差异的一种特殊情况。现在之所是已经不完全是先前之所是了，于是两者之间的同一性仅仅是一种隐喻，仅仅是从单一判断上导引差异的绝好回答。同一性精疲力竭了，历史动摇、颠覆、穿越现有之回答，把它们变得问题重重，同时又为它们保留了回答和判断的形式。自此，通过这种日渐增长的隐喻化而得以表达的历史性提出了问题，人们一般通过三种基本的方式给予回答，这三种方式是：宗教、艺术和道德。

第一种回答不惜一切地试图维持同一性，因为流逝岁月所提出的问题过于不稳定。提供这样一种同一性是教会的事情：首先是个人的同一性，其次是已造就世界或尚未创造之世界的持续的同一性，最后是通过与他人之关系所体现的共同体的同一性（这是语词 *ekklesia* 或 église 的词义）。我们分别重新找到了灵魂不死的思想，它驻足于灵魂与身体二分的思想之中，因而身体的死亡打碎了个人的同一性；找到了创造世界的思想，或者找到了无限存在的思想，如果我们像古希腊人一样，不接受创造思想的话；最后，人们还拥有这样的思想，即宗教通过圣训和圣戒与道德相吻合。自我、世界、他者，或者用希腊语说，*ethos*，*logos* et *pathos*（性情、逻各斯和情感）。按照埃尔韦·朱万（Hervé Juvin）的说法，这是文化的定义："文化：与自我、其他人和世界的关系手段。是自我表达或自我躲避的手段"。[1] 对于宗教而言，

[1] H. Juvin et G. Lipovetsky, L'Occident mondialisé. *Controverse sur la culture planétaire*, Biblio – Essais, 2011, p. 123.

不管发生什么事，这三个维度的同一性都永远存在，这就使宗教成了面对历史所强加之各种失败和失望时的某种众所周知的回答。然而，我们的最大失败显然是死亡，这种失败是个人维度的。在教会看来，它所代表的消逝仅涉及身体，因为这个问题不涉及灵魂。精神就是保证生物不死的东西，引申而言，这次我们可以远离宗教，把精神的产品设想为人类唯一的不朽事业。

于是，我们就很自然地从精神产品过渡到艺术，这是把各种问题变成显性和可感性的文化。艺术反映了一种文明以具体和物质方式所体验的问题。它的目的何在呢？呼唤，叩问，振聋发聩，提出存留者与变化及弥留者的综合，这是某种完全虚构的综合。艺术把历史从已建立回答最深处所挖掘的差异改造为同一性，改造为变成者、消逝者和永恒者的隐喻。奥古斯丁皇帝由于人们所了解的他的皇家风范，一直在场，似乎他还活在我们中间，其实仅仅是艺术让他青春永驻。差异中的这种同一性乃是叩问听众或观众的东西。看见一座埃及古庙，听见一部歌剧或来自时光源头的某种音乐，谁能不叩问呢？面对一座雕塑或一部画作，那里的一切都显得很真实，除了人物产生那一刻所引发的疑问，一如《草地上的午餐》（le *Déjeuner sur l'herbe*）所展现的那样，一位裸体女人与一些衣冠楚楚、全都注视着观众的绅士们在一起，或者如《暴风雨》（la *Tempête*）中一座雷电交加的城市里，一位女性露着酥胸眺望着我们，此时此刻，一位路过的牧羊人聚精会神地看着她，面对这些场景所引起的动感之情，谁能不受到震撼呢？

加速运行的历史显然将把自己的全部重量也压在隐喻所覆盖的各种差异上，粉碎原来意义上的隐喻，揭露它们所遮蔽的差异。变异性成了某种不可回避、必须面对的事实：情感，就是他者，就是他的差异对象，如果我们跟随黑格尔和马克思的思想，甚至就是他的矛盾一面和他作为对立源泉的一面。因而，情感（*pathos*）在这里就是激情。悲剧喜欢情感。但是，我们从悲剧中所重新找到的道德，则记录在这个变异问题的凹陷之处。

随着加速运行的历史，道德就是历史性的第三个时刻。当文化不复存在时，伦理就是文化残留下来的东西。伦理时刻乃是需要决定如何与他人生活，如何与他所体现的差异和这种置疑我们之真谛的差异生活。问题不是像康德所主张的那样，弄清“做什么”，而更多的是要弄清“如何做”，这意味着“把哪些回答带给他者所体现的问题，因为对他而言我就是一个问题，犹如他对我也是一个问题一样”。由此才有司法上的相互对等思想，它把人与人的差异性建立在法律的同一性基础上。但是规范社会的法律等于道德上的作为吗？

宗教或性情（*ethos*）、艺术或逻各斯、道德或情感（*pathos*），结构着历史性，亦即在一个我们只能囊括流量和消逝时光之流动性的历史的世界里面，我们可以面对自我、面对世界和面对其他人而坚持的回答。应该把这个时间当作我们的时代去体验，去掌握，这样就把大写的历史变成我们的个性化的和个体的历史，犹如众多探索那样，那种宏大历史与这些小历史没有任何关系，至少乍看起来如此，宏大历史被排斥了。正是这种强烈程度不一的排斥，我们将之称为历史性。

如果我们想完整的话，那就应该赋予自己穷尽性情、情感和逻各斯构成问题的所有情况的手段。这种要求会给予什么结果呢？在下面这个文化情况的表里，有着更多的赌注在进行，让我们来分析这个表吧。

	性情	逻各斯	情感
历史性	宗教	艺术	道德
实际性	信仰	科学	政治
变异性	价值	经济	法律

第一行很容易理解：在一个被大写历史主导的世界里，宗教通过确保被肢解的表象由于精神的存留而被超越，从而确定着同一性。变化的形体世界是自我的敌人，所有的文明都不把自我压缩为形体，总想超越感性世界而确保自我的同一性，感性世界即形体的世界。但

是，宗教并不局限于性情，它还通过道德占据了情感，通过思考上帝所创造之世界及其性质而占据了逻各斯。这样一来，教会就成了冲突的核心，在逻各斯平面，以艺术和文化为冲突领域，而在情感平面，则以道德和政治为冲突领域。长期以来，基督教世界就奴役着艺术，杜克海姆说，它还奴役着广义的文化，并因此而以上帝的名义管理着人与人之间的关系。不管是道德还是艺术，长期以来都致力于从宗教的支配下解放出来，然后两者才能达到相对于教会而自立的程度。

历史性乃是观照一直都在发生的问题学差异的运动，那些回答甚至愈来愈趋向于问题性，而问题性则占领种种回答的范畴，产生怀疑和混淆。实际性则是问题学差异的生发运动，问题学差异解决问题，一旦问题被解决就排除了它们，仅剩下了回答。回答不“等于”任何言说或感知，不呈现为答案，因而它们只是表达所说的东西：实际的，真实的，现在的在场。实际性就是日常通过对自我的信仰、通过事物中以及有关他人的（原因和）后果的关系等，所表达的问题学差异，如同在政治领域那样。因此就出现了上述表格的第二行。然而历史却把隐喻的不同项分解开了，这些隐喻在一段时间内曾经覆盖它们，于是他者就成了某种自我，既成为另一个同一性场域，也成为另一个差异性场域。首先是共同价值（或非共同价值）把它们聚合在一起。如果从与他者的关系角度去观照物质的范畴，它就是由财富性质的物质构成的。人们或者交换它们，或者觊觎它们，于是就发生了旨在获得其控制权的斗争。最后，在最佳或最差情况下，当他者碰到他者时，为了使自己的权利得到尊重，或者获得被侵犯权利的修复，于是便有了法律。

我们看得很清楚，这个表具有很大的和谐性和不可更改的逻辑性。它把文化的各种不同时刻耦合起来，突出我们的社会向更基础的公分母的滑动：它们是发挥诉求作用的宗教，具有战斗特征的政治和具有社会治理作用的法律。这就把重新赋予艺术、因而也赋予文学和道德以意义变得格外困难。正如价值一词所喻示的那样，甚至价值也是性情在向世界强加了自己关于世界的信仰之后，在与他人的关系中经过讨价还价才形成的。本应该把我们的历史表达为某种问题的艺术，也仅仅是人们选来适应于处理变化中的世界的历史形式，教会把世界固定化，而科学最终则以经验和观察的名义与宗教相对立。世界的范畴更多地被认为是由物质财富构成的，而非由作品构成的，当人们有可能忘记了是在什么世界交易时，艺术作品最终也被作为财富来交易。

然而，也许最能标示如今我们称之为文化之特征的，乃是道德。在伦理方面，我们拥有一整套隐性程度不一的回答，它们界定了最低共同生活的准则，即把一个共同体或一个社会的成员团结在一起的准则。呜呼，道德的问题是，人们谈论了两个多世纪，却没有真正成功地正确定义它。人们一般把它定义为一套可能理性的规定和戒律，而由于这一原因，人们应该采纳它们。然而，道德既非人们应该遵从，也非个体们实际屈从且大部分时间不提出过多问题的东西。我们甚至不用说咨询哲学家了，看看他们是否正确，且是否保持着对正确的某种正确概念。

于是，真正的问题如下：为什么如此长久以来人们谈论道德问题谈得如此糟？回答很简单：他们所采纳的起点注定使关于伦理的某种思考尝试归于失败。道德既不存在于人们应该遵从的规定中，也不存在于个体们实际屈从且经常不提出哲学问题的律条中。如果行为的动机是从自我出发、而自我又是欲望、利益和必然“自私自利”的激情事实时，如何“演绎”出他者或者何以能够以无私的方式面对他者呢？为什么恰恰要牺牲、忘却自己的欲望和激情，放弃那些构成生存趣味的东西，而仅仅听从其他人的欲望和激情，似乎它们就比我的利益和我的欲望更有价值或者更胜一筹？如今谁能如此放弃自我、自我削足、仅仅为了作为普世性主体而成为他者、代表人的本性，似乎自己的激情就不是人之本性的构成部分、而属于原罪和可诅咒之物（圣·奥古斯丁）呢？大概没有任何人能够做到。然而，全部困难也就在这里：假如道德应该从自我开始，那么道德就是不可能的或很不现实的，因为人们不可能从自我中演绎出他者，除非忘却自我，让人们相信自己已经是他者（康德的普遍性原理）了。但是，当我说自我时，我说的明明就是自我，而生活并不意味着把自己遮蔽起来，并不意味着把所有与我有独特关系的东西都搁置一旁以便确立某种理念，按照这种理念，为了成为真我，我应该停止自我之身。总之，以自我为核心的道德是不可能的，但是，道德的事实却千真万确、毋庸置疑地存在于日常生活之中。人们永远可以驳斥某种“正确意义上的”道德，他们将其称之为实用主义，意即人既可以满足自己个人的利益和欲望，又同时迎合其他人的利益和欲望。我之行为的实用性有助于增加总体的实用性，这样就为我自己的欲望和我的激情正名了。因而，实用主义之人不应该放弃任何东西，因为他的利益将被所有人享用。然而，除了培植某种良好的欢乐意识之外，我们的幸福很少与道德吻合，它也很少通过魔力增加其他人的幸福。道德需要古老道德之根基以外的另一种根基，古老道德之根基主张有道德的行为与达到幸福原本是一回事。它也要求自我以外的另一基础，因为自我本性上的自私自利必然不会被任何道德意识所推动。假如我们既不把道德扎根于自我之中，也不把它扎根于“道德助长幸福”的方程式中，那么这种道德感究竟来自哪里呢？

事实上，人们之间的距离是道德的真正起点，而道德的宗旨乃是懂得如何管理这种距离。善倘若不是人们试图借助于它而缩小这种距离的东西又会是什么呢，恶如若不是人们避之不及的东西又会是什么呢？欲望与憎恶，近之与远之是灵魂最基本的两种运动。不管这些运动是反应性的、机械性的、动感性的，甚至形体性的，例如当某种危险近在咫尺并突然明显时那样，抑或思考型的，以判断为特征，而非仅仅以动感为表象，例如距离更大时，没有人对此持异议。现在，我们可以回答何以人们无法普遍性地定义善与恶这个问题了，而人们经常是在具体情境下来区分它们的。在每天的生活里，与他人的距离是变化的，正是这种距离每次都赋予善和恶某种具体然而不同的内容，根据这种距离是更大或者更小了。人们离喜欢或畏惧的对象越近，他们的欲望和憎恶便越是激情范畴的，甚至是身体和物理范畴的。于是善和恶便与欢乐和痛苦相同化（伊壁鸠鲁［Epicure］）。反之，距离越大，人们便越处于无人称状态之中，善和恶将是由判断和原则决定的，如康德所说的那样。于是欢乐变成了兴奋，痛苦心理化为悲伤，且两者都失去了它们的物理性的或形体性的简单内涵。而在这两种时刻或两个阶段之间，我们拥有亚里士多德所钟爱的美德（品德，vertu ou Vertus）。这里没有任何相对主义，因为面对一个给定的距离，大家的看法是一致的。然而例如当距离扩大时，恶变成了其他东西，那么善也一样，人们并没有落入不同的主观性回答的相对主义。相对主义只有在下述情况下才出现，即面对一个给定的距离，处于相同位置的若干个体给出了不同的回答。一个男子对自己的儿子比对其邻居更宽容，对其邻居比对另一位距离更远的公民更宽容，对自己的同胞比对外国人更宽容。然而原则上，他所捍卫的却是相同的价值，但是事实上，他者所需要的东西，他所必需的东西，人们需要考虑到、才能使他幸福或满意的东西，都随着这种距离而变化，善因而也发生相应的变化。因此，道德感直接与这种距离相关联，它甚至内在于这种距离之中，既不属于动感之情，也不属于理性，除非用某种弱距离定义前者，而用某种强势距离定义后者。相对于一个陌生人，当人们面对自己热爱的孩子、妻子或男子、自己的朋友时，他们更难执行自己的普世性宏大原则，而对于陌生人，他们永远不缺少原则。落实这些原则是法官和法律的角色，因为人们所选择的法官是保持距离的人物，这是司法形式主义和法律所保证的东西。

那么，什么东西因此而保证距离呢？社会。一个公正的社会可以使个体们相互之间展示他们的距离（通过保护私密生活）并自由地生活而无须恐惧他者。公正的社会是可以让个体忙于自己的事务而不必担忧社会问题和政治问题的社会（邦雅曼·贡斯当［Benjamin Constant])。

深言之，与他人的距离概念在道德领域之所以如此重要，那是因为他者一直被视作某种威胁，被视作对自我的某种置疑。道德是取消他人所代表之置疑或让这种置疑失效的全部行为和规则，而民主政治则让这种置疑经常化。他者起初就是恶，而真正意义上的道德就是拥有把他者与善相分离以及把他者与恶相分离之效果的东西：那么人们可以走向它（热爱）或者对它无动于衷，此举并不会变成恶，也不会变成善。恶和善在其他地方，在与他人的这种距离中。反之，如果这种距离管理得不好，善和恶很快就重新变成某个“他者”的化身。

我们这里还应该言说更多的东西吗？可以言说的，但场合不对，因为这里只需说明，道德今后是把人们汇聚在一个多极世界和多文化世界的最低文化形式。但是，只要冲突曾经存在且依然存在，法律就永远只是文化。

当今的问题是，被历史撕成碎片的文化已经失去了它在理解世界中的统一作用。文化经常被感知为某种无用的奢侈品。在一个一切都应该愈来愈快的时代，很少有人有时间去深化它。但是，没有由艺术和历史、科学和哲学滋养的总体文化，如何以批评的方式来领悟新发生现象的支柱元素和引发后果的元素呢？

罗马帝国或欧洲史的特殊模式

1. 罗马与其他国度：性情文明、情感文明和逻各斯的文明

自古以来，罗马的版图就成为人们幻想欧洲获得统一的因素，即使构成帝国南部的地盘并不属于真正意义上的欧洲，因为非洲北部的伊斯兰化现象。如今的欧洲自诩一直延伸到乌拉尔山，这从来不曾成为罗马的雄心。我们的祖宗界定罗马模式的方式似乎是对基督教的兼并。这里还需要说出问题的细微区别，因为拜占庭和巴尔干半岛一部分的丢失，如同俄罗斯的存在一样，把欧洲的这种视域压缩到天主教的基督教曾经统治的欧洲部分。假如我们把最初发生在日耳曼国家核心的新教改革也纳入欧洲的这种视野，那么我们似乎更应该谈论西方，因为美国是西方的构成部分但却并不因此而属于“欧洲”。总之，罗马模式作为我们文明的矩阵是不会令人惊奇的。也许以另一种目光重新审视这些事物更恰当一些？汤因比谈论文化、宗教和国家事实上的某种罗马模式，在那里，个性完成于普遍性之中。19 世纪末期，雅各布·布克哈特已经强调了文化、国家和宗教的作用。

罗马大概是希腊化运动的向量，而希腊化运动实际影响了我们欧洲的整个历史，包括一直影响到了基督教，随后又借助基督教而发挥影响。欧洲人对罗马帝国的怀旧也许更多地记载在下述思想里，即一个庞大整体内部众多不同民族的某种联邦思想，其中不同的崇拜和宗教可以在很大的宽容中得以表达。每个人都可以发展甚至发财，享受这种罗马精神，它长期以来就是某种共同文化，建立在一种共同语言的基础上，直到公元 212 年，一部赋予帝国全体公民的普遍适用的公

民法诞生。罗马之伟大向我们谈论得更多一些，超过了华夏文明和奥斯曼文明，大概是因为这块土地上的民族看到它们的扩张主义被包含在内，并至少从官方角度把重心更多地放在共同文化上，由于艺术作品和文学作品它们都相对认同的缘故。在欧洲，我们是这种方法的继承者，在这种方法里，共同的历史基座是从文化和道德方面定义的。最后，跨越数十世纪延续下来的主导性特征影响着文明，这可不是最小的论据。一般而言，古代社会都关注着性情，不光是我们称作希腊罗马的古代。那么，这意味着什么呢？

任何社会，任何人类的共同体，都叩问自我、世界和他人，叩问身份、事物和他者。康德的“我是谁”“我能够认识什么”和“我能够做什么”乃是自人类社会的晨曦起就一直作用于人们的几个问题。我们从休谟（Hume）《人性论》（*Traité de la nature humaine*）下面的细分中重新发现了这些问题，他在这部著作里谈论理解、激情和道德，以期认识世界，实践其自我的经验，感知它并接受它，最后，与社会的其他人发生关系。古时候，希腊哲学家已经以这种或那种形式提出了这些问题。对于自我或身份，他们谈论性情（*ethos*）。这个语词提示了伦理学。从词源的角度说，它意味着性格、人以及分析之后他的道德和智识方面的美德。如今人们更多地谈论的是定位，包括它所蕴含的文化和道德方面的期待。为了谈论他者，希腊人发明了“情感”（*pathos*）这个词，它提示那些激情的人们和感动学。他者承受，而人们承受他者，这是与权力的关系，但也是感动、感觉，因为总有一个心理层面与社会层面混淆在一起，按照亚里士多德的说法，动感之情、感觉使判断发生变化，甚至影响他的意见。情感就是他者让我知道的我与他的关系，这是某种关系的言说的或形体展现的反应。这是对关系的回答，也是关系性的回答本身。通过“激情”一词，我们告诉他人我们对他的想法以及把我们与他关联在一起的关系。气愤、爱、羡慕等既是动感之情，也是种种信号。它们表达我们接受并感知与我们相关联的人际关系的方式。剩下的便是逻各斯，它是性情与情感之间的桥梁，在那里，言说与所说，视觉与听觉聚焦在世界的某个范围，后者充分地表达给所有人。这既是对这个范畴的了解，也是被逻各斯这个语词所捕捉的范畴（秩序）本身。尤其在文学领域，性情或者自我一般是通过诗和抒情来表达的，“我”在其中说话。情感或者他者之剧，冲突型的或者简单建构型的，把我们反馈到舞台和广义的剧作。至于逻各斯，它在史诗中以特别的方式反馈到世界的秩序，史诗奠定了对人类群体的叙述。神话和宗教由逻各斯开始，即使任何宗教最终都垄断了性情和道德，最经常地通过某种先知或某位弥赛亚，后者是道德要求的代言人。然而宗教也将囊括情感，因为一种不支配某共同体的宗教是无法继续生存的。

古代文明首先以大河流域的核心为发祥地，如尼罗河、幼发拉底河、底格里斯河、印度河或黄河，并且形成了帝国性质的社会，或者至少是君主制的社会。许多文明都消失了而没有引起真正的内部抗争，尤其是在美索不达米亚地区。中东的这些城邦国家因土地的过度开发而枯竭，而来自大海的冲积使土地变得过于盐碱化，于是它们消失了，它们曾经试图扩张，最终却一个接一个地消亡了。❶ 反之，那些得到强化的帝国或王朝看到某种新型的宗教表达得以发展。最早指出这一点的是哲学家卡尔·雅斯佩尔斯（Karl Jaspers），他在其著作《历史的起源和方向》（*Origine et sens de l'Histoire*）❷ 里，谈论某种轴心时代，其时菩萨、孔子和《旧约》里的先知诞生了。在这个历史阶段（公元前800～前200年），雅斯佩尔斯说，“发生了许多奇异的事情。在中国，这是孔子和老子的生活年代；我们看到中国哲学的所有倾向都诞生了。在印度，这是《奥义书》（*Upanishads*）和菩萨的时代；所有的哲学可能性都诞生了，直至怀疑主义和唯物主义，或者像

---

❶ 关于这一主题，永远值得一读的书是 Jacques Pirenne, *Les Civilisations antiques*, Albin Michel, 1958；对于更有当代意味的分析，请参阅：M. Van de Mieroop, *A History of the Ancient Near East*, Blackwell, 2006.

❷ Karl Jaspers, *Origine et sens de l'Histoire* (tr. fr. H. Naef), Plon, 1954.

在中国一样，出现了论辩哲学和虚无主义。在波斯，琐罗亚斯德（Zarathoustra）❶宣扬其激烈的世界观，即世界被善与恶的战斗所撕裂的世界观。在巴勒斯坦，以利（Élie）、以赛亚（Isaïe）、杰里米（Jérémie）等先知成长起来。在古希腊，我们发现了荷马、哲学家们、巴门尼德（Parménide）、赫拉克利特（Héraclite）、柏拉图、悲剧家们、修昔底德和阿基米德（Archimède）。这些名字仅能提示的所有东西在这几个世纪里都发展起来了，几乎同时发生在中国、印度和西方，而不同文明的人们相互之间并不知晓"❷。如何解释这种同时发生的奇异现象呢？知识分子从掌权的官方僧侣阶层独立出来而诞生了，后者经常排斥他。知识分子行将确立自己的地位，并且继追求某种摈弃繁文缛节的善的理想和抛弃恶之后，捍卫可以让他作为批评意识而存在的各种价值。这预示着某种新的人性观和政治观。恰恰在道德领域这样重新定义的某种性情经常将覆盖一种新言语或新的言语类型，一种面向共同体的逻各斯，以期表达对共同体、对每个人因而也对其他人更好的东西，就像尊重自我那样，因为情感是另一个自我。

然而，并非所有的人类社会的运作都优先关注同样的事情。例如，古老文明都围绕一个由性情、情感或者还有逻各斯滋养的原则性问题而发展它们的特色。宗教补充并耦合了这个问题性，把其他两个维度附加在这个问题上。例如，罗马帝国的西方将以性情、身份、社会地位为核心，但是其他世界更多地聚焦于情感、共同体或者聚焦于逻各斯、有待于重新界定并被性情和情感囊括的世界秩序。一种文明的完成要经过某种完成程序，后者旨在把其他两个维度整合在它的文化之中。例如，印度进入了以性情为核心的游戏：多种个人神在雕塑中的再现反映了这种性情，他们把印度及其众多的侵略者（有时被驱

❶ 琐罗亚斯德（Zarathoustra，628？BC～551？BC），古代波斯琐罗亚斯德教的创始人，据说20岁弃家隐修，后对波斯的多神教进行改革，创立了琐罗亚斯德教。——译者注

❷ Karl Jaspers, *Origine et sens de l'Histoire*, p. 9.

离的侵略者）变成了这样一个社会，在那里，身份需要通过保存自我或托生的继续生存思想而不断地重新确定。这是印度的重大问题，人们对性情的体验与罗马不同。另一个他者便是中国的情况。另外它的历史很难用我们通常使用的西方类型来捕捉：它有与我们相类似的中世纪吗？倘若我们采纳社会—经济概念化的话，那么，它拥有像我们这里一样继之以某种商业和工业革命的某种封建社会吗？没有比这更不肯定的事了。当我们需要理解 3 000年以来发生在中国的变化时，西方历史思想的类型使我们一筹莫展。有待采纳的视野似乎更应该围绕中原面对外围、面对所有外部势力的作用、中原与它的“蛮夷”和侵略者例如蒙古侵略者的关系而展开。中央帝国不断面临破碎的风险，它不断地受到那些被中央残酷压榨、追求自我肯定的粉碎力量的质疑。这些类型确实与我们的类型不同，然而也许需要改变我们的类型使它们更具有普世性。自孔子起，中国就以尊重古人、尊重家庭、服从皇帝这位天之骄子为特征。在税收和司法方面，家庭都是责任者，不像西方那样个人是责任者，或者像印度那样农村的共同体是责任者，有众多家族。情感即他者，而绝好的他者，就是以父亲为核心的家庭。第一等级就是家庭所代表的等级，家庭也是任何变异的首要形式。孔子的道德模仿每个人对其家庭的义务，规定为他们对皇帝及广而言之对政权的义务。

同时期，埃及描绘了另一种关注顺序，直至包括它对无限的崇拜。例如，人们在天文学里所学习和在太阳礼仪里所崇敬的世界秩序，是这种文明的基础，因而逻各斯是它的核心。逻各斯是由法老担保的，而法老是神。正是在这种很具体的框架下，古代埃及所理解的性情和情感以从属的方式，或者更准确地说，以蕴含的方式，处于其中。某种舞台造型式的绘画兼书写，被涂上色彩并有栩栩如生的人物形象，用以表达他者，他者通常是壮观的或厚实的，例如抄写者的坐像。对于听众而言，埃及那里的战斗犹如古希腊的悲剧一样。最后，性情反馈到人们置于舞台上的那些人的不同的道德态度，人们叙述他们的功绩，尤其是，他们在自己的功绩中自我叙述。这种性情的现实主义与在世界之博大、它的禀赋和结构中表达其逻各斯的建筑的象征主义形成鲜明对比。这种逻各斯被金字塔永恒化了。我们可以用下表来概括上边刚刚谈过的三种文明的差异：

性情的文明	逻各斯的文明	情感的文明
印度占统治地位的艺术：雕塑	埃及占统治地位的艺术：建筑	中国占统治地位的艺术：绘画

我们刚刚针对埃及谈过的性情、情感和逻各斯的融合随着历史强加的剧烈变动而破灭了：希腊将青睐逻各斯，这种逻各斯今后被视为理性，而让与之相应的性情臣服于它，正如它把情感变为与其他人冲突性相遇的场域一样，这种冲突性相遇是一个动荡社会所固有的。希腊的逻各斯与埃及的逻各斯不一样，因为这是一种扎根于理性的逻各斯，它无疑受到了埃及的影响（希罗多德），但是它可能驱除了埃及的神话风貌和政治风貌，并拆除了它的弱势存在。由于问题学排斥的弱化，秘索思的神话的、虚构的和与人类世界类同的原初风貌粉碎了。我们知道埃及人对与动物世界类同的兴趣，他们消除了各种差异。然而半人半动物的斯芬克斯被俄狄浦斯战胜了。在希腊，随着一个加速运行并向某种民主演进的历史所固有的这种类同主义的消失，我们看到了对补偿性的强势存在的使用，几何学和逻辑推论（也叫做逻辑三段论）就是这种强势存在的永恒成果。性情从以法老为核心的某种僵化的、等级森然的社会内部按照人们的地位，尤其是他们的宗教地位分配他们的要求中解放出来了。性情是由其性格和其整个人、愿望、美德和缺点界定的人，他既是诗人之“我”，也是神圣人物或例如运动员等接近神圣人物的雕塑中表达美好愿望的形象。起初，希腊的愿景雕塑（les *kouroi*）与埃及雕塑之间的亲缘性是惊人的。但是，伟大被民主化了，性情被分化了。他覆盖着一般意义上的自我，一个说话的自我，他成了话语中并通过话语而成就的修辞学和美德的

自我。至于情感，他将聚集在对悲剧性的描写上，聚集在理性所发现的话语的失败上。这恰恰是在神话之外与他者的历史性的冲突关系。在古埃及那里，这些情况都丝毫不存在，既没有真正意义上的抒情诗，也没有戏剧。❶

我们刚刚谈过的三大文明事实上分享了人类历史早期的关键时刻。三大文明覆盖了性情、情感和逻各斯，每次赋予三大维度之一以优先地位，高于人性的其他两个维度。印度和中国在某种相对连续性中继续它们的历史，而西方文明则诞生于埃及文明崩溃的边缘上，它的宗教仍然源自中东世界。让我们以埃及为例。

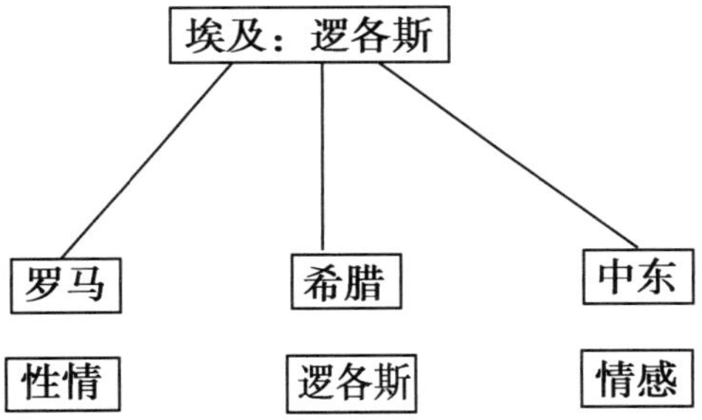

埃及诸神是否像希罗多德所说的那样滋生了希腊诸神，丝毫也不能改变希腊人最终放弃了秘索思而接受了逻各斯的事实，这次他们寻找对事物秩序和世界秩序的新的理性解释。雅斯贝尔斯所谈论的轴心时代恰恰看到了神话的弱势存在继弱化的问题学排斥之后，确立了它们的神话地位。它相当于或回应这种弱化现象，亦即回应对问题性的某种意识，这种问题意识占据了神话、与神话相关的天体学以及滋养着它们的各种伦理学。希腊文明的特色是，恰恰作为文明，继作为逻各斯的世界重建之后，它沉思并重新思考了性情和情感。我们上文已经说过，轴心时代的众多不同思想家的出现标志着知识分子的诞生，

❶ Henri Frankfort, *Ancient Egyptian Religion*, p. 136 sq., Columbia University Press, 1948., Ed. De poche, Harper and Rowe, 1961.

也标志着哲学家甚至预言家的诞生。于是埃及以逻各斯著称，印度以性情名世，而情感则在中国占据着突出地位，这种著称的维度从长期角度迫使这些文明的每一种都叩问思想的另两个维度，它们最初可能被忽视了。埃及把它们聚合到唯一的真实中。继它之后分别彰显性情、情感和逻各斯并使它们破灭的其他文明是在它的数世纪帝国历史的边缘发展起来的，但是并非没有承受它的影响。正是历史的加速运动产生了这种分裂，也是它迫使希腊人、罗马人和犹太人在新的基础上完全重新思考自我、世界和他者这三大基本问题。

让我们从罗马开始。罗马的特点是它被性情所支配，对身份的关注、社会地位的差异在其中发挥某种第一层面的作用。希腊的民主理想建立在自由人平等的基础上，与希腊相反，罗马建立在差异和等级的基础上。大概是由于这一原因，相对于剧场，它更喜欢圆形剧场，无论如何，罗马人发明了杂技游戏。戏剧永远把基本的和建构性的差异搬上舞台，这些差异后来变得模糊不清，这大概是某种混淆的源泉。这种情况发生在罗马是没有风险的。于是喜剧就建立在误会的基础上，然而，即使悲剧也努力挖掘人们不再辨认得出的差异，它们本来应该占据主导地位：神与人之间的差异、生与死之间的差异、自然法则与民法（《安提戈涅》［*Antigone*］）之间的差异，或者还有父母与孩子之间的差异（《伊菲革涅娅在奥利斯》［*Iphigénie à Aulis*］或《俄狄浦斯王》［*Oedipe-Roi*］）。悲剧显示了再也看不到好的差异与坏的差异之间、非法与自然的差异。在一个民主化的社会里，取消差异有可能导致好与坏的混淆，因此展示它们之间的无差异化所导致的场景和致命后果是很重要的。当进入游戏的价值不是基本的价值时，人们可以一笑了之，然而当它们是基本的价值时，这就变成了悲剧。反之，在一个强烈等级化的社会，而罗马一直就是这样一个社会，加上它的革命、帝国和它的宫廷造反，差异不断地在场，被肯定和一再肯定，甚至被修辞效果所粉饰，说话者展示并被展示，这种情况胜过了应该独立于演说者自身被论证并提供论据的内容。希腊人发明了论据化，其中推理在分析中是首要的，而罗马人则发展了修辞学，其中风格的效果居于首要地位。从凯旋门到广场上的寺庙，罗马的一切都呼吸着差异，阶级之间的差异、社会角色之间的差异以及它们所体现的大小之间的差异。通过差异，强化被人们所认同的某种罗马精神所代表的价值的恒长用心昭然若揭。如果说希腊给我们留下了先后取代神话的理性思考和各种科学，那么，罗马则给我们以统一感以及超越社会等级而被不同民族所认同的种种价值，这些社会等级有时会把它们撕得四分五裂，甚至直接威胁到罗马本身。杂技场希望成为其重新获得统一的场域，通过暴力的场景，暴力施加在被列入真正异类的人们身上，他们是囚徒和奴隶。雅典的民主懂得在体育场的竞技中和平实现的东西，罗马只能在杂技游戏的暴力中去完成它。然而这里也一样，进入游戏的，乃是种种差异和排斥的场景。剩下的便是一个根本性的问题：为什么罗马能够坚持如此长的时间？这是一个人们不常提出的问题，他们更喜欢提相反的问题，即为什么罗马会衰退和垮台。从罗马共和国到罗马帝国的终结，大约1000年，这可不是无足轻重的一瞬间。那么，这是由于像埃及那样，被国家机器一统化的某种强势宗教？还是像中国那样，大家都参与诸如孔子之儒学那样的集体意识形态的缘故？罗马寿命之谜几乎与它的崩溃之谜同样深奥。人们徒劳地寻找某种单一宗教的效果，罗马帝国宽容所有的宗教或者几乎所有的宗教。人们还想找到类似中世纪那样强大的僧侣阶层的存在，但是也没有更多地找到它。那么，到底是什么能够如此长久地把罗马及其众多民族保持为一个整体，并强加它的各种价值，直至把它们一直传达给我们呢？宗教首先更多的是礼仪事务，其次才是信仰，因此，人们甚至从罗马法中重新找到了形式主义，而罗马法如今依然是我们的法律基础。我们可以尝试回答罗马这种长寿的问题。并不仅仅因为罗马向我们传达了希腊文化使我们倍受罗马的恩惠。而是社会流动性的深刻意义本身，它使精英人士层出不穷。罗马在不断扩张领土的时候，懂得尊重其他民族并支持社会流动，于是它自己成了社会流动的一面旗帜。罗马最终在212年把罗马公民的身份赋予整个帝国的居民。没有不断更新的某种等级制，罗马帝国本来不应该坚持下去的，即使这种等级制度有时候非常残酷并且被暴力击败过，例如在共和国末期的内战中。发家致富以及对荣誉亦即对服务的兴趣并没有被抛弃，于是许多人都有社会升迁的机遇。反之，帝国末期的特点是社会的阻滞，个体们最终再也走不出他们父辈的条件，这就阻止了任何社会流动。这种情况有如雪上加霜，其时的罗马帝国赋税愈来愈重，产生了持续的贫困现象，那些将军们由于不能获得帝国的确认，最终被取代，他们相互打斗，制造了真正的无政府局面，把不止一个地区投入了前所未有的蹂躏之中。它需要拥有那些蛮夷的服务，他们此后无法在罗马的影子下发家致富并融入罗马社会，于是就把它据为己有。借用汤因比的话，这种外部的无产者逐渐地变成内部的无产者，可以动员起来参与所有冒险行为，他们虽然也罗马化了，但是没有确立一种新文化，而是带来了某种荒芜，欧洲得力于宗教，最后才摆脱了这种蛮荒形态，而教会经过了数个世纪，才接替了蛮荒的社会形态。

2. 从哲学到宗教

假如说古希腊以其民主意义和它对至今仍为我们之理性的这种新思维的完成而成为我们文化的范式，那么，对于一个分裂为民族的世界而言，罗马就扮演着理想的角色并使精英人士得以通过某种社会流动而更新，这种社会流动把各族人民巩固在某种真正的罗马帝国统治下的和平时期（une *pax romana*）[1]，直至2世纪末。希腊是我们文化的摇篮，而罗马则是我们文明的摇篮。罗马回答了当人们不同，且差异性是每个民族的构成成分时如何生活在一起的难题。“通过获得地方精英并同化他们，且借助于某种不干涉主义和没有官僚主义的行政

[1] 公元前27年至公元180年罗马帝国统治下的和平时期。——译者注

管理，罗马人建构了某种持久的帝国并保证把他们的文化传递给后代。”❶ 当罗马停止以精英保证这种提升时，差异变得不可忍受了，于是肯定能够通过上帝的目光无视它们的基督教，就在帝国内部传播开来。这并没能阻止帝国在那些试图确立自己地位的人们的压力面前让步，那些力量未能获得成功。罗马通过一分为二而延长了自己的寿命。在西罗马帝国的旁边，再建立一个东罗马帝国，即拜占庭帝国，是欧洲历史得以延续的决定性因素。面对来自东方的侵略威胁的罗马，就这样拥有了某种防御集团，它可以从背后牵制来自日耳曼的攻击者。侵略者被钳制在从罗马到君士坦丁堡的区域内。然而这种布局意味着一个强大的、严密的、有备无患直面其侵略者的罗马，而防务的大门可以从东罗马帝国重新关闭，从侵略者的背后关闭。最后是罗马屈服了，而东罗马帝国在“永恒”之城失陷之后还抵抗了一千多年。那些或多或少被罗马化的蛮夷民族应邀用暴力接触到了停滞不前的罗马不再允许他们自由获得的东西。面对这种形势，罗马的价值崩溃了，于是西方从道德过渡到信仰。基督教首先是经常被超额赋税所压榨的失意精英们或落魄精英们的事，后来才在穷人之间传开。衰退的罗马于是向我们提供了它被撕得粉碎的场景。基督教之所以能够首先占领人们的精神然后再打动人们的心灵，这大概是因为它代表了罗马曾经体现、但尚没有能力完成的某种普世主义。

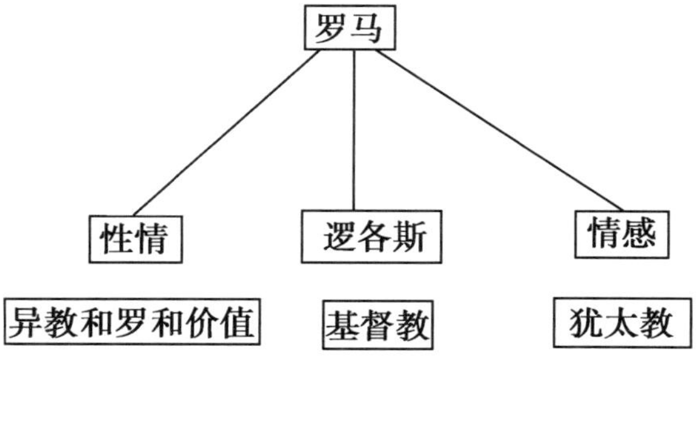

❶ P. Garnsey et C. Humfress, *L'Evolution du monde de l'Antiquité tardive*, La Découverte, 2004. p. 23 (tr. fr F. Regnot).

在这种破碎环境下令人惊异的是当时的宗教所扮演的角色。不信教的罗马人通过自己的地位和社会角色来肯定自我。他的性情通过他自己来验证。他在城邦确立了自己的地位，而当他能够或者他以为能够时，他与尤利西斯或者赫拉克勒斯一样勇敢，与赫克托尔一样有美德，而他的配偶“家庭主妇”与维纳斯一样高贵。于是出现了罗马绘画，那是西方唯一的非基督教绘画，罗马绘画赞美神话英雄，家庭的主人自诩受神话英雄的启示。通过神话所再现的榜样的美德似乎传给了那些曾经赞美或赞助这类活动的人们。这样，通过文化播撒希腊之楷模就给了新的精英人士接触古老文化和英雄价值的机会，而其他社会阶层的罗马人是没有这种机会的。当旧的文化价值似乎黯淡并需要接受新的价值时，这是一种突出差异的方式。除非更干脆地宣称自己的差异就是精英价值。罗马人的性情就建立在差异的基础上，从修辞的角度讲，没有什么比宣称继承希腊文化更有效地建构自己的差异性了，希腊人的古老和高贵本身已经表达了精神上的距离。

在多神教的背景中，犹太教似乎是荒诞的。罗马人反问道，当拥有多神明明更有意义的时候，为什么只能有一个神呢？永远总会有一个神似乎会给予你某种肯定的回答或者支持你的计划，如果这种情况在已经提到的某个神那里不灵时，人们可以转向另一个神，直至获得期盼的回答。罗马并不反对犹太教，而是拒绝向那些动摇犹太并威胁其权威的反叛运动让步。犹太教尽管宣布了自己的普世性，但很快显示出某种“保留的”共同体道德，即它的礼仪，尤其是饮食方面的礼仪，意在把它的忠实信徒与其他共同体分开。基督教对下述一点是心领神会的，即任何自诩普世性的言语都应该向所有人开放，同时通过某种强化亲近感的体现，保持与其“超验哲学”的平衡，耶稣的命运就典范性地体现了这一点。在批评犹太受众的同时，基督教对它的其他两翼却变得不宽容起来，亦即当性情和情感问题在基督教内部落下尘埃时，一方面变得对犹太人不宽容，另一方面对不信教者也不宽容。于是基督教就把情感和性情收归为自己逻各斯内部的情感和性情，尤其不无极权主义，因为不信教的世界最终垮台了，对犹太人也不无不宽容的神话，罗马强加在后者头上的失败把他们驱散到整个地中海的周围。让我们回到陪伴罗马终结的种种意识形态的特点上来。

犹太教何以能够在发明了一神论的普世主义之后又落脚到共同体的情感呢？对于那些被排斥者而言，犹太教诞生于那些逃离帝国斗争的人们自我创立属于他们自己的某种空间的追求之中。犹太教建立在宣布某种同一性的基础上，旨在打消不同部落的个人神而推崇单一神祇，把它们团结起来。这大概通过超越每个部落自己的信仰而得以把所有这些部落聚齐在一起。超越构成这块空间的众多共同体的单一超验的、“超越民族的”神祇的思想是一神教思想的基础，这种神位于任何必然属于“派别”代表的神祇之外，更准确地说，超越后者，因为它被独特化了。[1] 由此产生了下述思想，按照这种思想，犹太人以其历史观的普世主义，置疑共同体的思想，无论把一个具体的共同体变成某种民族或国家共同体的奠基原则是什么。这就解释了为什么当某种共同体受置疑且由于社会流动性减速而失衡（作为原因之一）重新封闭起来时，总会出现反犹太主义的原因。犹太人代表着以公元70年当罗马军队毁坏了神庙之后犹太人之处境（或被驱散）为特征的这种流动性。反犹太主义的特点是，它是一个平庸化的社会的征兆。具体言之，何谓一个社会的平庸化呢？没有能力分配工作岗位的普遍现象，每个人都在暗自喊叫“为什么不是我呢”，嫉妒于是成了主导性的情感，于是就需要找到一个替罪羊以解释他自己的平庸而不愿正视它。任何反犹太主义都支撑着这种社会镜鉴现象。如果我们基于一直滋养反犹太主义的形式和论据，就会很奇怪地透过三大类型的言语发现对这种羡慕的排斥，这三大类型的言语是：宗教仇恨的言语（“正

[1] M. Liverani, *La Bible et l'invention de l'Histoire*, Gallimard, 2010 (qui est une traduction de *la Storia antica di Israele*).

是犹太人谋杀了耶稣”)、自以为“科学的”宗族仇恨言语(“犹太人是劣等人种”)和以差异为基础的共同体仇恨言语(“犹太人构成了某种外物”),我们不管是从那些被经济上嫉妒所鼓动的人们那里,还是从那些把犹太人感知为某种异类的人们那里,都能找到最后这个论据。这是反犹太主义所采纳的三大形式:其一建立在性情的基础上,其二建立在逻各斯的基础上(“它是犹太人的本性”),最后一个则以情感(受众)为基础(“他与众人不同,他没有共同的信仰、习惯、价值等”)。反犹太主义的实际情况是,它反馈到一个运行不佳的社会,因为这个社会的精英人物的平庸毁坏了它,使它处于停滞状态。于是它从犹太人那里看到了自身命运的反面,或者更准确地说,看到了自身所缺失之命运的映照。当各种共同体重新封闭起来,大同主义得以确立,历史徒有历史之名时,对犹太人的仇恨总会浮出水面。燔祭已经是当时反犹主义的最坏后果之一,并未能阻止60年后危机时刻反犹太主义的重新出现。平庸是停滞社会的典型特征,其时一技之长发挥的作用不如家庭关系或派别的通道,这时的精英人物只是徒有其名或者官场的玩物,文化浓缩为训教和知识,浓缩为学历证书。

犹太人的受众用单一神代替了他者,相对于人们的种种共同体,创立了某种共同体。但是它落脚于自身。于是基督教极力取代它,用耶稣的化身(因为耶稣是上帝的儿子)来实现人们的共同体与犹太教所钟爱的超验论之间的综合。

3. 原始社会或史前社会?

这样,如果审视宗教史,就会发现一个相当普遍的现象,即任何文明都同时需要礼仪和超验之物。当宗教更多地沉溺于它的成分之一或另一成分时,结果永远是相同的:这里有一个平衡效果,有时甚至是粗暴的平衡效果,来回应被突出的方向,以补偿因为被忽视维度而感到的损失。究其本质而言,一神教可以整合这种双重必要,这是它的力量所在,然而这却不是其他宗教观念和宗教实践的情况。为什么一种宗教中必须要有这两种风貌以求得它的完整呢？原因是相当明显的：礼仪使个体们感到舒适，而神的作用则在于给他们的生活以安全感。礼仪把神引入世俗生活，让它深入并影响世俗生活，给予这个每天接触的世界以神性的根基，后者可以使信徒们肯定他们的行为是“善”的，亦即符合规则。人世里的神祇使希腊人得以用人来再现神，例如通过雕塑艺术。事实上，希腊的雕塑是最漂亮和最独特的雕塑之一。这样，美就变成了由人所再现之神的区别标志（这里的美应该理解为任何人都不拥有的比例的实现）。裸体仅适用于诸神，这就使得所有神或像运动健将一样近乎神的人物，都被再现为裸体，假如在城邦里发现这样的现象，那一定会被视为对神祇的亵渎。杜克海姆认为，应该区别负面的或应该避免的礼仪与安排中或应予采纳的正面礼仪。[1] 它们分别是禁律和规定（或义务）。前者以作为宗旨的某个超验神祇把这种距离的期限置于远处，至于后者则创立亲近感，它们是神在世俗世界中的礼仪化表现，通过神或圣在日常世界里的某种身份而便于在那里行动。另外，我们也可以从那里找到道德的起源。善是人们寻求的目标，而恶则是人们避免的东西。借助于正确引导的崇拜，人们可以到达上述目标。那里有着差异的某种分离运动和排斥运动以及某种以寻求同一性为动机的相反运动。这是任何人类思想的两种基本活动。差异对于群体而言是基本的，因为没有它，就没有任何基本价值的位置，如生与死的差异，于是到处都可以看到人们对于生命的尊崇和对于死亡的厌恶，从基督教到佛教，事实上，在所有的人类社会里；男与女的差异，它也是自然关系的成分，这些关系生成了某种社会并保证这种变化的世界的继续，例如朝着社会秩序所必需的某种劳动分工的方向；最后，一个人类群体要构成为群体，还有第三个重要的差异，即尊重老人、尊重家庭、孩子要尊重父母。让我们想

[1] E. Durkheim, *Les Formes élémentaires de la vie religieuse* (1912), p. 427 sq., PUF, coll. 《Quadrige》, 5e éd., 2007.

想那些悲剧大作吧：它们全都反映了这些重大差异层面的冲突。《安提戈涅》里自然法与民法的对立，妹妹被拒绝把自己叛逆的哥哥埋葬在城邦的围墙之内。安提戈涅用心灵之法，用任何社会所固有的自然纽带的力量，对抗克瑞翁。如果我们从克瑞翁的线索谈起，他也是有道理的：群体的同一性建立在城邦法律的基础上，且从定义上说，只能要求人们抛弃与这种同一性相对立的种种差异。群体将以其同一性的名义，有意摧毁、拒绝、远置不同并体现这种对立的东西，甚至于在这种群体中某种价值也发挥着作用，没有它，就不可能有这个群体的身份。至于父母与孩子之间纽带，如果它们得不到尊重，任何历史都是不可能的，任何连续性也不可能，在不尊重这项差异的打击下，社会的内部就会爆裂。我们有权想到的例子就是欧里庇得斯（Euripide）的剧作《伊菲革涅娅在奥利斯》向我们提供的例子。阿伽门农只能以牺牲自己的女儿（阿尔泰米斯，宙斯的一个女儿）、把她献给诸神作为交换条件，才能出动他的船队攻击特洛亚。这是一种畸形的交换，只能对社会和一般意义上的任何群体有害。正是由于这个原因，人们才献上群体外不同于群体成员的人士。

希腊悲剧舞台的主要作品很好地演示了建立在基本差异基础上的种种价值的奠基性质，它们建立了它的身份，即使这些价值与其身份相悖，因为它们颂扬了差异。在所谓的原始部落里，象征群体的国王与众不同，因为他是国王。例如，人们选择了他，因为他是一个傻瓜，或者他是一个囚徒。詹姆斯·弗雷泽绝妙地显示了人们在换季时杀死国王的事实，在我们这些现代人看来，这是奇怪的，然而正是在一年的这个时候，差异从再生的活力中获得了滋养。国王即差异，诚然这种差异是必要的，但是从定义上说，与群体及其成员的身份是相反的。

社会距离诞生于我们上面所谈论的基本差异所保护的种种差异。为了使这种保护得到保证，需要群体把它的构成性差异置而远之。这样，它们就得到了真正的保护。然而怎么做呢？引入神圣的思想，亦即引入不可触犯性（禁区）的思想。神圣与祭祀是关联在一起的，因为春天来临时，人们把国王作为祭品以重建群体更新的同一性。作为差异的神圣性蕴含着祭祀（其次是祭品，然后还有放弃的思想，如像基督教那样）。宗教其实产生于期望划定一个独立世界的用心，其中差异和神圣居于支配地位，以及保护唯有同一性的用心，而没有某些奠定其继续生存的差异，群体就无法继续存在。这就是神圣与世俗之间的关联和过渡关系。把种种差异置于一个同一的世界里，而不以这种同一性的名义牺牲它们，这个责任落到了教会肩上，后者以其礼仪把构成性差异置而远之，同时也就把它们供奉（*consacrer*）起来了，然后再以合适的魔性礼仪把它们引入世俗世界。把神性整合进非神圣世界必然产生对巫师的连带性尊崇，由此巫术就以暧昧性和隐喻性接触发挥着它的作用。在这类同一性中，礼仪把差异供奉为某种强大的力量，某种值得崇拜的力量，但是人们可以驯服它。与他人的任何关系，性的关系、家庭关系、政治关系，或者仅反映人们应该尊重生物完整性的关系等，都将被礼仪化，因为它关涉某种差异。动感之情既诞生于负面礼仪中人们对置而远之因素的抛弃，也诞生于正面礼仪中人们对影响人生的神圣的热爱。这些正面礼仪创立了共同体，它们庆贺它的诞生，把它供奉起来，然后把它与外在于它的群体和个人相区别，例如与其他共同体相区别。概言之，两种宗教活动：通过禁忌把禁区分离起来，通过礼仪把有益的性能囊括进来。博洛洛（le Bororo）就是一位阿拉拉人（Arara），通过鉴定性的礼仪，他拥有深受人们崇拜的品性。差异性和同一性可以构成最古老社会的世界。这些社会拥有下述特殊性，即我们看到其同一性很弱的地方，这些社会却以强势的同一性在活动，例如上面刚刚阐述过的社会：博洛洛人就是阿拉拉人。列维-布留尔的这个著名例子确实强调了人们面对的是强势的同一性，因为在我们看来，这只是某种相似性、某种偶然的或人为的组合，以一种或若干种共同性能的名义实施的组合，这就导致把他们的支撑物同一化，而从修辞角度抹去所有其他表语，因为后者没有任何共同性可言。强势的同一性把支配这些社会之思想、以弱势形态书写的陈述句改造为答案，通过这种方式使我们把它们感知为非问题性的陈述，因为对我们而言，这类同一性是很难作为有效回答的。史前思想的强势同一性恰恰在于这些社会的变化很小，它们通过礼仪的重复而取消了历史性，把那些有可能发生的变化，哪怕是例如自然灾害这样的重要变化，日复一日地驯化为循环往复的东西。在《图腾与禁忌》（*Totem et Tabou*）一书中，弗洛伊德从这些被当作强势同一性亦即忠实性同一性（它们是答案语言特有的同一性）的弱势同一性中，看到了潜意识的幼儿的和逆反的阶段。潜意识以人们赋予最顽固的精神组合的忠实性为特征。这些社会在它们言语的显性中体现着被历史化的现代思想的潜意识阶段。弗洛伊德没有感知到问题学排斥的现象，问题学排斥在史前部落那里很强烈，但在我们现代居民这里则很弱，这就禁止野性思维与现代潜意识之间的这类同化。在潜意识中，弱势存在标志着被精神相互组合在一起的内容，它用来对这些内容编码，但是这里的目的是把它们变得神秘化，不再像在原始思想里那么忠实。原始思想确实把各种同一性当作忠实的同一性，因为社会就在某种相对的同一性中维持，没有隐喻化，而隐喻化成了臣服于历史的思想世界的标志。反之，影响精神的弱势的同一性在潜意识致意识的言语中呈现为弱势的同一性，正是这种形态把梦的内容变得神秘化了。梦中的言语被编码且通常是荒诞的。那么人们可以提出的问题是，如果“野性思维”漫游在普遍化的同一性中，它是如何捕获差异的，例如共同真实中人们之间（生物之间）的同一性的。回答是众所周知的：调动多种遮蔽的或显性的力量，它们将把现象差异化，亦即特征化。主导感知现象多样性的积极原则被输送到多个领域以区分各种存在。由此产生了多神论。例如，大海、波浪、湖泊等都有不同的动力和力量所鼓动，这些力量将成为它们特有的标志性力量，在那里，我们以更抽象的种种同一性，例如人们在科学中发现的同一性，来平衡构成我们被历史化的思想的各种差异。宗教所锻造的各种差异被同一性的追求所取代，这是科学所提供的种种同一性。反映史前思维（借用列维-施特劳斯的说法，即“野性思维”）知识界的各种差异或一般意义上的差异性，就落在了神圣的肩上。

历史社会与所谓的原始社会、野蛮社会，或者简言之史前社会的区别在于每个人回答差异的方式不同（或者说回应同一性的方式不同，两种说法殊途同归）。在一个很少历史变化的社会里，人们的感知方式更多的是季节性循环的，这些感知方式使得任何变化的东西，亦即任何差异，都成了礼仪和禁忌的对象。共同体的修辞学旨在仅生产鉴别性的辞格。自弗雷泽、泰勒（Tylor）和列维-布留尔以来，这种做法可以把这种所谓的原始思维与某种广大的参与、相似、毗邻逻辑相同化，它们是种种隐喻和换喻形式。于是就出现了阿尔弗雷德·盖尔（Alfred Gell）所描写的通过感染和相似而出现的意象。[1] 群体成员之间的亲近产生了情愫（affect），而基于这一原因，杜克海姆说，任何差距都被感知为应该抑制的东西，因为这种情感更内在地到达每个人，超过了在我们社会的扩散，我们的社会是禁忌较少且更值得讨论的社会。史前社会则是更具修辞性、象征性而轻视论据化（这意味着个体之间的差异性）的社会。这样，它就更注重强化共同体感，注重通过其礼仪而实现它，注重沉浸在情愫之中。按照杜克海姆的说法，除了人祭（旨在恢复同一性的平衡，因为人们牺牲了差异）、族间仇杀、酷刑（自尼采以来，我们知道它是差异和距离的表达，人们无法忍受差异和距离被取消的情况）以外，我们从史前社会里，可以找到对违反同一性之举的更严厉的惩罚。我们仍然借用杜克海姆的术语，机械性的团结一致与有机组织的团结一致，在超出人们想象的某种更大的连续性上，覆盖了从史前社会向历史社会的过渡。

负面的礼仪创造了差异、距离，把精神引向神的超验性。相反，

---

[1] Alfred Gell, *L'Art et ses agents* (tr. fr. S. et O. Renaut), Les Presses du Réel, 2009, p. 124.

正面礼仪则把差异纳入群体的同一性世界里。那些仅仅聚焦于超验性和信仰的宗教，看到礼仪宗教的对应发展，这些礼仪宗教起初是反对它们的，但经常与它们并行不悖。这样，真正的文明语言就诞生于世。让我们以印度为例，印度教是一种高度礼仪化的宗教，甚至司祭的味道很浓。佛教作为普遍性的信仰横空出世了，在印度，它是非礼仪性的，与它在中国的命运相反。在中国，儒家的礼仪色彩很淡，这就产生了下述现象，即当中国采纳佛教时，佛教就变成了实践、崇拜，带有自己的祭品和和尚。佛教从关心人类命运和苦难的近乎哲学性的宗教转向了作为礼仪化实践的道教，道教这种实践的目的是通过其格式和礼仪，独善其身并抵御恶的浸入。犹太教因为其一神教的缘故，努力把宗教的两种风貌集于一身：一方面是信仰，这里指的是对一个无法再现、没有具体姓名可以鉴定的神祇的信仰；另一方面是礼仪，点缀犹太信徒每天和终年生活的礼仪。整个犹太的共同体都汇聚在这里了，其成员与人类的其他群体相分离，尤其因为他们遵循严格饮食礼仪的缘故。对于耶路撒冷神庙毁坏之后的犹太人民，拉比的礼仪主义占有某种决定性的地位，❶ 而与之相对应的，则是礼仪视点下的某种稀薄版本基督教。基督教向每个准备皈依的人开放，它把上帝置于每个人都可以触手可及的地方。然而，随着时间的流逝，当基督教愈来愈缩小为某种教堂时，礼仪主义又逐渐占了上风。人们崇拜圣人、圣物、圣像、圣母，在很多人的心目中，耶稣不是上帝的儿子，而是上帝本身，化身为三位一体的风貌之一。新教指责基督教的正是这种隐蔽的“多神教”性质，新教最大程度地对基督教去礼仪化，从而与之相对立。倘若上帝通过每个人的内在意识面对所有人，教堂不再是上帝与人们之间必不可少的媒介。于是新教徒与天主教徒之间产生了冲突，这种冲突将影响欧洲长达一个世纪以上。不管人们怎么

---

❶ 拉比语，指中世纪犹太教律法及教义诸权威写作用的希伯来语，后期希伯来语。——译者注

想，欧洲的第一次世界大战不是爆发于1914年，而是爆发于1618年。它也延续了30年，直到1648年的威斯特伐利亚和平协定(la Paix de Westphalie)才结束，留下了毫无生气和人口稀少的中欧。为了把农民捆绑在土地上，奴隶制重新浮出水面。人们太经常地忘却了三十年战争在欧洲历史上带来的不幸后果。所有这些民族都不得不共处于奥匈帝国的统治下，同时互相仇恨，基督教世界的全民性衰退和相互对立为犹太移民填补人口空缺留下了机遇，这些现实哺育了20世纪的战争和种族主义。今天，我们还在为1914~1918年和1940~1945年两场世界战争的灾难买单，这两次战争一起构成了一次世界大战，就像当时的三十年战争一样。继30年间数千万人失去了生命之后，人口的减少没有像1648年那样看到法国、英国，甚至俄罗斯的统治地位的诞生，带来欧洲强国如林的盛事局面，而更多地带来了蔓延整个欧洲的某种衰退，这就是我们今天所面对的衰退。1648年之后英国和法国所代表的那种兴盛形势，今后将处于欧洲之外，像美国、中国或印度那样的新强国。

4. 罗马帝国的衰退和垮台

罗马的终结这场创伤远超过了地中海周边国家的范围，整个西方似乎都垮台了。一个继承了希腊文化的文化，为希腊文化增加了法律、象征性墙画的文化，在建筑上发明了穹顶、温泉浴和道路的文化，中央集权的管理制度可以把地区性的整体耦合起来的文化，为什么我们不能说这是一种与斯多葛哲学相关联的贵族自由的形式呢？这些建构都以新的方式诞生于罗马，尤其当我们把变成帝国的罗马与希腊城邦国家的狭小地域相比较时。所有这一切都将消失了并重新沉没于一开始就没有很好整合进帝国的野蛮人的文化荒芜之中。这些野蛮人逐渐学会了与它们的境外兄弟联手，最终把一个由衰退变成垂死的帝国推翻了。如果说罗马不是一天建成的，它的消逝也不是一夜之间完成的。颓废和瓦解的机制是漫长的，然后才有公元410年以阿拉奇

(Alaric) 为首领的蛮军对永恒之城的洗劫，对一再被拒绝的领土提出要求。那么，问题是从什么时候开始的呢？这个问题很重要，因为它揭示了某种普遍形势，这种形势并非不能警示当今欧洲的特征。

成为公元 2 世纪显著特征的罗马帝国统治下的长期和平时期，开创了一个我们如今理解的全球化的阶段：帝国各地区内部劳动和生产的专业化，财富的加速流通，人口的不足和经常性需求的非专业劳动力的短缺日益显著，导致野蛮人的移民潮，他们占领了罗马帝国的领土。罗马帝国的长期和平时期悖论性地产生了劳动力稀缺的反常效果。❶ 没有新的占领，开发土地必需的奴隶人数不再增加。❷ 重新开始的战争使军队的首领们对立起来，这就加速了人口的锐减并强化了野蛮人口的涌入。军队很快成了草根人士社会升迁的唯一渠道，另外社会升迁制度也僵化了。纳税的压力增大了，贫困化也日见显著。基督教占据了城市，尤其是城市的社会名流，他们负责维修著名建筑，维持游戏的正常运转或分配食物，更多地采纳了分配和共同体的理想，而非神学的期望，尽管这两者都是基督教的特色。国家的支出超过它的收入，赤字增加，货币贬值，正是通货膨胀进一步使所有市政和农民贫困化。随着富人对无法继续经营之土地的赎买，不平等现象更趋严重，曾经在数个世纪稳定过帝国的社会流动性大大地压缩了。社会的蛮荒化占据了各个民众阶层，远超过基督教的浸润。另一种类型的文化跨越帝国的边界，占领它的内部并传播开来，行将希腊化并愈来愈取代哲学的基督教在这个时代变成了罗马首屈一指的精英事实。希腊文化和罗马文化在外来的相继侵略和移民潮中失败了，然而那些移民们却看到弗兰克人、哥特人和其他人种罗马化并转信基督教（克洛维斯 [Clovis]）。需要等待很长时间，直到中世纪末期和文艺

---

❶ A. Bernardi, "The Economic Problems of the Roman Empire at the Time of its Decline", p. 32 sq., in C. Cipolla (ed.), *The Economic Decline of Empires*, Londres, 1970.

❷ 关于这一点，参阅 M. Rostovzeff, *op. cit.*; F. Wallbank, *The Decline of the Roman Empire*, pp. 21 ~ 37, 67 ~ 69, (New York), Henry Schuman, 1953.

复兴时期,由于教会的努力,才使古典文化中保留下来的东西,重新浮现在人们的脑际。

公元3世纪就成了军队的世纪。罗斯托弗采夫(Rostovtzeff)说:"军队想要的,就是平等参与帝国的管理。资产阶级被恐吓并大量屠杀;城市几乎成了废墟,那些新领袖们,皇帝和管理者,此后的大多数都出身农民。"❶ 帝国先前用和平方式所保证的精英人物的更新,只能以暴力找到它的表述方式,自迪奥克莱蒂安(Dioclétien,284)和康斯坦丁(Constantin)起,一个专制国家就把暴力纳入了它的渠道。"到处都是仇恨和嫉妒。城市无产阶级痛恨城市资产阶级,所有的人都痛恨军队。平民们憎恨基督徒并迫害他们,他们把基督徒看作是破坏国家的货真价实的坏人。劳动的组织工作被扰乱,生产力因而下降,海路和陆路的不安全使贸易处于倒闭的状态。最令人恐怖的混乱就这样笼罩着整个破败不堪的帝国。"❷ 国家强化的途径是通过皇帝的强化,而皇帝被确立为神,围绕他的是一套新的仪式,就像亚洲总督宫廷里的仪式一样。皇家的某种铁腕压在市政的头上,农村重新自我封闭起来,准备着前封建的农业社会。❸ 城市资产阶级重新回到国家的服务者行列,这是某种专制性的国家,但因抵抗外来侵略的种种新战争而愈来愈破产,于是萎缩和贫困化。此后,每个人都发现自己的命运与父母的命运联系在一起,走不出这个怪圈。迪奥克莱蒂安和康斯坦丁之后,甚至最基础的社会升迁都变得不可能了。罗斯托弗采夫得出的结论是什么呢?"罗马帝国的衰败和垮台,亦即古代文明整体的衰败和垮台,呈现了两种风貌:一方面是社会、政治和经济风貌,另一方面是知识和精神风貌。在政治领域,我们看到的是帝国的

---

❶ *Op. cit.*,(tr. fr. O. Demange),p. 373,Laffont,1988.

❷ *Op. cit.*,pp. 373 ~ 374.

❸ F. Lot,*La Fin du monde antique et le début du Moyen Age*,1927(ré – édité chez Albin Michel en 1950).

逐渐蛮荒化，尤其是西方内部。”[1] 城市的中产阶级萎缩了，我们看到的是没有教养的精英人士与廉价支付的大众并肩而立。基督教被野蛮人确立为宗教，他们寻找属于精英阶层并与精英阶层同化的某种证据。然而，人们离开了建立在雄辩和知识基础上的古典文化。所有高雅的东西都消失了，基督教愈来愈表达某种压缩为榜样和礼仪的文化的平均主义。“狂热的平等化举措从来没有帮助过对大众的提升。它们消灭了上流阶层且只能加速蛮荒化的进程。”[2]

5. 只有罗马模式能解释历史的活力吗？

人们现在可以这么想，然而这是一种可以推广到其他时期的历史观吗？英国的大历史学家阿诺德·汤因比（1889～1975）认为可以。在他的研究中——人们把其书名用法语译为《历史》（*L'Histoire*）[3]，他发挥了一种更具建构性的活力。他完善了罗马模式，他把罗马模式首先看做希腊城邦的某种集权化，然后看做地中海沿岸不同民族的集权化，他把罗马模式看做更倾向于集权的人类群体的某种可能的建构程序。这样，罗马就是帝国的模式了。在这个模式的旁边，他发现了某种中国的集权化模式，其特点是，由于朝代的更迭游戏，该模式面临着某种更早熟的更强势的集权制，这种集权制可能是中国历史基本的方程式。分裂一直威胁着中国。于是统治者强化军队，强化管理，为此而加重赋税，于是整个民族南迁，然后西征，以征服南蛮和西蛮并建构中华帝国，华夏帝国因此作为文化整体延续了数千年。有时候也有些不遵守法律的集团，或者军队造反，它们在匈奴、满洲、西藏等蛮族的帮助下造反，这些蛮族努力掌握汉人的生活方式以便随后更好地扎根于中原，有时甚至建立一个新的朝代而掌握汉人的政权。正

[1] *Op. cit.*, p. 39.

[2] *Op. cit.*, p. 400.

[3] Payot, 1996.

是在这里，汤因比引入了第三个“模式”以解释历史，这就是犹太教的例子或者没有领土的民族的宗教。犹太人自古以来所经历的海外大流散就是这种类型。犹太模式、希腊罗马模式、中国模式，仅仅它们大概就穷尽了人类历史性的场域：这就是对共同体具有某种决定性的宗教的受众（le *pathos*），由多种民族构成的一个国家的性情，恐惧分裂主义的多元性的某种集权主义的逻各斯。

在希腊模式里，我们看到文明形成过程中的人寻找某种地区差异极大，且独立性很强的体制提供给他的创造性的各种可能性，斗争就是这种体制的代价，它达到了如此的密度，社会不得不从统一中去寻找和平，从而屈服于某种令人恼怒的统一性。犹太模式向我们展示了同时期的人如何紧紧抓住某种揭示、某种发现、某种事业或某种生活方式，他预感到了它们的崇高意义或崇高价值，因而努力捍卫自己作为这颗无价珍珠之卫士这种“入选民族”的身份……中国模式向我们展示了所谓的文明人努力捍卫这种全体一致的统一——一旦这种统一得以建立——以及每当它遭受破坏后都努力修复它的情况。他修复它，因为他无法忍受斗争以及回归分裂所导致的混乱。这些举措的每一种都旨在满足人的基本要求之一。然而，直至今天的文明史丝毫都没有向我们保证，这些基本要求能够同时得到全部满足。❶

在这样一种分析中一开始就令人惊异的是其异质结合的特征：中国模式、希腊罗马模式和犹太模式。这是一些分散的且很少互补性的世界。它们的相会展现了某种任意性的东西，它并没有穷尽人类的全部历史性的形式这种情感进一步强化了上述任意性特征。尽管如此，在这三种历史性方式的并列中能否找到某种理性呢？我们看得很清楚，罗马模式关涉由更小的实体开始创建帝国，而中国模式则再现了相反的思路，更担忧中原分裂为更小的实体，分裂为互相毁灭的封建割据。然而犹太教在所有这一切中有何作为呢？这是一个没有国家的

❶ A. Toynbee, *L'Histoire*, Payot, 1996, p. 96.

民族的宗教，一种反馈到一个封闭的共同体的超验论和实践，其悖论在于，对普遍性的反馈是持之以恒的，另外与中国模式或罗马模式很相似。汤因比似乎被普遍性与个别性的关系所吸引，他把普遍性向个别性的过渡、滑动等同于某种衰退，在有些情况下则等同于分裂和颓废。个别性捕获了过多的政治因素，而理想则是普世性的：人们可以怀疑希腊人、中国人或犹太人比其他民族、比他们所捕获的“蛮夷”更开放。普遍性更多的是某种宣言的名义，而非社会现实或政治现实。这并不影响我们确实从这三种历史性的模式中找到与呼唤人们的普遍性的某种关系。那么，这种关系是什么呢？对于希腊人而言，这是某种逻各斯观和理性观，对于中国人来说，那是社会的某种安排，其中国家是无限重复和再生的家庭关系的反映，至于对犹太人而言，那是某种共同体道德的思想，它想通过不仅仅应用于他们的道德原则而走出共同体。逻各斯、性情和情感就这样在一个被青睐、被分割为三个实体的模式内部得到了重新界定，在这个模式里，我们重新找到了国家、文化和宗教的卓越地位。上边引述过的每个社会都把其他两个维度引向它所青睐的那个维度，因而它应该以它的方式把它们整合在一起。例如，希伯来的普遍主义就完成于酷爱普遍性、善于超越有可能把自己封闭在自身共同体内之宗教局限性的知识分子形象。我们很自然就想到了斯宾诺莎、弗洛伊德、爱因斯坦、马克思、杜克海姆或普鲁斯特，我们仅举他们为例。希腊世界也把其逻各斯推广到伦理学和它理解为普遍性共同体的范围内，汤因比说，完全实现于罗马帝国这样的普遍性国家。至于华夏世界，它善于用某种逻各斯来思考伦理和科学，这种逻各斯在很长时间内比欧洲科学更善于革新。

尽管汤因比解释历史全部多样性的图式有不少弱点，但还是有重要的东西从中分离出来。与宗教的关系以及与一般文化的关系，发挥了某种动力的作用，这种作用应该更好地具体说明，但是它规律性地出现在欧洲历史的前台，甚至界定着欧洲历史的性质。另外，倘若并非更突出，但也存在核心与外围的问题，存在民族之间和这些民族内部的敌对斗争，那是相继分裂和重新集权形成多重层次的结果，它们把作为罗马帝国继承者的欧洲变成中原与外围激烈冲突的辩证性场域，完全像华夏帝国一样。那么，是否也像中国一样，存在统一的文化呢？在这方面，我们可能更多地持怀疑态度，但并不怀疑有限的共同遗产。

欧洲的历史被切割为从古代到现（当）代几个大的历史时期，然而在这种解读背后，另一种解读也可以同样容易地分离出来，这种解读由倒退、复兴、革命以及某些时候的进步等概念构成。理解欧洲史的最重要的事情不是把它带回这种似乎仅对欧洲有效的分期。当我们分析从罗马帝国末期直到今天的演变时，更正确的说法是，我们发现了从中世纪的公国向文艺复兴时期的家族帝国、再从文艺复兴时期的家族帝国向扩展并确立为绝对君主立宪的王朝的某种逐渐的再集权过程，然后让位于不断试图扩张的民族国家。这里，欧洲与中国不同的是，欧洲国家权力的地域扩展变成了向外扩张的帝国主义，而中国是在自己的疆域范围内创立某种统一的文化和历史的连续性，它们高于欧洲文化的统一性和欧洲历史的连续性。但是，欧洲的衰退是明显的，没有必要遮蔽它们。在中国、犹太、罗马这三种类型的背后，另三种类型的分配法比人们想象的更巧妙地隐藏着，这就是逻各斯、情感和性情的三分法，它们通过定位（性情）思想、金钱的作用（逻各斯）思想和权力（情感）思想，成了社会性的参数。另外，马克斯·韦伯正是通过这种三分法来分析马克思那里的阶级观念的不同风貌的：自我意识（性情）、生产程序中的地位（逻各斯）以及与其他阶级的对立（情感）。按照韦伯的意思，把阶级观念的这三重意思分解开、赋予它们各自不同的名称以期避免任何歧义，这种做法更简便一些。金钱作为“一般等价物”的普遍风貌使得犹太人能够生存在抛弃了他们的农耕方式所支配的世界的边缘。金钱超越作为屏障的社会阶级而把人们联系在一起。曾经有过宫廷的犹太人，尽管反犹主义统治宫廷，他们仍然能在那些强势人物面前把自己变得不可或缺（阿伦特［Arendt］）。即使这样，韦伯仍然更多地把新教视为创造了资本主义的论证性逻各斯。大概是因为新教扮演了使追寻分化亦即追寻社会升迁合法化的角色，这是当时大的社会群体所不允许的或很少允许的，不管是在罗马帝国还是在哈伯斯堡帝国，犹太教都未能扮演这样的角色。其时犹太教之伦理学的某种普遍主义伦理学的色彩并不逊色，它是所有其他伦理学的源泉，而作为挣钱必要性的共同体的内心思考（在这样一个世界里，人们让犹太人只做此事），这种伦理学和这种内心思考只是继续生存的方式，它们比自己否认的那样更多地预设了把所有人都视为同一人类之构成部分方面可能存在的断裂力量，而世界实际上是分为等级的，甚至分为种族。最后剩下的就是汤因比更普遍的直觉：犹太人被视为某种移民无产阶级，只有少数人是富人。移民模式反馈到某种意识形态、某种宗教，反馈到某种没有自身祖国的共同体纽带，对这种宗教的抛弃遮蔽着更深刻的对他者的抛弃，他者即局外人。贫穷的他者，他还应该被视为民族整体的局外人以慰藉其他穷人，富有的他者则被视为攻击整个民族整体以获取统治权并修改民族基本原则的人。

中国模式通过家庭体系的科层化保证了社会流动性，而罗马模式则聚焦于帝国成员的地位以决定这种相同的流动性。战争，亦即军队，就成了这种受威胁的流动性的最后庇护所。革命永远诞生于精英人士得不到补偿并发挥不了他们价值的失望之时。不管是在中国抑或俄罗斯，1789 年在法国已经通过法律人士和哲学家而投入行动的知识分子们，论证了某种新政权，当他们自己未能把事情控制在手时，[1]革命将向他们保证新政权的建立。社会流动性是根本性的，因为当它卡壳时，精英人士最终就会在其他更忍受不了这种形势的阶级的支持

[1] 关于这一关键点，人们永远可以阅读和重读下述著作：G. Konrad et I. Szelenyi, *La Marche au pouvoir des intellectuels*, et R. Brym, *Intellectuals and Politics*, Londres, Routledge, 1980. 关于革命，则可阅读：C. Brinton, *The Anatomy of Revolution*, NY, Vintage, 1973.

下造反。

结论：相比于其他大陆，欧洲的特征是什么？

然而，一直使欧洲与中国、印度或美国等其他强国不同的是帝国主义或殖民主义，如何称呼并不重要。当中国人因入侵、灾荒或强盛之梦而离开他们的家乡时，他们仍然留在华夏帝国的内部，华夏帝国的自然疆域几千年前早已形成。当美国人到外地寻找土地、牧场或简而言之寻找某种更好的生活时，他们向西部进行殖民扩张，但是他们还是在自己的本土范围内。我们通过许多西部电影了解了这种扩张的探险活动，那些西部电影曾经使儿时的我们欣喜若狂。[1] 而欧洲人则跑到了欧洲以外，经常是为了躲避沉重等级制和愈来愈严重的停滞的压力，从北美和南美、亚洲、印度或非洲找到实现自己强盛梦的途径，这些强盛梦在他们的本土上是不可能实现的。日本严格的封建主义使它长期封闭在自己的岛屿上，日本森严的封建主义没有给社会流动性留下太大的空间。

---

[1] W. Bourton, *Le Western, une histoire parallèle des Etats – Unis*, PUF, 2008.

欧洲从霸权走向衰退

1. 如何理解罗马垮台以后的历史?

野蛮人的移民化并不是一天完成的，他们掌握政权的行为也不是一蹴而就的，亦非没有受到抵制。[1] 随着时间的推移，他们参与进来了，甚至承担了捍卫西罗马帝国、抵御来自东方的新侵略的工作。东罗马帝国在壁垒上建立起来，与西罗马帝国鼎足而立，软囊囊的腹部就是今天人们称作中欧和巴尔干半岛的地域。受钳制的日耳曼人因而没有任何机遇。但是，他们通过包围东罗马帝国，通过进入西罗马帝国的疲软边境并在其中的重要部门工作以及成为军队的成员，渗入愈来愈分裂的整个西罗马帝国，站稳脚跟然后夺取了政权。正如 R. 戴维斯（R. Davis）指出的那样，这种进入整个社会的活动发生在几个世纪内，导致了最终崩溃前的三次反应。戴维斯强调说，第一次反应是发现了过去和文化（文化永远是过去滋养现在并赋予现在以意义的东西）不可逆转的某种终结。我们从圣·奥古斯丁那里看到了这种反应。一个世界终结了，另一个世界行将诞生，带着它的新模式基督教。上帝的城邦代替了粗暴的、没有怜悯和爱心的世俗世界，一个衰退中的世俗世界。另一种回应不是从世界中退出，而是捍卫它的现状，把日耳曼移民纳入罗马帝国并向他们灌输罗马价值。恢复这些价

[1] 参阅 A. Barbero, Barbares: *immigrés, réfugiés et déportés dans l'Empire romain*, Flammarion, 2009. 然而尤其应该阅读与 Henri Pirenne, *Histoire de l'Europe* 齐名的大作、也许是关于中世纪的最好的史书，乃是 R. Davis, *The History of Medieval Europe*, 3e édition, 2005, Londres, Pearson/Longman。

值就成了东哥特人[1]的首领泰奥多里克（Théodoric）挥之不去的顽念，他一直惦记着让罗马人和哥特人生活在良好的理智之中。那么，法律和宗教就保持着差异状态，帝国实行基督教，移民奉行“阿里乌教义”[2]。只有克洛维斯（Clovis）领导的法兰克人采纳了基督教。对新移民掌握政权做出的第三次反应是重新夺回政权。东罗马帝国的皇帝朱斯蒂尼安（Justinien）投入了这种战役，以便重建如今四分五裂的从前的西罗马帝国。他的举措成功了一个短暂的时期，没有延续下来，致使拜占庭帝国处于毫无生气的状态，尤其因为拜占庭的大将军贝利赛尔（Bélisaire）依靠来自不同蛮夷民族的队伍，那是他花钱招募来确保自己胜利的队伍。

重新回归自己并且在朱斯蒂尼安时代之后重新面对新侵略的西罗马帝国，变得更加衰弱，很难面对来自伊斯兰教的新占领行为。拜占庭皇帝反省了自己，指责了侵略行为，但拜占庭逐渐成为被围困的堡垒，丧失了愈来愈多的土地。公元 732 年阻止了伊斯兰扩张并在 800 年看到查理大帝加冕的法兰克帝国，使欧洲重新获得了（短暂的）“罗马”时期。查理大帝去世时，他的继承人之间的分裂再次把欧洲推入短暂重建为帝国之前那些习以为常的分裂之中。皮雷纳（Pirenne）在《穆罕默德与查理大帝》（*Mahomet et Charlemagne*）中的论点[3]是有效的，尽管在细节的事实方面遭到批评：伊斯兰的大肆扩张把欧洲的新生力量移向北方。由于不可能接触地中海，新的法兰克王国发展了某种封建性质的土地开发，获得了某种农业财富，后者为城市的兴盛、然后是国家的兴盛、并在一段时间后为工业革命，做好了准备，而工业革命 19 世纪时把欧洲变成了世界上最强大的力量，即使这是在某种民族国家的基础上发展起来的。把欧洲发生的情况与

---

[1] 指公元 5 世纪在意大利建立东哥特王国的东哥特族人。——译者注

[2] 阿里乌（Arius）创立并倡导的教义，认为耶稣不是神，仅为高于其他生物的被造物。——译者注

[3] 即“没有穆罕默德，查理大帝就不可能诞生”。

印度的伊斯兰情况相比较是很有意思的。面对支离破碎、被分裂成众多对立王国的印度大陆，莫卧儿人很巧妙地在印度建立了一个伊斯兰帝国。正是印度公司重新激活了印度的地方权力，以便更好地建立一个莫卧儿政权。今天，印度人与伊斯兰人之间的争斗每年都使许多人丧生，以宗教为特征而建立起来的共同体之间的共处是何等地步履维艰。

而这正是全部问题之所在。民族主义把帝国主义的扩张变成了所有这些现代战争的源泉，它们在20世纪大大地削弱了欧洲，一如修昔底德所谈论的“伯罗奔尼撒战争”那样自古代起即把古希腊抛入了某种不可逆转的衰退之中。

19世纪末，欧洲大国的发展把帝国与工业化紧密地联系在一起，除了德国例外，德国在俾斯麦（Bismarck）统治时期统一为一个帝国，无法向海外扩展，那里是英国人的一统天下，法国也占有一定比例的殖民地。

2. 为什么20世纪末以来我们经历着欧洲的衰退？

原因很简单：30年内的两次世界大战总计造成将近1亿死者，并摧毁了欧洲科学、文化、经济和军事方面的优势地位。自俾斯麦以来，德国成了第一工业强国，远早于美国和英国，并且不断地把自己的意愿强加给欧洲。德国在欧洲衰退中的历史责任是一个毋庸置疑的事实，一如它在这方面所体现的持续不断的残酷和粗暴一样，企图统治一些国家并灭绝另一些国家，大部分时间里两者吻合在一起。我们经常听人们说，这种粗暴应该归咎于希特勒。只需清楚地了解了解就会知道，反犹太主义并非始自纳粹体制，充分体现反犹主义特征的那些野蛮实践远早于纳粹政权。两者之间的差异乃是规模问题，后者与战争的可能性相关。19世纪末20世纪初始，当德国人试图驻足于非洲时，我们已经看到他们在非洲实施的充满恐怖的集中营。❶ 希特勒远非德国历史的某种畸变，恰恰相反，他是德国历史的自然产物。

德国在其疆界内的自我封闭，即使是在被俾斯麦扩展的疆界内，如同在日本一样，在其内部强化了封建主义，不顾一切地分离资本，而在外部则产生了某种帝国主义，纵容欧洲其他帝国主义强国所代表的铁蹄力量。❷ 战争变得不可避免了。在这两点之上，很快还要补充上德国人对非德国人的某种宗族仇恨。由一个分化和等级化登峰造极的社会所产生的紧张关系要把这些仇恨释放出去，于是不管是在社会内部还是面对非德国人，他们都要寻找释放口。反犹主义在德国也许并不比其他地方更强烈，尤其不比法国更强烈，但是法国大革命至少把所有人都是平等的思想合法化了。在德国，没有任何类似的东西发生。人与人之间平等的思想败在了某种社会达尔文主义的麾下，后者主张，最强者有权标榜自己是优等人种，甚至湮灭非优等人种。当时的德国人，不管是否是纳粹、党卫军或一般军队的士兵，其行为都像真正的屠夫，沿途烧杀掠夺，无恶不作。我们想到了第二次世界大战中德国人试图清空并据为己有的东方的“生命空间”（*Lebensraum*），以便把优良的德国人重新安置在那里。人们太经常地忘记了这种思想和实践远早于第二次世界大战。1914 ~ 1918 年的战争期间，德国军队犯下了多少骇人听闻的屠杀罪行？尤其是在比利时，在那里，德国军队活活烧死和轮番射杀平民百姓。德国人永远更多地宣称文化（当然是德国文化了），而有意把文明扔给法国人，连同后者的人文主义的多愁善感以及诞生于被一再羞辱的法国大革命的人权。第一次世界大战结束时的最大错误大概就是让德国重新上马，而本来应该像克莱

---

❶ D. Olusoga et C. Erichsen, *The Kaiser's Holocaust*, Londres, 2010. 该书对德国人在他们的南部非洲殖民地对他们视为下等人的所作所为的分析令人震惊。希特勒的精神已经不远了。

❷ 下述著作是关于这一主题的一部杰作：*German Colonialism from Bismarck to Hitler*, Cambridge, Shelley Baranowsky, 2010。

孟梭（Clémenceau）所要求的那样占领它并肢解它，克莱孟梭反对所谓的“人文主义者”威尔逊（Wilson）的意见，威氏关注的是看到各国人民经历了可怕的世界冲突之后完全在他们的本真中获得新生。美国总统满脑子都是创立没有任何人重视的联合国社会并以各国人民自决的名义保证欧洲新划分的存在，这些民族不停地相互仇恨并围绕他们的边境发生争执，一直到希特勒的时代。人们希望美国总统威尔逊的天真是道德方面的，那些美国教徒经常持这种看法，他们把这种天真看做他们良好意愿之无私性的某种担保。与其让战败的德国带着几乎保存完好的军队和工业反思它的失败，并使得前者和后者很快充满前所未有的活力，毋宁采取1945年之后的做法。第二次世界大战结束后，甚至和平主义者爱因斯坦（Einstein）也支持应该一劳永逸地摧毁德国、不再像1918年那样迟疑不决的思想，如果我们不想看到它再次寻求统治欧洲的话。一个被某种“冷战”保存下来、充当“冷战”屏障的德国，只能从它的灰烬中获得新生，比以往任何时候都更强大，并重新产生支配欧洲其余部分的某种霸权主义的意志，正如今天大家看到的那样。这样，我们就不会对1945年大批纳粹罪犯成功逃脱的事件感到震惊。占领其国家并将其（部分地）去纳粹化够吗？历史是怎么告诉我们的？纳粹的小鱼和大鱼似乎受到了惩罚，一些立即被处决了，其他罪犯是在纽伦堡受到惩治的，但是自阿登纳（Adenauer）起，绝大部分纳粹分子沿着他的路子都换上了新面孔，为自己打造出对民主的最新颖的尊重，潜入这个民主的新德国的所有关键岗位。其他罪犯得以利用教会的妥协携带梵蒂冈的假护照逃往南美洲。在原谅其他人的同时，不是论证了对自己的原谅吗？于是，正如我们所知道的那样，他们就这样被最高权力机构、政治的和法律机构，尤其被外交部保护下来；每当纳粹分子感到担忧的必要时刻，外交部的官员们就警示并保护纳粹分子。[1] 正如S. 巴拉诺乌斯基

[1] Voir *Le Monde* du 20 janvier 2011,《l'Allemagne rattrapée par son passé nazi》.

（S. Baranowski）的著作或法布里斯·布迪永（Fabrice Bouthillon）的毫不逊色的著作[1]所有力展示的那样，纳粹主义在德国历史上不是一个偶然的事件，它是德国历史的自然延续，我们甚至可以补充说，它是德国历史的俾斯麦式的自然延续。因为俾斯麦永远只是一个极端反犹主义的俾斯麦。通过战争而扩展自己的疆域，到境外去寻找原材料并投入对殖民地人民的剥削，为此而论证了在帝国内部清洗非德国人、清洗并非真正德国人的思想，一丝一毫都不是希特勒的原产，亦非纳粹所特有。唯有系统地实施它们是希特勒和纳粹之所为。希特勒所做的，就是把上等人和反犹主义的歧视这种德国逻辑推行到极致，清洗了奥地利—德国领土上他眼中的所有“小”民族，在他看来，这些“小”民族污染日耳曼人的生存空间或有待建构的空间。相反，从社会学视点看，希特勒成功进行而人们一般更喜欢对其不置一词的事情是，强制进行了某种资产阶级革命，由于德国不像法国或俄罗斯曾经爆发过革命运动，1789 年或以后，德国都没有实现过资产阶级革命，希特勒通过清洗普鲁士的老将军和其他贵族遗老而开始了上述资产阶级革命。按照舍恩鲍姆（Schoenbaum）的说法[2]，这样，他就通过建立某种真正的社会流动性，其中对政权的忠诚可以不论出身而获得社会的升迁，尤其借助于党卫军制度，这就使战后的资产阶级社会得以到来。战后，掌握了政权的新兴资产阶级社会终于可以把它的霸权建立在民主的基础上。德国重建之后，这种资产阶级的时代得到了巩固，赋予这个国家如今我们看到的兴旺。50 年或者 100 年后它会给我们留下什么呢？

---

❶ F. Bouthillon, *Nazisme et Révolution*, Fayard, 2011.

❷ D. Schoenbaum, *Hitler's Social Revolution*, New York, 1967.

3. 最直接的衰退形式：人口减少，移民和无产化[1]

在一代人的时空内经历了两次世界大战的大屠杀之后，不忍受劳动力的危机是很难的。三十年的黄金时代眼看着工资攀升、欧洲重新工业化、增长和财富通过某种天意而重构；三十年黄金时代之后的欧洲只能呼唤那些廉价的候鸟。第二次世界大战的结束也导致反殖民化的浪潮。殖民帝国的逐渐消失无疑也滋养了未来的移民潮，而欧洲需要这些移民，但是它也迫使欧洲自己变成了它自身的“帝国”，于是有欧盟的建立。1973 年，运动发生了逆转。石油危机，生产的多极化，社会国家愈来愈昂贵，欧洲重新面对危机的诸多加速器，带来的痛苦问题是不知道危机的承接是否构成困难时代的短暂过渡抑或相反，而是构成某种有害循环的连续性迹象，使得这种循环从危机到危机，最终与人们一般称之为衰退的东西合为一体。如今每个人头脑里的问题如下：在某种全球化的世界，我们是否还能保持欧洲的生活水准？许多文化的、经济的和社会的迹象都是令人担忧的，且似乎指示着一个世界的终结。

人们经常听到电视节目里喋喋不休地谈论欧洲移民的“财富”。但是，这类言语很难遮蔽这样一种现象背后的东西，即掌握某种劳动力的意图，后者在增长时期断送工资提升的机遇并构成危机时期的某种“后备军”（马克思语），当危机出现经济形势不妙时，大家都应该通过社会救助把手伸进国家的钱袋，以避免更坏的混乱发生。资本主义把其后备军的财务管控国家化了。请人们不要奢谈什么选择性移民，像加拿大或美国那样，因为在欧洲，这不是移民的目的：在美国加拿大那边，人们使移民的来源多样化，以避免少数群体的形成，后者在全体居民中构成非常严重的政治负担，加之在这些国家的移民中

[1] 关于整体见解，请阅读：E. Bongiovanni, *The Decline and Fall of Europe*, London, Palgrave, MacMillan, 2012.

明确关心专业移民和学历有益于接受国的移民。而在欧洲，经常使用没有什么专业教育的劳动力，他们大多来自伊斯兰国家和地区，这就提出了一种文化融入不同传统的附加问题。融入是通过教育进行的，唯有教育还可以保证某种真正的社会流动性。几十年来，社会流动性不断地降速，把所有的民族都抛入了边缘状态。至于学校，它不再发挥自己的作用了。尽管对内容要求降低了，许多人还是离开了学校。面对欧洲的颓废，回归宗教的思想作为回答出现在许多人的言谈中，因为宗教捍卫“更真实的”价值，例如尊敬老人和尊敬家庭，这些价值在某种去基督教的世界里已经瓦解了。在抛弃西方及其实际价值或其价值缺失的旁边，还有无论如何也得继续生存下去的必要性问题，在一个被关闭了大门的世界里，倘若出现偏离，有时甚至需要通过暴力去生存下去。于是在贫穷之上，便增加了对西方世界的文化仇视，即使几代人之后，上述仇视仍然在这种移民民族不可忽视的一部分人群之中表述。最终的鸡尾酒有可能爆裂且不带来任何美味。然而我们可以表述这种实质吗？这是最不肯定的事了。今后有着被保护之精英人士的某种“正确思考”问题，它具化为人们所谓的“政治上正确”。犹太人的幡祭之后，至少在这些精英人士中间，最好的腔调是不再谈论作为对立因素或者仅仅作为行为因素的文化差异、人种差异或者宗教差异。这可能被视为反对共和，甚至被视为宗族主义，尽管问题与宗族毫无关系。但是，缺乏透明度，即使是由某种自诩具有先验开放性的意识形态所建立起来的透明度，并非没有危险。对这些民族日渐增长的抛弃态度扩散开来，而社会的精英人士很难理解这种现象。他们更喜欢以新自由主义的宽容名义对此表示愤恨，并把这种新自由主义的宽容装点进所谓的“左派”语言中。我们可以从民众阶级里找到的这种抛弃其实并非针对某种宗教或个人，而是针对那些不同于法国大革命以来接受国的实践和价值或与之相对立的实践和价值。至于传统的欧洲精英人士，他们并不懂得一切也不可能通过宽容和疲软的人文主义来解决。带着宽容的态度，人们从来不曾作出积极的政治决定：不作为、不表述永远不会让人们具体知道应该做什么或说什么。这种“宽容”仅允许那些美丽街区的善良灵魂没有负罪感和坏意识。而真正的问题另有所在：欧洲无法提供其他文化，只能通过源自宗教的文化，或者它的解毒剂即自诩能够制服宗教性之政治涌流的宽容政策？欧洲在抛弃其传统的文化参照系如查理大帝、奥古斯丁（Auguste）、西塞罗（Cicéron）、柏拉图、圣·奥古斯丁、福楼拜（Flaubert）、莫里哀（Molière）、拉辛（Racine）、托马斯·曼（Thomas Mann）、易卜生（Ibsen）、普鲁斯特（Proust）或莎士比亚（Shakespeare），而让位于某种混杂，那里的一切都是半斤八两，人们不停地调换关注对象以填补持续不断地追寻新潮而产生的空虚时，欧洲难道不也将逐渐失去它的真性吗？我们时代的特征，除了具体文化参照物的多样性以外，那就是某种文化缺失的普遍性，它把权利的可怜的普遍性变成了某种公分母，因为从定义上讲，权利适用于所有人，而共同文化仅超越旨在专业化“运行”的技术行囊的某种总汇。❶

4. 教育体系的破产，从经济危机到文化的大拍卖

1968年以后的教育或多或少结合了极端自由主义的和宽容的新社会现实，至于首先与石油危机、然后与整个危机相关联的经济条件从此就影响着欧洲。毫无疑问，欧洲在1914～1945年以前，就经历了1618～1648年的第一次世界大战。人们谈论它带来的不幸后果，把法国和英国推上了强国的炮台，抨击德国被糟践为一个没有帝国的帝国主义，这将导致人们熟悉的20世纪的大破坏。学术界过于经常地忘记，欧洲的第一次大危机、第一次大“萧条”始于1873年且直到

❶ 关于欧洲文化的崩溃及其真性的丢失，有两本卓越的著作是那些“善于思索者”希望视而不见的，第一本是魏玛的大专家 W. Laqueur, *The Last Days of Europe. Epithaph for an Old Continent*, New York, 2006, 另一本是 C. Calwell, *Reflections on the Revolution in Europe*, New York, 2009, traduit en français sous le titre *Une Révolution sous nos yeux*, Paris, Editions du Toucan, 2011.

1896 年才结束，预告了 1914 年的世界战争。那时，人们就已经看到了信贷建制的某种危机，由于德国、英国、法国和美国普遍的工业化而导致的投资效率的下跌，以收入增长为资金来源的铁路的工业化导致了其他工业和财政的“泡沫”现象。小麦的价格低于运费，供给充盈，价格暴跌，人们改换了补给品。先前如野马脱缰般的经济活动缓慢下来，社会危机浮出水面，积聚了通常的恶性效果。受到全面重创的钢铁工业引发了连锁危机。社会主义的诞生及其斗争和要求始于这个时代，形成了整个欧洲的社会分裂，社会出现了强烈的左、右派对立。如今的全球化不能不使我们回想起两次危机，一次是 19 世纪末期的危机（第一次世界大战由此而出），另一次是 1929 年的危机（引发了第二次世界大战）。

如果我们从整体的角度看，对于欧洲国家而言属于自相残杀的“第二次”世界大战覆盖了 1914～1945 年，之所以是第二次，因为它发生在三十年战争之后，但是它对我们命运的负面效果绝不亚于 17 世纪的三十年战争。欧洲被撕得粉碎，分庭抗礼，人口锐减，战后徒然进行了三十年重建，也未能收回先前的创造力。1950 年以后，再也没有出现过一个毕加索（Picasso）、弗洛伊德、爱因斯坦、海德格尔、韦伯、莫姆森（Mommsen）、米什莱（Michelet）、贝多芬（Beethoven）、普鲁斯特（Proust）、托·斯·艾略特（T. S. Eliot）、田纳西·威廉斯（Tennessee Williams）或皮兰德罗（Pi randello）。倘若我们浏览诺贝尔奖得主的名单，就会发现欧洲人、甚至欧洲出身的人越来越少。创新的风标转向了，它不再怎么在欧洲的上空刮起。如果要概括浸润教育领域的主导性意识形态的特点，我们应该谈论反精英主义，有时甚至谈论大众教育导致高等教育的真正的平庸化。因此，同行之间嫉妒别人成为大师的心态盛行，尤其嫉妒那些脱颖而出的人们，这就足以预先打消那些有意浮出水面者的心气。代价就是他们（未来的）职业，即使某些人成功地走出了基本上把精力都投入行政管理的教师大众的行列，人们无论如何也要把他们边缘化。在大学体系中，每个人都观察并嫉妒其他人，以为通过自己的天才超越了邻居，因而估计看不到自己的纯属假设的天才是不合时宜的，承认自己确有这样的天才。然而，由于并非真有这样的天才，有的甚至没有这样的天赋，大学体系的许多活动家把它改造成了一个庞大的行政体系，从中分流出无数管理者的微观权力以确保每个人生存在（或以为自己生存在）超越有限的范围内。

然而大学永远只是授予某种课程，这种课程自身浸润着简易和平庸。人们向孩子们教授什么又是如何教的呢？他们还会什么呢？另外，在欧洲的新体系中，他们为什么还要掌握某种技术知识或常识呢，而全球化无论如何都是下调大部分工资并使所谓统一的欧洲走向贫穷的、一个正在坐吃两个世纪以来所积累资本的欧洲？

以新兴中产阶级的孩子为代表的人口压力很快就反映为拥有更多毕业生的关注。为了达到这一点，那么，就需要压低成功的标准，亦即压低掌握知识的水准。人们渐渐过渡到某种体制，在这种体制里，需要特别鼓励孩子“创造性”的自由表达，致使孩子很难忍受纪律或者更简单的集中。把一切都变得更明白，更多地让孩子表达而非让他学东西，增加用于体育和音乐的时间以娱乐孩子的身心，有时甚至减轻他学习语言或运算的压力，更晚一些，不再要求某种基础的、唯一的、那些移民或不受上天青睐者无缘分享的经典文化，降低书的作用，代之以每个人都可以以平等方式不断换台和操作的“电子工具”，肯定会削弱孩子的基础知识，例如口头和书面的母语知识。在某种社会主义的精英人士眼里，文化成了某种精英概念。“心记”被感知为对社会公平的某种侮辱，学校应该在天意国里补偿这种平等。一切都应该是实用的，那么忘掉拉丁语和希腊语吧，集中精力记住历史的大事年表，即使还不了解历史本身。规则和原理假设是从娱乐性实践中推导而出的，孩子应该通过关注所谓典型的具体情况，“学会”重新找到它们。这就等于通常离异的父母在工作时，把孩子们占住，把他们交给某种更大的自立性，如果一切都发展很好的话，他们在工作之余，就可以用录像里的游戏拴住他们，如果不太好的话，则把他们集中起来。那么，标识、权威、范式更多地就是寻找他们的伙伴而非父亲。

一旦毕业证到手，无论如何都会提出一个新的问题：年轻人没有很多工作前景。然而，人们经常晃动着当事人的魔幻般的证书对他们重复说，工作市场的大门自然而然地为他们敞开。正是在这里，关系、派系和机会主义都派上了用场，重新创造的不平等远高于轻易获得的证书被认为可以消灭的不公。因为过多的证书扼杀了证书的价值，于是需要从其他方面寻找录用某个毕业生而不录用另一毕业生的理由。当经济强烈增长时，可以消化大部分毕业生，如同资产阶级70年代时希望的那样，然而今非昔比。那些最有社会关系、家庭关系和政治关系的父母们可以把他们的儿女和朋友安排在最好的岗位上，延续甚至强化了原先的不平等。

源自这样一种体系、如今占据统治地位的精神也发生了变化。我们可以把它叫做分析精神。人们可以什么都知道一点，但很难有系统性。技术知识的基本点就是呼唤这类精神。倘若能够在某一领域很杰出，要使这成为实际，这个领域就应该给予明确地限定。经过培训再培训，最终可以成为这个领域的“专家”。一如泌尿科的医生但不了解肾脏科的情况，或者专长于17世纪的历史学家，但对16世纪或18世纪基本上不了解，因为这不是他研究的“时代”。这甚至是专门书写关于康德的哲学家，但是关于笛卡尔或者伦理学他就说不了两句具有聪明才智的话，或者相反。他是砌墙的泥瓦工，但是不会安装贴墙的暖气，以此类推，这对于完成一项技术工作大概是需要的，但是不能作为一般知识方面的楷模。然而，如今发生的情况就是这样。

文化不再是有关那些并不需要知道答案的问题的这种最低知识，反之，它是某种应该服务于其他的知识，享乐主义的语境还要求，它还应该取悦于人：我不喜欢莫扎特（Mozart），然而我更喜欢佳佳女士；我不喜欢布莱希特（Brecht），我特别喜欢电视节目主持人洛朗·吕基耶（Laurent Ruquier）；我对康德一点都不懂，聆听这个或那个媒介思想家简单化的思想时，我更愿意相信我是一个哲学家。严格地说，文化只能具化到尊重自己所属共同体的价值，尊重那些复杂得多的鬼才拉辛和伏尔泰（Voltaire）、莎士比亚和爱因斯坦。为了达到理解他们的努力无论如何都是无用的。因为这是写给精英人士的，他们不会不让我们想起义务教育时代之前存在的那些精英们。另外，现代资本主义不再需要很多受过教育的人士，它需要受过培训的个人，甚至是符合其需要的个人，最廉价尤其可以互换亦即可以被替换，尤其被年轻人所替换的个人。与人们一般想象的相反，平等原则可以很好地服务于它。

随着战后欧洲被剥夺了殖民地，不再有可以占领的外部帝国，欧洲独自成为一个帝国，从某种程度上构成它自身的“殖民地”，拥有自己被排斥的人群和自己的边缘地带。欧洲受单一货币的支配，食用标准化的食品，也通行某种同样标准化的文化，这种文化由畅通无阻的影片和高消费量的音乐构成，它们是唯一抵制多样性的公分母。娱乐的统治渗入学校，不仅仅是为了占用业余时间：教育界倡导在娱乐中学习，为了不苛求精神很难集中的孩子们。在这段时间里，那些三十来岁的成人则通过玩模拟游戏或战略世界，或者通过在因特网上寻求性刺激而缓解压力。反映消费者实践的人的“频繁调换节目”的时代开始了。

最后还有“政治上正确语言”的支配地位。不管说什么都会引发抱怨和抗议。出于嫉妒？不，出于对平等的关注。抑或暴力？您看不到您自己就是引发暴力的犯罪者，那是因为贫穷和痛苦儿童时代的原因。简言之，由于一切都是半斤八两，受害者与罪犯重新处于（民主的）平等之中。大家都有权，没有一个社会事实不含有这样的权利，也没有一种人为造成的错误不遮蔽着某种被动承受的错误。说抑或不说，这就是今后的问题。思想的羸弱、行动的羸弱，我们离普遍蔓延的相对主义已经不远，而人们正在以宽容的名义从法律上保护这种相对主义的势头，那里仍然宣告着旅程的某种终结，它对那些行将经历这种终结的人们却是毫不留情的。归根结底，我们看得很清楚，大家都对自己的条件不满意，即使这种抱怨最终什么也改变不了。如何来概括已经坍塌的那些古老梦想呢？

资产阶级社会展现的风貌应该让世界嫉妒：至高无上的法制规则甚至应该让国家臣服；国家应该捍卫面对所有人且所有人都不得例外的权利和自由，包括国家本身；私有权既可以使我向我的敌人们关上大门，也可以向我的朋友们敞开大门；一夫一妻制和由此而出的家庭财产，由于它们某种文化资本和物质资本才可以世代相传；以启蒙时代审美视野和科学视野为原则的全民教育体系；以及最后的最终但并非最低目标是，由个人自由之成果的科学和市场经济保证兴旺和安全。❶

还要过多少年因为赤字而出现裂痕的天命国家才能不再填补越来越缺乏活力和自由的个人利益，因为越来越重新进入前所未有地锁定在由于历史的恩惠而重构的专业群体或宗教群体的等级制呢？

社会从来没有像现在这样求助于国家，因为人们的劳动收入陷入沮丧状态。但是为了继续生存，这种国家应该愈来愈刺激它的大部分成员，而不仅仅刺激那些数量不足的最富有人士。呜呼，为了帮助大部分成员，国家不是需要有额外收入吗？国家应该多干预抑或少干预？没有任何方案似乎足以解决问题，但是“左派”和“右派”都以为两种回答之一是解决问题的方案，而没有看到它们其实是相关联的。而公民们对此却是很清楚的。那么，应该怎么做呢？

5. 经济的僵局

1973 年，欧洲从把它投入某种“危机”的石油打击中醒来，此后它就一直没有走出这种石油危机。欧洲的资本主义看到它的成本从

❶ Roger Scruton, *Modern Culture*, p. 128 (Londres, Continuum, 1998; 3e éd. 2005).

此居高不下，于是不断地寻找办法，试图把它们重新降下来，尤其瞄准了劳动成本，亦即瞄准了工资。然而人们随后尤其看到了什么现象呢？无技术专长和缺乏创造力占领了所谓的生产领域，产生了大量的失业人员，失业率一直保持在10%左右。领导人的创造力未能提供新的就业机会，在资本主义的财富积聚与相继破产之间，运动的速度加快了。假如大部分人挣的钱少了，谁还能买得起愈来愈大批量生产的产品呢？一个资本家有利可图的手段——生产同样数量的产品，压缩工资额和工作岗位——对整体却是致命的，因为倘若大家都这样做，家庭挣得的工资总额在减少，购买力也就下降了，加上失业，需求的减少将很快加速。那么，金融资本主义的支配地位将是不可避免的：金融领域的效益比企业的效益更好更快，尽管货币的成本（利率）下降并迫使金融资本主义扩大风险，这就导致了2008年的世界金融危机。实行单一货币的欧洲从欧元发行起，就造成某种通货膨胀，这种形势可以使企业的成本下降，且仅仅通过由国家货币规定的价格向欧元定价的简单自动转换，就可以使价格上升。但是这种做法只能做一次，而如今，那些负债的国家不得不面对专长的短缺和金融领域、经济领域与政治领域的一般管理缺乏精英人才，如同两次世界大战割裂了知识精英一样。[1] 政治上的任命并非永远都是最有效率的，抄袭行为不断地占据支配地位，而社会流动性应该看到最优秀的人才到处都能够接触社会最好的岗位。我们很可能很快就会看到国家反对公民社会的福利制度，就像希腊或西班牙那样。

这一切的旁边，还剩下经常已经过时的“左派”与“右派”的对立，它们分享着如今的意识形态领域，但是并没有出现一方的解决方案甚至视野从正确性上战胜另一方的现象。1989年柏林墙倒塌之后出现的全面自由之风席卷欧洲，由重新统一后的超级强国德国支持下的欧洲因其内部的自我竞争而出现了裂痕。然而接替权力的社会党

---

[1] Tony Judt. *Postwar. A History of Europe since* 1943, 2005, Penguin Books.

及其崇尚所谓牺牲者的思想、它对富人的痛恨以及需要把一切社会化——除了也理应社会化的银行——的政策导向，把许多领域的松弛变成了在法律、经济甚至意识形态等诸多方面的某种愈来愈昂贵的错误。社会化的代价是昂贵的，然而自由化的代价同样昂贵。那么，我们注定就要因非此即彼或者此先彼后而毁灭吗？未来将告诉我们。

人名索引

J

K

L

M

N

P

R